古典文獻研究輯刊

三七編

潘美月・杜潔祥 主編

第 **12** 冊

平定阿爾布巴之亂紀略
——西藏土鼠年衛藏戰爭，七輩達賴遷康史料輯註
（第四冊）

蔡 宗 虎 輯註

國家圖書館出版品預行編目資料

平定阿爾布巴之亂紀略——西藏土鼠年衛藏戰爭，七輩達賴遷
康史料輯註（第四冊）／蔡宗虎　輯註 -- 初版 -- 新北市：花
木蘭文化事業有限公司，2023〔民112〕
目 14+164 面；19×26 公分
（古典文獻研究輯刊 三七編；第 12 冊）
ISBN 978-626-344-475-1（精裝）
1.CST：史料 2.CST：清代 3.CST：西藏自治區
011.08　　　　　　　　　　　　　　　　112010513

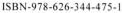

ISBN-978-626-344-475-1

9 786263 444751

古典文獻研究輯刊
三七編　第十二冊　　　　　　ISBN：978-626-344-475-1

平定阿爾布巴之亂紀略
——西藏土鼠年衛藏戰爭，七輩達賴遷康史料輯註（第四冊）

作　　　者　蔡宗虎（輯註）
主　　　編　潘美月、杜潔祥
總 編 輯　杜潔祥
副總編輯　楊嘉樂
編輯主任　許郁翎
編　　　輯　張雅淋、潘玟靜　美術編輯　陳逸婷
出　　　版　花木蘭文化事業有限公司
發 行 人　高小娟
聯絡地址　235 新北市中和區中安街七二號十三樓
　　　　　　電話：02-2923-1455／傳真：02-2923-1400
網　　　址　http://www.huamulan.tw 信箱 service@huamulans.com
印　　　刷　普羅文化出版廣告事業
初　　　版　2023 年 9 月
定　　　價　三七編 58 冊（精裝）新台幣 150,000 元　　版權所有‧請勿翻印

平定阿爾布巴之亂紀略
——西藏土鼠年衛藏戰爭，七輩達賴遷康史料輯註
（第四冊）

蔡宗虎 輯註

目

次

〔133〕寧遠大將軍岳鍾琪奏覆閱過發來硃批馬臘等摺子四件摺（雍正八年三月十六日）[2]-[18]-118

寧遠大將軍臣岳鍾琪謹奏，為回奏事。

雍正八年三月初七日臣奉到硃批諭旨，此係馬臘等所奏，隨便發來卿觀看，欽此。臣恭捧皇上發到馬臘等奏摺四件，敬謹細繹體察情形，仰見皇上無私雨露普被遠人，是以波羅鼐等感戴天恩，爭先圖報。至奏摺內所言諄噶爾通阿里道路，臣從前止知其克哩葉〔註165〕地方寒冷，尚不深知其八九月間大雪之時遂至路途阻滯，今如波羅鼐所奏則將來大兵直搗賊巢，約計諄噶爾敗逃之日正值道路阻塞之時，立見授首生擒，萬難免脫，人心天意默契相符，臣不勝踴躍之至，伏乞皇上睿鑒，為此繕摺回奏。

雍正八年三月十六日具。

硃批：總仰賴上天之慈佑。

〔134〕欽差少詹事趙殿最等奏請頒發葛達惠遠廟御製碑文並報添給達賴喇嘛物料等事摺（雍正八年五月初四日）[2]-[18]-448

臣趙殿最臣諾穆圖謹奏，為奏聞事。

雍正捌年三月二十五日准四川撫臣憲德咨稱，准戶部議覆原任御史吳濤摺奏併建昌道馬維翰揭報一案，奉旨吳濤所奏情由與前馬維翰揭報之處迥不相同，著諾穆圖趙殿最於工程告竣後前往成都會同巡撫憲德秉公確查，憲德不得因從前已經糸奏稍存回護偏執之見，務令公平據實定議具奏，欽此欽遵，行文到臣等。伏查惠遠廟一切大工已於上午十月內全完奏報在案，續於今年正月十一日兵部咨開，議政議奏皇上特頒數十萬帑金建立廟宇，將達賴喇嘛自西藏移駐噶達，俾黃教宣布於邊方，僧徒安居於近地，德深恩溥，番彝靡不感戴皇仁，伏祈特賜御製碑文建立廟內以昭盛典於永久，其一應物料工價以及立碑建亭等項令趙殿最等造入奏銷冊內報部查核等因。於雍正柒年十二月初五日轉奏，奉旨依議，欽此欽遵行文前來。臣等接准部文之後隨一面調取匠夫備辦物料，一面於附近地方踩覓碑石，現在諸務早已預備全完，伏乞皇上天恩頒發御製碑文，俾臣等敬謹勒石昭垂永久，臣等俟立碑建亭一完即起身前往成都會同撫臣憲德將吳濤所奏併馬維翰揭報一案遵旨秉公確查定議具奏。再達賴喇嘛

〔註165〕即克哩野，《平定準噶爾方略》卷六頁二十一作克勒底雅，因今新疆克里雅河而名，準噶爾襲殺拉藏汗之兵即循此河越昆崙山而入藏，故清初檔案文獻將阿里羌塘高原一帶誤稱作克哩野。

入廟之後臣等因等候碑文現在此地，亦不時同副都統臣鼐格進廟看視，因達賴喇嘛欲添裝脩板壁數處，添做緞綾錦細頂篷六間，經堂布墊數十條布幔十一間，令人向臣等商議可否。臣等仰體皇上興廣黃教之至意向伊等云，皇上洪恩建此大廟所費帑銀不下數十萬兩，今據喇嘛所要之物不過數百金，且我等奉有諭旨諸事務須週全齊備，今自應照所要辦給等語。達賴喇嘛聞之不勝歡忻感激，臣等隨逐一辦給訖。再惠遠廟大墻石墻高峻寬厚，臣等誠恐其中泥土一時難以乾燥，若遇化凍之時不無動損之處，今仰托皇上洪福自冬歷春迄今入夏月餘，復經晝夜大雨十數次毫無動損，其樓房房頂原係三合土打築，雖因大雨間有滲漏之處，臣等已隨時令人添土打築妥當，而眾喇嘛住樓併廟外平房臣等亦量加修整俱屬完好，今因恭請御製碑文之便，謹將添給達賴喇嘛物料併廟工情形一併具奏，為此謹具奏聞。

　　雍正捌年伍月初肆日

　　硃批：有旨諭部頒發。

〔135〕趙殿最等奏報跟隨達賴喇嘛之澤東勘布喇嘛回京摺（雍正八年五月初四日）[1]-3725

　　臣趙殿最、諾穆圖謹奏，為奏聞事。

　　臣等伏思皇上垂恩特頒帑銀於噶達地方建造大廟，移駐達賴喇嘛，原為俾僧徒得以推廣黃教，化導蠻民之至意，難容奸惡之徒雜處，其內現有跟役達賴喇嘛前來之澤東勘布喇嘛，原係漢人，姓李，一日於臣等及副都統臣鼐格、副將臣楊大立、通判臣王廷珏等之前忽稱揚，允禵前世係藏內一大喇嘛，是以今世福大，深知佛法等語。臣等遂問彼云，允禵之前世我等不知，但將伊今世為人告你知道，允禵身為聖祖皇帝之子，毫不思盡孝道，及與奸惡之徒結成黨羽，種種忤逆聖祖皇帝，聖祖皇帝因洞察其凶頑，知留在京師必致生事，是以發往西寧軍前，乃伊又任意侵蝕國帑，納娶西海台吉之女，貪淫縱欲，索詐地方官員，苦累兵丁百姓。及皇上即位之後復沛鴻恩，將伊從前罪惡概行寬宥，封以王位，伊不但毫不感激改過，而兇惡之性愈加狂熾，種種行為悖逆，此天下之人無不知之無不恨之者，在爾等佛法亦不過教人於君盡忠，於親盡孝而已，豈有反教人以不忠不孝之理，如允禵大不忠大不孝之人，汝謂伊深知佛法，其所知者果係何佛之法，我們實在不解等語，諄諄曉諭。伊口內雖然答應，面上竟有不然之狀。臣等遂加訪問，此李姓喇嘛原係行止不端，口嘴不好貪圖小利之人，曾隨達賴喇嘛在西寧塔兒寺住過，彼時

允禵在西寧軍前將侵蝕銀兩任意揮霍，邀結人心，此人必曾沾過些小恩惠，嗣後至藏被伊徒弟訐告，難以安身，方跟至噶達地方，斷非能改之人。臣等在此居住一年有餘，細看蠻人大半生性愚蠢，一聞無稽之談輒相傾信，今若容留〔註166〕此等行止不端口嘴不好喇嘛在此居住，誠恐日久妄造非言，惑人聽聞，大於地方無益，伏乞皇上睿鑒，將此人調至京城，不拘在何寺廟禁錮，以絕惑亂人心之患，為此謹具奏聞。

　　雍正八年五月初四日

　　硃批：此奏可嘉，至如此為國家留心方是，另有旨，諭暫密。

〔136〕副都統鼐格奏報任國榮等人情況摺（雍正八年五月初四日）
[1]-3726

　　奴才鼐格謹密奏，為欽遵上諭事。

　　前奴才鼐格將巴塘、裡塘辦糧官員所報占都克〔註167〕地方盜賊猖獗一案具奏後奉有硃批諭旨曰，所奏甚是，另有旨可降給巡撫憲德提督黃廷桂、任國榮如何，諾穆圖、趙殿最如何，此廟工程甚嘉，是否諾穆圖一人效力所致，趙殿最是否一同効力，著務必如實詳查奏聞，欽此欽遵。奴才鼐格伏思任國榮者乃總管漢土官兵之大臣，率領二千兵駐裡塘以保護達賴喇嘛，當賊搶劫達賴喇嘛之牲畜以及從西藏送來物品時，理合嚴拏並懲處為盜之惡徒，以示國法以誡唐古特人，然而並未如此辦理，只圖其名，派出官兵追趕數里，以為賊已遠去即收兵返回，任國榮由於起初輕忽此事，故賊逐漸興起。辦糧知縣、管塘驛千總皆非有司，而將緝賊之事推諉於伊等，知縣魯國柱〔註168〕、千總王如龍飭交土司官員查出賊之姓名住址後呈報時任國榮理應緝拏賊盜，取回被盜物品，然而並未如此辦理，而又飭令知縣千總派人去取物品，以結此事，由此觀之只想早晚換防回去，因而含混遷就，任國榮對盜案肆意推諉不專心辦理，以此看來為人不勤奮，辦事為一般。再經奴才鼐格查訪得諾穆圖每日早起後即至工地監督，傍晚返回駐地，每隔數日又與趙殿最一同核算用過銀兩。趙殿最則辦理為匠役人員支給工錢銀，稱量工料用銀以及登記檔冊之事，每隔數日即到工地一次，每五日為匠役等發給一次米麵，每十日支給一次工錢銀。為匠役支給工錢，為採買物件支出銀兩時由諾穆圖、趙殿最與巡撫憲德所派協辦工程通判王

〔註166〕原文作容留，今改為容留。

〔註167〕即瞻對。

〔註168〕《四川通志》（乾隆）卷三十一頁二十四作郫縣知縣羅國珠。

廷覺〔註169〕一同驗給，大約用銀為四萬兩餘。諾穆圖、趙殿最皆能共同効力，而以諾穆圖之行走為優，據奴才鼐格來此之後看得諾穆圖、趙殿最雖皆能効力，但諾穆圖之行走實屬為優，諾穆圖為人可以勤奮，辦事可以，趙殿最為人可以，辦事可以，為此據實謹密奏聞。

雍正八年五月初四日

硃批：所奏甚屬誠實，知道了。

〔137〕四川巡撫憲德奏請諭示頗羅鼐貢使應否同扎薩克喇嘛一同進京摺（雍正八年六月十八日）[2]-[18]-700

硃批：理藩院議奏。

四川巡撫臣憲德謹奏，為請旨事。

雍正捌年伍月貳拾壹日准總理西藏事務副都統馬臘等清咨，內開，據總理前藏後藏事務噶隆貝子頗羅鼐稟稱，今年係後藏班陳〔註170〕差使堪布囊素恭請皇上聖安進貢班次，故今堪布由苦苦腦兒一路前去，頗羅鼐差使囊素多納爾羅卜藏薩木羅卜與奉旨差遣之扎薩克喇嘛於肆月初叁日一同由巴爾喀木〔註171〕路上前去等語，查得我們從前所奏前藏後藏之喇嘛噶隆等差使者進京貳年一次，輪班行走，如雍正柒年前藏差使者請安奏事，後藏於雍正捌年差使者進京，如此計年輪流行走，永為定例，前藏後藏喇嘛噶隆等雖貳年差使者一次，年年仍可差使者來往行走，不致於遠隔。再前藏後藏之喇嘛噶隆等倘有應題緊要事件不必拘定年限差使，查得進邊惟有打箭爐西寧兩路，若前藏後藏奏事差使者到邊，請令西寧居住散秩大臣達鼐，打箭爐收稅監督將使者留於邊境，將所奏摺子由驛站轉奏，其到來使者應否令其進京候旨遵行，應移咨西寧居住散秩大臣達鼐、打箭爐監督、四川巡撫憲德，嗣後所差使者若從西寧路上去，著散秩大臣達鼐將差來使者暫留西寧，將所奏事件轉奏，若從打箭爐路上來，著打箭爐監督等將差來使者暫留打箭爐，將所奏事件呈送四川巡撫轉奏，候旨等因具奏在案。今此一次使者前去，相應知會貴院照例應付驛站施行等因到臣，隨行布政司、驛鹽、建昌貳道查明往例轉飭預備遵照應付驛站，並咨行打箭爐監督俟前項差使到爐之日迅速移咨，以憑具奏去後。茲於本年陸月拾伍日准欽差遣往班陳厄爾得尼之使者札薩克喇嘛進巴札

〔註169〕《四川通志》（乾隆）卷三十一頁三十八作保寧府通判王廷珏。
〔註170〕即五世班禪額爾德尼。
〔註171〕原文作「拉木」，今改為「喀木」。

木素等清咨，內開為急行預備事，貝子頗羅鼐謝恩貢獻白勒克，照常班次進貢差使囊素羅卜藏薩木羅卜本身，跟來之噶布出拉木札木巴肆名，噶隆〔註172〕貳名，隨人柒名，通事壹名，馱子肆拾伍個，亦同札薩克喇嘛上京。因此囊素羅卜藏薩木羅卜本身，隨來人等所騎牲口拾伍匹，所馱進上物件，囊素之物件需騾肆拾伍頭，共騾陸拾頭，相應照例至打箭爐迎接等因移咨到臣，隨即行知布政司驛鹽建昌貳道轉飭預備應付，並委員前往打箭爐迎接外，至此次頗羅鼐差來進貢之使者應否令其同札薩克喇嘛一同赴京之處，理合照例轉奏，候旨遵行，謹奏。

雍正捌年陸月拾捌日四川巡撫臣憲德。

〔138〕副都統鼐格奏報將允禵情況已向索諾木達爾扎等通報摺（雍正八年七月初一日）[1]-3758

奴才鼐格謹密奏，為奏聞事。

雍正八年六月二十五日奴才鼐格與公索諾木達爾扎、東科爾丁吉鼐〔註173〕等閒談時與伊等曰，允禵素來暴躁而愚昧，天地諸物概不知曉，聖祖皇帝深知其昏昧性格，若留家中必將生事，故而派往軍中以避之。允禵身為大將軍卻肆意糜費國帑，貪贓錢財，貽害於地方。又央求塞色黑〔註174〕幫助，於聖祖皇帝跟前花言巧語，將青海台吉之女帶來，每日飲酒貪淫，此事舉國皆知，思之爾等未必不知。允禵在阿其那、塞色黑鼓動之下，即有奢望寶座之念。伊若僥倖登上寶座，肆意妄為，何事不作，允禵之原黨夥，皆為不忠不孝奸詐亂國之人，雖殺亦為幸運，對國家眾生絕無益。況且滿珠師利大皇帝登極之後，傳令允禵從軍營回來，而從允禵返抵之日起，即與大皇帝任性乖張，舉止忤逆。然而大皇帝仍行包容，於太皇梓宮前恩封允禵為王，允禵毫不感念大皇帝之殊恩，亦不更改其黨夥之初衷，悖謬之心更加激起，與大皇帝百般取鬧，兇惡之心倍增。再有一名蔡懷希〔註175〕之人，在其房中留有一書內寫道，二七變為皇帝，貴人本為守山，九王母為太后等字句，允禵並不奏陳，反而塗掉裡面主要字跡，並言此非大事，即交給總兵官范時毅〔註176〕發落。如此無法無天，

〔註172〕常寫作格隆，為藏傳佛教僧侶等級之一，非噶布倫之簡寫噶隆。

〔註173〕本部分第一一九號文檔作丁濟鼐，第一三〇號文檔作丁濟奈。

〔註174〕清聖祖第九子允禟，清世祖即位後令改此名以辱之。

〔註175〕據《文獻叢編》頁一九《范時繹奏拏獲蔡懷璽並問出怪言摺》，此人名蔡懷璽。

〔註176〕據《文獻叢編》頁一九《范時繹奏拏獲蔡懷璽並問出怪言摺》為馬蘭峪總兵官范時繹，清開國勳舊范文程之孫。

乖謬舉止，在史冊上亦少見等語言告之。索諾木達爾扎等言稱，大臣所言甚是，我等在西寧時亦曾聞得，允禔奢靡國帑，貪贓錢財，帶著青海台吉之女每日酗酒，不憫屬下，擾害地方等種種之事。聖上大皇帝者乃天賦又勝天之滿珠師利佛，實為天下之大皇帝，並非常人所思者矣，倘有奢望成為皇帝者，乃為叛逆者矣等語，為此謹密奏聞。

雍正八年七月初一日

〔139〕內閣學士趙殿最奏請賞限半年完補借支廟工錢糧銀兩摺（雍正八年七月十五日）[2]-[18]-763

臣趙殿最臣諾穆圖謹奏，為叩懇天恩事。

竊臣等上年出口之時據四川原署布政使事現任按察使劉應鼎等以廟工辦事之文武佐雜官員兵丁通事翻字等例應支給口糧月費，併蠻地相沿俱有賞需之例，請於鹽茶耗羨銀內撥鮮動支，併議臣等口糧於打箭爐糧務衙門支給等因，申詳大將軍督臣岳鍾琪准批，欽差係馳驛而來，未奉部咨，不便於糧務支給口糧，仰該司等咨詢欽差確議具覆，餘如詳行等因，轉咨前來。臣等隨將自京奉差出口官員地方有無支給之例咨查川省，續據川省咨覆，臣等查閱來文，內開口外辦事道府一員月支鹽費銀壹百兩，口糧十八分，正印官一員月支鹽費銀陸拾兩，口糧十六分，佐雜官一員月支鹽費銀拾貳兩，口糧三分，併外委兵丁通事譯字等月賞口糧數目開載，並無自京奉差出口官員之例，豈敢冒昧支領，是以臣等將鮮到鹽茶耗羨銀兩每月照例支給官員兵丁通事譯字人等，併量買煙茶布疋米麵等項酌賞蠻夫，以示鼓舞，臣等並未分毫擅用，除將用過數目另造清冊咨交川省查核外。但臣等奉差出京，一應騎駄廩給悉蒙皇上天恩准與馳驛一路，原無用度，是以所備鹽費委實無少，且口外諸物價值昂貴，因用度不敷，臣等二人每人於廟工錢糧內借支貳百伍拾兩盤費，叩懇皇上天恩，賞限陸個月俾臣等就近鮮交戶部大庫，實沐皇仁於無既矣，為此謹奏。

雍正捌年柒月拾伍日

硃批：好。

〔140〕欽差內閣學士趙殿最奏報噶達廟碑亭碑石告竣並赴省會審馬維翰吳濤案件摺（雍正八年八月初一日）[2]-[19]-1

臣趙殿最謹奏，為奏聞事。

本年七月初五日准兵部咨開，為遵旨議奏事，職方清吏司案呈，大學士

公馬爾賽等議覆趙殿最諾穆圖奏稱噶達廟宇告成，懇請御製碑文以昭盛典，臣等俟立碑建亭一完即起身前往成都，會同憲德查理吳濤馬維翰案件。又稱達賴喇嘛欲添板壁及緞綾頂篷等項，臣等已照所要辦給。又稱自冬春以至夏月雖經大雨十數次，樓房間有滲漏，已重加修整，俱屬完好等語，應如趙殿最諾穆圖所請，特賜御製碑文，建立廟中以昭盛典。但諾木圖已授甘肅布政司，奉旨速赴新任，趙殿最又有奉旨前往成都會審之案，而碑文頒發尚須時日，應知會趙殿最等不必等候，俟碑文頒發之日交與憲德就近另委能員前往噶達地敬謹刊刻建立可也，恭候命下，臣等行文與趙殿最、諾穆圖及憲德知之。其所奏廟中添辦修整各件乃係趙殿最等已經辦理之事，無庸再議等因，於雍正八年五月二十日具奏，本日奉旨依議，欽此，交出到部，相應行文趙殿最等欽遵可也等因到臣等。查碑亭二座俱已建立全完，碑石亦已運到磨就，臣同諾穆圖隨將碑亭碑石併應用物料交與撫臣憲德所委鐫刻碑文之通判王廷珏接管，併將廟工餘剩木植物件逐一查明交與駐防副將楊大立加謹收貯，臣等隨於本月初九日起身回爐，將錢糧冊籍逐一公同查清，即於本月十五日起程，於二十八日到省，尚有節省錢糧親自帶至成都。再將布政使衙門給過一應匠人安家銀兩面同查筭清楚，統入節省數內報銷。除臣諾穆圖遵旨速赴新任外，所有奉旨確查馬維翰吳濤之案，俟臣會同撫臣憲德秉公查明另行具奏，為此謹具奏聞。

　　雍正捌年捌月初壹日

　　硃批：覽。

〔141〕四川提督黃廷桂等奏副將馬光抵省並起程前往料理剿撫瞻對桑昂邦事宜日期摺（雍正八年八月初六日）[2]-[19]-13

　　四川提督臣黃廷桂四川撫臣憲德謹奏，為奏聞事。

　　竊查進勦瞻兌桑阿邦等處官兵前於陸月貳拾等日自省起程各緣由俱經臣等繕摺奏明，茲於柒月貳拾伍日永寧協副將馬光已抵省城。臣等伏查各路漢土官兵雖已起程，但馬光馳驛前往計日不過捌月初旬即可趕至軍前，尚無違悞，且軍機重大，一切勦撫事宜必得會商協辦更有裨益，臣等隨於本月貳拾柒日令其馳驛星飛前往，併囑令相機敬慎料理，所有馬光抵省及起程日期除報明兵部外，理合恭摺奏聞，伏乞睿鑒，謹奏。

　　雍正捌年捌月初陸日

　　硃批：好。

〔142〕侍郎杭奕祿等奏報護送噶爾丹策零之使臣特磊情形摺（雍正八年八月初八日）[1]-3760

奴才杭奕祿〔註177〕、眾佛保〔註178〕謹奏，為奏聞事。

奴才等護解噶爾丹策零之使臣特磊〔註179〕及屬下跟役駝子於七月十二日抵達肅州後，特磊詢問其留肅州之三人時，奴才我等佯作不知。改問地方官員，地方官員照臣等事先所諭，當眾人之面告稱，於五月二十日以著將特磊留於肅州之物好生出售等語奉旨前來後，我等四處尋找商人，本年大商們未來肅州地方，俱皆赴蘭州西安等地方，為副聖主眷愛伊等之至意，於五月二十四日租騾給特磊留此之三人乘騎，用騾駝物，派出官員護送前往西安蘭州等地方，令其好生貿易，已令啟程前去，俟伊等成交返回之時我等再妥善辦理，令伊等返回等語。我等將此言告知特磊後特磊深思許久曰，今日方纔抵達此地，待明日我等會商後再將我等之意曉諭兩侍郎等語，便回其寓所。次日我等為特磊等備飯後將伊等接來我住處，特磊曰我準噶爾使臣來往已多年矣，未曾如此派往西安等遠處貿易之次，今派往如此遙遠之地貿易恐欲留我三人，我等甚是置疑等語。奴才等告特磊曰，特磊爾兩次任使臣來我大國，承蒙聖主之恩甚重，再我大國之典禮爾亦略知一二，再我等是次同道而來，得知爾尚係一明理之人，但爾為此事妄加置疑，可見爾並非明理之輩，倘若欲扣留爾方之人，則爾係首領之臣扣留爾纔是，然未扣留爾何以扣留爾之三人，爾所留三人派往西安等地貿易，乃地方官員為使爾等貿易得利，以副聖主眷愛爾等之至意，爾今反而妄加置疑，此實乃不辨善惡矣，況且我二人將至巴里坤以等候爾等相迎，我等今即交付肅州官員等，俟爾所留三人交易完畢返回時將其妥善辦理啟程則已，再由巴里坤啟程之處由我等料理等語。特磊曰因同我前來之人不得一道返回，是以無奈而置疑是實，今兩侍郎如此啟發後則我等疑團頓釋，既然如此則我等將多餘之馬駝酌情留給在後返回之三人，我等隨兩侍郎先啟程返回等語。本月十七日由肅州為我等備辦馬駝，為特磊等備齊盤纏等物之後奴才我等即率特磊等啟程，於八月初四日抵達巴里坤。途次我等欽遵聖主周詳之訓諭，將予噶爾丹策零之敕諭及部之咨文當特磊及其屬下之面展讀外，乘與伊等閒談之餘又曰，看得特磊爾係明理之人，觀隨爾前來之人亦皆為知曉事體之人，所降敕諭、部之咨文，

〔註177〕《清代職官年表》部院侍郎年表作禮部左侍郎杭奕祿。
〔註178〕《清代職官年表》滿缺侍郎表作理藩院右侍郎眾佛保。
〔註179〕《清代藏事輯要》頁一一二作特壘。

再我五大臣曉諭爾等之言想是爾等已牢記。不過盡我等所知，曉諭爾等，世上天大，穆魯汗大，故此自古以來即是佛神，亦皆封穆魯汗，今以爾等熟知之事而言，其達賴喇嘛、班禪額爾德尼被眾人推崇為眾蒙古之佛之大喇嘛，伊等皆受封於聖主，方顯尊貴，名揚天下，今爾之台吉噶爾丹策零曉得利害，諸事俱照敕諭部文而行，則爾準噶爾數萬生靈以至四畜皆得安生，且即與爾之台吉噶爾丹策零亦大有裨益，使之得以鞏固。況且是次大軍不同於以往之大軍，撤回上次所派大軍不及二三年，又分四五路派出大軍，據此而言斷不能輕易收兵，對此我等毋庸多言，爾等心中有數。再則除所派四五路大軍外又調撥數十萬大軍以備調遣，進軍之時將相續開進，事端發展至此則難保爾準噶爾數萬生靈，況且爾準噶爾之大小之事我處無所不知，既然如此特磊爾等返回後理當曉諭利害，詳訴當今形勢以提醒噶爾丹策零。再爾等人內若有難抵爾台吉處之人亦將此等緣由理當曉諭各自寨桑及親朋好友，若爾等誠能如此爾準噶爾數萬生靈得以生存，特磊爾等亦永沐渥澤等語。特磊曰我竭力銘記敕諭、部文及大臣等曉諭之言，返回後詳告噶爾丹策淩等語。特磊屬下人亦稱將銘記兩侍郎之言。又有一日奴才與特磊閒話時提及先前之事曰，爾在京城時我五大臣赴爾之宿地，告稱眾蒙古汗、王等皆仇視爾準噶爾人等語時，爾曾回問眾蒙古等何以仇視我准噶爾人等語，我等現閒聊，其眾蒙古汗、王等皆受封於聖主，荷沐恩惠各轄屬民，無戰亂無盜賊，各自安逸為生，是以俱皆稱頌聖主為大恩主，感激愛戴，而準噶爾人數載並不恭順，與眾蒙古之大恩主敵對興兵，可否謂伊等仇視悖理乎，況且爾之所言若被伊等所聞，則其仇恨益深，此等情形爾應曉得等語。特磊曰此日與大臣議論時我信口所言是實，今兩侍郎如此曉諭後我亦知曉其緣由等語。奴才我等沿途留意查看特磊及其屬下隨從等，俱皆恭順，稍無悖謬之處，於八月初六日會同大將軍岳鍾琪將敕諭、部文皆交付特磊返回，為此謹具奏聞。

　　雍正八年八月初八日

〔143〕西藏辦事大臣僧格奏報往查騰格里諾爾等處卡倫摺（雍正八年九月十二日）[1]-3762

　　奴才僧格謹奏，為奏聞事。

　　僧格我欽遵上諭於五月二十日率官兵自昭〔註180〕啟程，於六月初七日

〔註180〕原文作盟，今改為昭。

抵達騰格里諾爾，奴才即赴後藏納克產對面所設扎拉尚〔註181〕、庫格查琿〔註182〕、楚察克〔註183〕、特布克托羅開〔註184〕四卡倫。於騰格里諾爾對面所設穆森扎爾崗〔註185〕、僧格鄂卓爾〔註186〕、納克產濟噶爾〔註187〕、扎固爾雅克薩〔註188〕四卡倫。於喀喇烏蘇對面所設彭噶爾喇瑪爾〔註189〕、托克托鼐〔註190〕、噶勒藏呼察三卡倫，巡查尋踪，委派西寧千總董帥道、涼州千總王通、四川松潘把總楊茹玉，往巡率厄魯特、錫林郭勒〔註191〕兵丁駐劄達木地方之貝子頗羅鼐之次子珠米納木扎勒〔註192〕之卡倫。厄魯特希達爾台吉率蘇克寨桑、端多布寨桑、額爾克鄂木布等次日令由騰格里諾爾啟程，於八月二十一日返回告稱，我等赴後藏納克產、騰格里諾爾、喀喇烏蘇三地方對面所設之卡倫巡查，其卡倫之人皆在，我等出卡倫一日路程追踪查巡，並無踪跡，因雪大我等將卡倫內遷，設於有水地方，我等啟程返回時雪沒過馬膝蓋骨，因雪未化我等便回等語，是以奴才於八月二十四日率官兵由騰格里諾爾啟程，於九月初一日回昭〔註193〕，為此奏聞。

　　雍正八年九月十二日

　　硃批：知道了。

〔註181〕《衛藏通志》卷四頁二十五作札克欽，距庫克擦八日，約程四百餘里，其地柴草水俱無。

〔註182〕《衛藏通志》卷四頁頁二十五作庫克擦，距納克產十三日，約程五百餘里，有燒柴，水草俱微，有瘴。

〔註183〕《衛藏通志》卷四頁二十五作拉克察，距特布托羅海七日，約程三百餘里，其地草微無柴，有瘴。

〔註184〕《衛藏通志》卷四頁頁二十五作特布駝羅海，距納克產十四日，約程五百餘里，其地甚冷，瘴氣甚盛。

〔註185〕待考。

〔註186〕《衛藏通志》卷四頁二十三作生根物角，前藏至生根物角，計程一千五百十里。

〔註187〕待考。

〔註188〕待考。

〔註189〕《衛藏通志》卷四頁二十四作奔卡立馬爾，前藏至奔卡立馬爾，計程一千五百十里。

〔註190〕《衛藏通志》卷四頁二十四作托克托賴，自藏至奔卡立馬爾，設小卡五處，曰噶爾藏骨察，托克托賴，立拉撒，畢隆，奔卡立馬爾口子。

〔註191〕哈拉烏蘇之蒙古。

〔註192〕《欽定西域同文志》卷二十四頁六載，居爾默特納木佳勒，轉音為朱爾默特納木扎爾，坡拉鼐索特納木多布皆次子，初授扎薩克頭等台吉，襲封郡王，後以罪誅。

〔註193〕原文作盟，今改為昭。

〔144〕西藏辦事大臣僧格奏報班禪額爾德尼送炒麵摺（雍正八年九月十二日）[1]-3763

奴才僧格謹奏，為奏聞事。

奴才率官兵抵達騰格里諾爾下榻後，班禪額爾德尼派其卓尼爾喇嘛來告，聖主之官兵為我等前來騰格里諾爾駐劄，我為略表寸心獻上三千斗炒麵，五百兩銀可購羊分給官兵等語。奴才與班禪額爾德尼所派卓尼爾喇嘛曰，班禪額爾德尼感戴聖主之隆恩，迢迢而來馱送炒麵以為我官兵之盤纏，既然如此我便接受均分予官兵，其銀兩爾帶回，我等皆享受聖主所賞恩賞銀，我等用之富餘，班禪額爾德尼感激愛戴給官兵送來盤纏等情我回盟〔註194〕之後將奏聞聖主等語，退回其送來之銀兩，收其所送之炒麵分撥官兵，將此謹具奏聞。

雍正八年九月十二日

硃批：知道了。

〔145〕西藏辦事大臣馬喇等奏報喀木藏衛等地雨水及糧石收成摺（雍正八年九月十二日）[1]-3764

奴才馬喇等謹奏，為奏聞事。

竊准貝子頗羅鼐告奴才曰，本年因四周無盜賊百姓得以安居務農，天副文殊師利大聖主闡揚黃教，普濟土伯特眾生之至意，喀木藏衛等三地方雨水調勻，本年收成好於往年，此乃聖主鴻福所致等語。奴才等看得招周圍地方糧石比之往年豐稔，再喀木藏衛亦稱收成十分等語，故此將收成豐稔等情，謹具奏聞。

雍正八年九月十二日

副都統臣馬喇。

內閣學士臣僧格。

護軍統領臣邁祿。

總兵官臣鮑金忠。

硃批：知道了。

〔146〕四川巡撫憲德奏報瞻兌指日蕩平懇請預備撤兵摺（雍正八年九月十五日）[2]-[19]-158

四川巡撫臣憲德密奏，為密行陳請事。

〔註194〕「盟」似乎為「昭」之誤，指拉薩。

竊查爐外諸彝惟瞻兌為最悍，先因屢行不法，經副都統鼐格奏請，奉旨著提臣黃廷桂及臣憲德密行詳議，已發漢土官兵壹萬貳千餘員名進剿，併將歷年沿途屢被夾壩搶劫各案抄發正副統領馬光胡兆吉等，令其逐案查緝清結。嗣據報稱，師分兩路，一由裡塘進發攻打上瞻兌，一由章谷甘孜進發攻打下瞻兌，又於九月初陸柒等日接統領馬光胡兆吉捷報，章谷甘孜之師已將下瞻兌地方歷行攻克，而裡塘之兵亦有已將上瞻兌攻破數寨之信，現在兩路大兵夾攻，自可指日蕩平，臣查如瞻兌未平，則所出兵眾誠不應輕為議撤，如無烏蒙之事則徐徐料理夾壩各案完結之日再行凱旋亦可，今既滇省烏蒙騷動，切近川省，瞻兌如克攻平，則桑阿邦等番自必望風披靡，大兵似可撤，即或口外尚有未曾清結夾壩等案，應行料理之處祇可量留漢土官兵，多不過貳千名，少則壹千名，令其暫住裡塘，一一查辦亦屬餘裕，其餘漢土官兵盡令撤回以重內地，以備調遣，則口外事宜無惧而內地之防守有資。至大兵進口迅速，則口外各路現經運到之米粮炒麵自必多有餘剩，請即就近酌留粮務或新設營汛收貯備用，則運價亦不至有虛糜。臣將此情節商之提臣黃廷桂，伊覺意似猶豫，臣愚意若俟全行攻克瞻兌之時再行請旨，誠恐事屬遲延，故先將所見密行陳請，伏候訓示遵行，密奏。

雍正捌年玖月拾伍日四川巡撫臣憲德。

硃批：大學士議奏。

〔147〕西藏辦事大臣鼐格奏報達賴喇嘛病情等事摺（雍正八年十月初六日）[1]-3770

奴才鼐格謹密奏，為奏聞事。

雍正八年九月二十二日理藩院員外郎多爾濟、太醫院吏目胡林楨至泰寧〔註195〕，接准員外郎多爾濟等攜來領侍衛內大臣大學士公馬爾賽、大學士張廷玉、尚書特古忒致奴才鼐格文稱，將爾所報達賴喇嘛之事已具奏，奉旨著派理藩院章京一員帶大夫胡林楨以去，伊等到後語達賴喇嘛曰，聖主聞知達賴喇嘛病特遣章京、大夫來看視喇嘛等情。語畢令大夫診脈，達賴喇嘛若服用伊等醫生藥後見效則停止大夫診治，診治達賴喇嘛病時費力較難則亦停止診治，大夫看視畢若云服用伊等醫生藥未見效大夫仍作保能治則謂達賴喇嘛

〔註195〕即惠遠廟所在地，清廷於此設泰寧協駐兵以護七世達賴喇嘛，今四川省道孚縣協德鄉。

曰，聖主所遣之大夫乃大內好大夫，可試服其藥二三服等情，倘若達賴喇嘛服用伊等醫生藥後不能治病，以致病篤，欲請所遣大夫診治，則爾副都統酌情巧為勸阻，斷不可給服大夫藥，關係甚巨，曾口諭多爾濟、胡林楨，爾亦與伊等商議，除爾等三人外，誰也不能告訴任何人等語。

　本日奴才鼐格即召員外郎多爾濟、吏目胡林楨來見達賴喇嘛時，達賴喇嘛自榻下恭請聖主萬安，奴才鼐格謂達賴喇嘛言，聖主聞知達賴喇嘛病特遣章京、大夫來看喇嘛等情，員外郎多爾濟賞賜達賴喇嘛以哈達畢〔註196〕，達賴喇嘛合掌告稱，先副都統大臣見我病後問時我已告訴我之病勢，據聞副都統大臣言仰蒙大聖主頗憐愛小僧，聞即遣章京、大夫來看視，不勝喜悅，小僧亟盼大臣等速至，今見大臣等至如病大瘥，而且仰蒙大皇帝垂問小僧好，賞賜哈達，皆為大聖主之鴻恩等語。吏目胡林楨為達賴喇嘛診脈畢告稱，病係脾胃虛弱之症，腹漲不思食，動則喘或瀉肚等語。大夫喇嘛桑吉塞爾珠布取出達賴喇嘛自病相繼所服之藥，吏目胡林楨逐項詳問，大夫喇嘛桑吉塞爾珠布分別講述藥性藥味畢。吏目胡林楨告稱，皆為治脾養氣之藥，業已見效等情。此間每日去診脈，據吏目胡林楨告稱，達賴喇嘛之病漸見瘥癒等情。達賴喇嘛言，先我病時胸堵瀉肚，氣不充體，少走即出汗，好二三日又復發，以為必有災難，每日作道場，又派人往招地各寺廟修建道場，如此病仍遲遲不瘥，大皇帝乃文殊菩薩，欽差大臣等至此，我之一切災難懼怕文殊師利皇帝之福威，俱皆消除，我之病日漸瘥癒，自身頗有知覺，又在我處之堪布喇嘛等見我病如此快愈，皆言為大皇帝之重恩，稱讚不已等語。輔國公索諾木達爾扎、在達賴喇嘛近處之呼圖克圖、堪布喇嘛等皆言文殊師利大皇帝自遣大臣等至此以來，達賴喇嘛病較前大好等情，歡悅相告，眾人皆感激聖恩，無不合掌稱讚者。仰蒙聖主遣章京、大夫至此後，自為達賴喇嘛診脈以來並未服藥，且即如此漸好，奴才鼐格亦實甚贊奇。達賴喇嘛見員外郎多爾濟、吏目胡林楨即歡笑感激皇恩，吏目胡林楨以為將龍眼、福建蓮花籽煮爛後飲用為好，故每日服用，似甚見效。據吏目胡林楨又謂奴才曰，達賴喇嘛病雖見好，但係貧病，不料又復發，我再多看數日後起行，我有漢文奏疏一件請大臣代我轉奏等情，呈遞與奴才鼐格，是以將吏目胡林楨漢文奏疏一件一併奏上御覽，為此謹密奏以聞。

　雍正八年十月初六日

　硃批：覽奏深慰朕懷，著問喇嘛好，告訴朕躬頗安。

　　〔註196〕此句翻譯不確，似乎意為員外郎多爾濟將御賜哈達頒賞達賴喇嘛畢。

〔148〕西藏辦事大臣鼐格奏報青海蒙古見達賴喇嘛情形摺（雍正八年十月初六日）[1]-3771

奴才鼐格謹密奏，為奏聞事。

雍正八年七月初三日接准駐寧措克地方守備李文成報稱，七月初二日有一群蒙古來寧措克，問據告稱青海貝子達木巴〔註197〕之母喀屯綽克賴納木扎爾、貝子之弟台吉旺扎爾、台吉之妻去拜達賴喇嘛，隨行男丁六十名女人兩口，其中二十三人留於德爾格忒地方牧放馬畜，帶有執照等情，又告稱我等為青海貝勒額駙阿保等遣往請達賴喇嘛安之使臣，共有二十人，其中四人留於德爾格忒地方牧放馬畜，帶有執照等情。既進內地故將兵械留於寧措克地方，俟伊等返還時照數查交，以備途次防範等語。本月初四日貝子達木巴之母喀屯綽克賴納木扎爾、多羅貝勒和碩額駙阿保等之使臣扎木產等來泰寧後，將駐西寧總理青海番子事務散秩大臣兼副都統達鼐等所發給之用關防執照皆帶來，遞給奴才鼐格看視，將伊等前來之人數與執照核對時俱皆相符。奴才鼐格問爾等何時自遊牧所起行，由何路而來，行幾日至此，爾等之彼處有何事與否。據喀屯綽克賴納木扎爾告稱，我等於今歲五月十三日自遊牧所起行，由德爾格忒、霍爾等路而來，行五十二日後至此，我全青海人皆仰賴皇上重恩，安居樂業，並無事情等語。據扎木產等告稱我等於今歲五月初六日自遊牧所起行，由德爾格忒、霍爾等路而來，行五十九日後至此，自我青海王等以下兵民以上仰賴皇上重恩，俱皆安居樂業並無事等語。

本月初十日奴才鼐格率伊等至達賴嚨嘛所行禮，喀屯綽克賴納木扎爾獻大哈達一個四十兩重銀曼達一個佛一尊經一部塔一件衣一襲寶蓋一件靠褥一套帶托把碗一件唾沫盒一件淨瓶一個大哈達二十個小哈達七百四十七個五色哈達三百四個緞八十六疋綾子二十五疋布一百四十疋茶葉六十包鞍轡馬二匹。和碩格格、多羅貝勒和碩額駙阿保獻禮物哈達各一個緞各一匹。貝子徒弟多爾濟、公貢格喇布坦〔註198〕、台吉額爾克進獻哈達各一個緞各一匹。

本月十六日喀屯綽克賴納木扎爾謂多尼爾喇嘛羅布藏拜音珠爾曰，我將

〔註197〕《欽定西域同文志》卷十七頁十二載，達木巴，顧實汗第三世孫，襲車凌端多布固山貝子爵。《欽定外藩蒙古回部王公表傳》卷十一頁八載，固山貝子後授扎薩克一次襲丹巴，車凌敦多布再從叔父，雍正三年襲固山貝子，授扎薩克，乾隆十七年卒。

〔註198〕《蒙古世系》表三十六失載。《松巴佛教史》頁五五一載阿寶一任名貢噶喇布坦，父巴特爾。

為皇上寶座堅固萬萬斯年而熬茶誦經，念何經為好之處請達賴喇嘛指示等情，轉報達賴喇嘛時達賴喇嘛言，念阿育希音吉魯克、達喇額克經為好等語。十七日召集隨達賴喇嘛前來之喇嘛三百三十餘名於大經堂誦阿育希音吉魯克，達喇額克經一日，熬茶一次，每喇嘛給哈達各一個。

十八日多羅貝勒和碩額駙阿保等之使臣語多厄爾喇嘛羅布藏拜音珠爾曰，我等來時貝勒貝子公交付，我等為皇帝寶座堅固萬萬年而熬茶誦經，爾等到彼後呈請達賴喇嘛誦何經為好，照達賴喇嘛指示遵行等情，言畢轉報達賴喇嘛，達賴喇嘛言念阿育希吉魯克、達喇額克經為好等語。十九日召集隨達賴喇嘛前來之三百三十餘名於大經堂誦阿育希音吉魯克、達喇額克經一日，熬茶十次，每喇嘛給哈達各三個。

多羅貝勒和碩額駙阿保等之使臣事畢起行前日前往達賴喇嘛處行禮時，達賴喇嘛賞三使臣氆氌各一件、茶各一席哩，賞跟役等長毛氆氌各一件茶各一包，給和碩格格、多羅貝勒和碩額駙阿保、貝子徒弟多爾濟、公貢格喇布坦、台吉額爾克等氆氌各一件，翌日即二十一日起行以去。貝子達木巴之母喀屯綽克賴納木扎爾起行前日前往達賴喇嘛處行禮時，達賴喇嘛賞喀屯綽克賴納木扎爾佛一尊靈丹一包珊瑚珠一串緞一疋氆氌十件、茶二席哩、馬一匹，台吉旺扎爾帽一頂袍一件氆氌一件、茶一席哩。台吉旺扎爾之妻緞一疋氆氌一件茶一席哩。賞貝子達木巴之使臣氆氌一件茶一席哩，跟役等長毛氆氌各一件茶各一包，翌日即二十八日起行以去。八月初三日又據駐寧措克地方守備李文成報稱青海貝子達木巴之母於八月初一日來寧措克後，將伊等前經過時所留槍十二杆我查明後交付伊等，初二日起行以去，為此呈報等語，奴才鼐格觀伊等，皆特意來拜達賴喇嘛，誠心感激皇上之恩，恭敬達賴喇嘛，無妄行滋事之人，皆安靜而行，為此將實情謹密奏以聞。

雍正八年十月初六日

硃批：知道了。

〔149〕西藏辦事大臣馬喇等奏報貝子頗羅鼐率眾謝賞銀摺（雍正八年十月初九日）[1]-3774

奴才馬喇等謹奏，為奏同貝子頗羅鼐率眾叩謝天恩事。

雍正八年九月初六日竊准理藩院來文內稱，議政處議奏，竊准副都統馬喇等奏文內稱，內閣學士僧格率所派遊擊等官員二十人兵丁一千五百人於五月二

十四日自招地啟程，抵達騰格里諾爾後，自哈齊爾〔註199〕、德布特爾等地方所設卡倫直抵後藏納克產等地卡倫，巡查追踪，探有消息便奏聞等語。查得先由副都統馬喇等以準噶爾屬下或由拉達克地方經阿里地方來藏，或由羅卜藏丹津、哈齊爾、德布特爾路前來，或由克列〔註200〕路而來均難預料，奴才等會商調兵丁一千五百開赴騰格里諾爾周圍形勝之地，將準噶爾疲憊前來之眾追擊剿殺，若無準噶爾音信於八月終降雪時分撤回返藏等語具奏後，議政處照副都統馬喇等所奏議奏時奉旨，率兵前往著派僧格，餘依議，欽此欽遵施行在案。今竊准副都統馬喇等奏稱，內閣學士僧格率兵於五月二十四日啟程赴騰格里諾爾等語，适纏議政處會議後將本年暫不進大軍等情已行文馬喇、僧格等，而該文未送到僧格已率兵啟程前往，原議定於八月終降雪時分撤退返藏，是次前去兵丁返回後妥善備齊各樣軍需物品，待來年大軍進伐之時仍照原奏前往騰格里諾爾等地方，於應設卡倫之要害地方設卡駐防，不時巡查追踪等語，為此謹奏請旨等語。於雍正八年七月十一日召進議政大臣降旨，本年既然不進大軍，著行文馬喇，令僧格駐防騰格里諾爾等地之兵丁於降雪之前即令撤回，來年僧格仍率此等兵丁前去，前去之綠旗官兵，照本年賞例賞賜，再給頗羅鼐賞銀一萬兩，來年出征之時酌情賞給其屬下，欽此欽遵，此文送到後著副都統行文知會內閣學士僧格、貝子頗羅鼐，欽此欽遵。奴才等譯成蒙文交付頗羅鼐，即傳頗羅鼐前來，將所賞頗羅鼐酌情賞賜其屬下來年出征之人之銀一萬兩，由辦理軍用錢糧之同知楊史錄〔註201〕處支取賞給頗羅鼐。頗羅鼐率噶隆色柱特色布騰〔註202〕、車淩旺扎勒〔註203〕，來年出征之頗羅鼐之子柱米納木札勒〔註204〕、

〔註199〕 清代史料常作喀濟爾，與德布特爾不遠。德布特爾《欽定西域同文志》卷十四頁二十五作得布特爾，蒙古語謂水草肥美之地，今青海省格爾木市烏圖美仁鄉一帶。

〔註200〕 即克哩野，《平定準噶爾方略》卷六頁二十一作克勒底雅，因今新疆克里雅河而名，準噶爾襲殺拉藏汗之兵即循此河越昆崙山而入藏，故清初檔案文獻將阿里羌塘高原一帶誤稱作克哩野。

〔註201〕 即同知楊世祿。

〔註202〕 《欽定西域同文志》卷二十四頁七載，薩里爵特策丹，轉音為色裕特色布騰，官第巴，授扎薩克頭等台吉，辦噶卜倫事。

〔註203〕 《欽定西域同文志》卷二十四頁七載，車淩旺佳勒，轉音為車淩旺扎爾，官第巴，授扎薩克頭等台吉，辦噶卜倫事。此人藏名多喀策仁旺傑，為《頗羅鼐傳》之作者，另有著作《噶倫傳》《旬努達美》。

〔註204〕 《欽定西域同文志》卷二十四頁六載，居爾默特納木佳勒，轉音為朱爾默特納木扎爾，坡拉鼐索特納木多布皆次子，初授扎薩克頭等台吉，襲封郡王，後以罪誅。

戴瑋、第巴、冬科爾〔註205〕、厄魯特達嚕干等望闕三跪九叩，頗羅鼐為叩謝大恩，懇乞轉奏文殊師利大聖主而呈上蒙文文書。

　　經譯看得小人頗羅鼐我恭點好香，率來年出征之我子柱米納木札勒、戴瑋、第巴、冬科爾、厄魯特、達嚕干等跪叩，合掌百次頓首奏稱，文殊師利大聖主闡揚黃教，天副聖主眷撫我土伯特眾民之至意，數年來雨水調勻糧食收成豐稔，百姓皆得生計，兵丁屢蒙文殊師利大聖主殊恩賞賚，兵器馬匹齊備，故此兵丁各項差遣均無誤得力，此皆因文殊師利大聖主之恩而致使如此完好，正為未能效力而憂慮時文殊師利大聖主諭令酌情賞賜來年出征兵丁銀一萬兩，頗羅鼐我將此文殊師利大聖主所賞恩賞銀均勻分賞來年出征之喀喇烏蘇、達木、騰格里諾爾、納克產、阿里五地方共計六千騎兵。仰蒙文殊師利大聖主此等賞恩，我土伯特眾生不僅今世，乃至萬世亦難報答，倘有效力之機遇頗羅鼐我至死效力，如天大聖主對普天大眾一視同仁加以恩賞，沐沾如此殊恩，頗羅鼐我率屬下叩首外，無言以奏，小人頗羅鼐虔誠禱祝文殊師利大聖主寶座萬劫永固，眷念我土伯特佛法及佛民，明鑒訓諭屢屢頒發，如同恆河水長流不息，謹以奏書禮擇吉日一併恭進哈達一條等語，故此一併將貝勒頗羅鼐奏上之蒙文文書謹具奏聞。

　　雍正八年十月初九日

　　副都統臣馬喇。

　　內閣學士臣僧格。

　　護軍統領臣邁祿。

　　總兵官臣鮑金忠。

　　硃批：知道了。

〔150〕西藏辦事大臣鼐格奏請萬安摺（雍正八年十月二十六日）[1]-3779

　　奴才鼐格謹跪請聖主萬安。

　　雍正八年十月二十六日

　　硃批：朕躬安善，著轉告喇嘛、素諾木達爾扎。

〔151〕西藏辦事大臣鼐格奏轉達賴喇嘛奏疏等事摺（雍正八年十月二十六日）[1]-3780

　　奴才鼐格謹奏，為轉奏事。

〔註205〕即仲科爾。

　　竊查得據吏目胡林楨謂奴才鼐格曰，達賴喇嘛病雖見好，但係貧病，不料又復發，我再多看數日後起行等情，前奴才鼐格具奏在案，此間每日去診脈看得。據吏目胡林楨告稱，達賴喇嘛已痊癒等情，是以多爾濟、胡林楨與奴才鼐格商議，達賴喇嘛既已痊癒不復發，則我等欲起行等情，轉告達賴喇嘛後，達賴喇嘛言自大臣等至此以來仰賴大皇帝重恩我病已好，我亦望留大臣等在此數日不時會見，心中亦暢快，但大臣等皆掌理皇上所委之事，大皇帝之事甚為要緊，我亦不令大臣等久留等語。

　　達賴喇嘛又語奴才鼐格曰，今既前來看我之大臣等起行返還，則請大臣受我謝皇恩奏疏，代我轉奏等情，達賴喇嘛將奏疏交付奴才鼐格，奴才鼐格移譯達賴喇嘛所奏唐古特文之大概，具另摺與達賴喇嘛所奏原唐古特文一件，一併謹奏御覽。

　　再十月二十六日員外郎多爾濟、吏目胡林楨自泰寧起行時輔國公索諾木達爾扎、隨達賴喇嘛前來之眾喇嘛、平白人為員外郎多爾濟、吏目胡林楨獻哈達畢跪稱，前我眾為達賴喇嘛病到處作道場，祈望速愈，但不見好，文殊師利皇帝聞達賴喇嘛病，自遣大臣等看視以來達賴喇嘛病漸好，今已痊癒，顯係此皆文殊師利皇帝如天高地厚之恩，我等惟感激文殊師利皇帝重恩，虔誠誦經外莫可言喻等情，向東北望闕謝恩訖，為此謹奏以聞。

　　雍正八年十月二十六日

附達賴喇嘛奏書[1]-5333〔註206〕

　　大聖主所封西天大善自在佛所領天下釋教普通瓦赤喇怛喇達賴喇嘛望金鑾殿叩頭，點好香，手撒花虔誠叩奏一統天下至尊文殊師利茂育蒼生纘承大統安逸生靈德威遠播明鑒大皇帝寶座前。

　　謹奉大皇帝恩旨，仰仗大皇帝重恩來新廟安居，但原於布達拉宮時所得風濕舊病復發，三月來因病情漸漸加重，身體疲軟，神志恍惚，學習誦經已力不從心，蒙聖主洞鑒，甚是寵愛小僧（呼巴喇克），賞派理事官多爾濟〔註207〕、太醫胡林征〔註208〕，自副都統鼐格處得悉此情後內心感激不已，病情略見好轉。於九月二十二日理事官多爾濟等抵達，大聖主格外眷愛特旨賞哈達問候，摩頂祗領訖。自太醫胡林征為我診脈以來病情漸有起色，如此神奇，全仗三

〔註206〕輯者據奏書內容作為此奏摺之附件。
〔註207〕本部分第一四七號文檔作理藩院員外郎多爾濟。
〔註208〕本部分第一四七號文檔作太醫院吏目胡林楨。

寶、大皇帝特施重恩，太醫胡林征以龍眼、向日葵籽醫治亦有裨益，蒙聖祖大皇帝、大聖主自小慈憫所施重恩，言難盡述，且今此等重恩，比天高比地厚，為仰報重恩，敬祝聖主福壽萬萬年，勤學古里穆經，謹遵聖旨，一心勤學歷史、陀羅尼教義等外莫可言喻，謹請聖主洞鑒，以乞請明鑒禮，獻吉祥哈達，於吉日由達賴喇嘛叩呈。

硃批：欣閱，著轉告喇嘛，應好生調養自己，病情既然有起色，則將好轉，毋庸懷疑，著告之。

〔152〕西藏辦事大臣鼐格奏謝免罪摺（雍正八年十月二十六日）[1]-3781

奴才鼐格謹奏，為恭謝天恩事。

雍正八年十月十九日接准內閣大學士公馬爾賽、大學士張廷玉、蔣廷錫致奴才鼐格文，內開，雍正八年九月二十日奉旨，跟隨大喇嘛之澤東堪布行為悖亂，妄行造言，告訴眾人，故經趙殿最、諾穆圖參奏交部審訊，鼐格為特派辦理彼處事務之人，平時不能管束似此惡亂之人，且又聽聞其所造謠言以致為人參奏，爾好像不知並未參奏，鼐格所辦何事，著爾等寄信切責之，欽此，為此咨行等語。伏思奴才向一介庸弱之人，仰蒙聖主重恩相繼擢用為副都統，正值不能仰報鴻恩於萬一之時，奴才鼐格為專辦達賴喇嘛此地事務之人，而平時不能管束惡亂喇嘛，聽聞其妄造之言以致為人參奏，而奴才並未參奏，殊屬不合，應將奴才鼐格即行治罪，但並未治罪，又蒙聖主天地高厚之恩諭大學士等寄信切責，奴才鼐格恭捧聖旨跪讀畢，不勝戰慄且甚感愧，嗣後奴才鼐格銘記聖旨痛改前非，竭誠効力，為此望闕恭謝天恩。

雍正八年十月二十六日

硃批：糊塗庸懦的東西，爾等蒙古人即此矣，只為喇嘛不念是非父母，此為什麼風俗朕實在不懂，如果再這樣朕斷不輕饒。

〔153〕四川永寧副將馬光奏報剿平瞻對桑昂邦等處並辦理善後情形摺（雍正八年十二月初八日）[2]-[19]-435

正統領官加總兵銜永寧協副將奴才馬光謹奏，為仰仗天威蕩平邊賊事。

竊以瞻對、桑阿邦等處賊番肆行劫搶，以致道路不寧，恭膺欽命奴才同叅將胡兆吉領兵清理，奴才於雍正捌年捌月初十日馳抵章谷河口，與參將胡兆吉會合，隨查原派漢土官兵壹萬貳千肆拾捌員名，先經參將胡兆吉帶領於

本年柒月貳拾陸日在鄂落會兵時，審度桑阿邦形勢，地狹人少，案亦無多，惟瞻對壹地分上下兩部落，各案不法事件在上瞻對者尤多，而地勢之險要，人力之強悍亦惟上瞻對為最，其下瞻對在上瞻對之後，後界接連裡塘，以擦馬所擦牙所為門戶。因分遣遊擊王勇、劉敬、署遊擊劉應標、署都司吳金章等帶領漢土官兵肆千玖百柒拾員名由裡塘壹路進勦下瞻對之擦馬所等處。參將胡兆吉率領漢土官兵柒千柒拾捌員名由霍耳壹路分勦上瞻對各處，俱訂期於本年捌月拾伍日發兵攻勦，奴才抵軍營日仍會同胡兆吉遴委霍耳竹窩土人前赴瞻對宣佈皇上天恩，令其獻賊贖罪，予以自新。不意賊魁鄂木桑珠、哈舒爾、扎魯同阿宗邦等斷路塞險，聚守要隘，不遵化誨，又據孔撒土司羅定稟首，伊弟昂旺私通瞻對，欲乘大兵攻勦瞻對之際尾後為逆等語。是此類賊番同惡不法，均應概行剿除，以彰國典，隨密令各營領兵將弁分頭進勦去後。仰仗天威，於本年捌月拾陸至貳拾伍等日遊擊沈國卿守備楊天運等帶兵剿平昂旺、扎什結、撒墩、羊雀等處賊寨陸拾壹所，署遊擊張懷元守備壽長吳鎮等帶兵勦平上瞻對之前面科雜、名柱羅登、瞻對茹等處賊寨壹百陸拾貳所。署參將傳弘禮署守備馬元等領兵勦平上瞻對之後面達蓋等處賊寨柒拾所。奴才等於本年捌月貳拾伍陸兩日前後督兵進至瞻對茹扎營，相機調遣。又據署參將傳弘禮遊擊沈國卿等報稱，於本年玖月拾肆拾柒等日勦平戎魯、屋堵、豹子等寨。又據遊擊王勇等報稱，於本年捌月貳拾壹日至玖月貳拾叁等日勦平擦馬所、擦牙所等處賊寨肆拾壹所。又據節次派遣搜箐之守備吳鎮千總杜茂、鎖文俊、張弘仁、王祿，把總宋宗瑜、張易祿、周璉等報稱，於各山箐斬獲賊番緣由，俱經奴才會同參將胡兆吉節次敘報川撫臣憲德、川提臣黃廷桂咨報在案。查該將弁等領兵共克破木城關卡叁拾陸處，剿平賊寨叁百叁拾柒所，擊斃賊魁鄂木桑珠、哈舒爾、扎魯等壹百零貳人，賊番貳千陸百捌拾柒人，活捉賊番達濟野、七里扎什、郎卡交等肆拾貳人，獲賊老幼男婦壹百壹拾柒名，飛崖跳河焚死者無算。奴才等仍壹面分遣官兵於各處山箐搜擒逃匿賊犯，壹面正在料理兩路相合進取下瞻對之時，適有下瞻對土官汪扎爾登之祖母扎深錯帶領所屬頑人赴營叩見，稟稱前聞大兵自裡塘至下瞻對所管之擦馬所地方，即欲前去投見，無如擦馬所之人暗與上瞻對勾通，番已聞風斷路，不令往來，今聞大兵已剿平上瞻對，特來投見等語。奴才等隨問伊家賊案，據稱自伊子土官側冷工布物故之後，伊孫汪扎爾登年幼襲職，所屬部落間為上瞻對慣行做賊之鄂木桑珠、哈舒爾、扎魯、姜錯孫奔、達濟野、姜錯

結、阿魯克、春皮等勾引作盜，前日大兵打破昂旺、科雜、名柱羅登以及屋堵、豹子之時，鄂木桑珠在名柱羅登被殺，姜錯孫奔在瞻對石門卡子被大炮擊殺，又聽得達濟野在科雜被官兵擒獲，哈舒爾、扎魯、阿樹戎批、阿足在屋堵被大炮擊殺，七塔爾在昂旺寨被鎗打殺，又有春皮在奴魯被兵追急自投崖下，已被官兵割取首級，阿魯克、拉穆素在達蓋雪山卡子被鎗打殺，姜錯結、松邦、白馬結、查德生邦等聽得在擦馬所被官兵斬訖，這壹起人俱是上瞻對的有名夾壩，其下瞻對平日做賊的威地松布、柱結里貳人亦在擦馬所被官兵斬訖，此時慣做夾壩之人還有白馬七立、拉疊松邦兩做人，聞得現在，我情願設法擒拿解送大營正法除害等語。奴才等又詰問上瞻對土官七林平、阿宗邦下落，據供阿宗邦係已故上瞻對土官俄木中之弟，七林平係俄木中長子，自俄木中物故後七林平年幼，阿宗邦代伊佺管理地方，不能管轄番部，凡事皆為伊頭人鄂木桑珠把持，鄂木桑珠素性強橫，黨同哈舒爾、扎魯、姜錯結等勾引素不安分之百姓到處行劫，凡經犯案之處即稱係阿宗邦手下之人，使其罪歸阿宗邦以圖伊等脫身事外。即如前日大兵初來之時，阿宗邦已差親信頭人奇魯前至中途迎接，蒙諭令奇魯回巢，傳喚阿宗邦等出見，其時阿宗邦即欲前去，被鄂木桑珠、哈舒爾、扎魯等帶同惡黨各守要隘拒敵，並不容伊出去，並欲強擁阿宗邦在關同伊等率眾拒敵。又勒令阿宗邦寫信子約我的孫子們帶兵前來幫助拒敵，阿宗邦再叁化諭伊等，伊等全然不聽。又見阿宗邦不肯同拒敵，不肯寫信子調兵，深拂伊等之意，即欲謀誅阿宗邦，獻其首級，以遮伊等之罪，阿宗邦見事不由己，懼罪難免，又見伊等有暗謀之意，隨黑夜棄寨潛逃。鄂木桑珠等見計未得成，深恨阿宗邦與我孫子不肯幫助，所以他們眾人中凡被官兵捉住訊問便誣供阿宗邦同我孫子在彼壹同拒敵，以圖陷害洩恨，今蒙大兵將這壹干人剿了，替地方除害，我們實實沾恩不淺等語。奴才隨諭令扎深錯查拿瞻對有名賊犯，立功贖罪，並查訪阿宗邦下落去後，於拾月拾捌日據扎深錯同已故上瞻對土官俄木中之正妻革正及嫡子郎佳帶領上瞻對所屬阿色、阿結、羊雀、轄凹、屋堵、木落等處頭人勒可色當朋阿牙阿羅姜錯等來營投見，並擒鮮賊犯到營。稟稱我們上下瞻對積年賊徒昨日大兵來時已伏誅，今上瞻對現在止有阿濟魚壹人，下瞻對止有拉疊松邦、白馬七立貳人，俱皆捉來呈獻，其白馬七立在途自投崖下，已將伊割了頭來，又搜得他家裡的馬四匹，牛叁拾隻，羊肆拾隻，查係偷的渣壩牲口，送來呈獻。其阿宗邦逸走，遍查不知下落，止拿得阿宗邦胞兄奪結姜清，並

伊家人需阿太兩個人來呈獻。其案中丹批壹人原係藏裡番部，從前來至上下瞻對交界之擦牙所左側居住已久，實與鄂木桑珠、哈舒爾、扎魯等同夥為盜，每有案件發露，上瞻對查問即稱係下瞻對所屬，下瞻對查問又稱係上瞻對所屬，因此兩無著落，任意為非，昨值官兵攻破擦牙所各處寨窠，聞伊單騎潛逃，不知去向等語。奴才等詢據拉疊松邦、阿濟魚同供，實為鄂木桑珠、哈舒爾、扎魯等勾引行劫不諱，且稱呼被戮同夥諸番姓名地方壹壹與扎深錯從前所供無異，除將阿宗邦胞兄奪結姜清、家人需阿太發交麻書土司郎喀索郎〔註209〕收禁，捉獻之賊犯拉疊松邦、阿濟魚暫拘軍營，並將白馬七立所偷渣壩番民馬匹牛羊傳喚給領外。惟思丹批雖單騎遠颺，其家口或未同遁，隨復諭令札深錯、革宋正等務須跴緝解獻去後，於本年拾壹月拾叁日據札深錯、革宋正等來營稟稱，奉諭查拿丹批，實無踪跡，止有丹批之子白馬太并丹批之侄曹藏太兒潛匿附近箐內，今已搜獲解來等語。奴才即令霍爾各土司及捉獲蠻人識認，僉稱實係丹批之子侄，奴才隨問丹批素日所為何事，此時現在何處，據供丹批去年曾在黃土崗打劫過達賴喇嘛東西是實，昨聞大兵進來已單騎潛逃，今所劫達賴喇嘛東西雖壹年以來花費大半，尚有數件收藏未失，若容贖罪，情願回去取來交納等語。奴才即差外委千總馬弘道押帶白馬太、曹藏太兒前往搜取，於本年拾壹月貳拾日據馬弘道回營稟稱，白馬太等引路到各墨山箐所搜出達賴喇嘛原帽壹頂、靴壹雙外，鎗柒桿、刀壹口、蠻鐵甲柒副、哈達壹包、喇古碗肆個、鞍子貳副、馬叁拾伍匹。據白馬太等供稱，達賴喇嘛的東西去年在裡塘營官手內交了些，這靴帽哈達木碗鞍子原是達賴喇嘛的，其餘花去東西情願將這所有的鎗甲馬匹作賠交給等語。查丹批實係遠颺，其白馬太、曹藏太兒雖係丹批子侄，但伊等既自引路搜贓贖罪，似不便即加誅戮，況丹批已逃，若聞伊子伊侄得蒙贖罪，並知伊巢窠尚未盡燬，未必無自來投網之事，似可暫留壹貳無用之人以為誘擒丹批之機，隨將白馬太、曹藏太兒交土司丹巴七立〔註210〕收守，假云寬罪作當，暗諭該土司向後藉此設法擒拿丹批。其交賠達賴喇嘛諸物壹壹清查，交守備壽長送往泰寧交付訖。奴才伏查下瞻對之土官汪扎爾登係去年新頒號紙之員，今既能獻賊贖罪，似可許其自新，擬將剿平擦馬所地方之敗竄番眾仍令查招安插管轄，令

〔註209〕《中國土司制度》頁三一二作霍爾甘孜麻書安撫司安使郎卡索囊。
〔註210〕《中國土司制度》頁二九六錄《四川通志》（嘉慶）作德爾格忒宣慰司宣慰使丹巴策凌。

伊出具謹守地方，永不犯法甘結，並將伊胞弟白馬洽禮交明正宣慰司堅參達結處為質，准伊照舊住牧原處，管轄百姓，其壹應賦貢錢糧仍由明正宣慰司堅參達結征收完結。其上瞻對地險人蠻，雖經大兵搗棄犁穴，誅其惡類，終恐久聚跳梁，似宜散其勢眾，分隸附近忠順土司統轄，庶保無患。查七林平原係已故俄木中之長子，雖經委有土官之名，從前並未管理百姓，歷查案無惡蹟。再俄木中之嫡子郎佳向係另附民家住牧，並未為非，據投誠之阿色、阿結等處頭人甘結，俱願扶此貳子管理百姓以繼俄木中之裔，況俄木中之正妻革宋正帶子擒賊，委無異志，合無宣佈皇仁，容伊原地住牧，而將擦牙所、豹子等處地方令七林平管轄，仍將所屬地方分隸附近之忠順疊爾格宣撫司丹巴七立〔註211〕統轄。其臨江之阿色、阿結、羊雀、轄凹、屋堵、木落、撒墩、瞻對茹、達蓋、戎魯、科雜等處地方令革宋正帶子郎佳管轄。仍將江西之阿色、阿結、羊雀、轄凹、屋堵、木落、撒墩等地分隸附近之忠順孔撒安撫司羅定統轄。將江東之瞻對茹、達蓋、戎魯、科雜等地分隸附近之忠順麻書安撫司郎喀索朗統轄。仍令七林平、革宋正郎佳出具安分當差，永不縱番犯法甘結，並將七林平表弟零欽墩珠交郎喀索朗為質，將郎佳之兄兼燦交羅定為質，並令丹巴七立、羅定、郎喀索朗等出具永保瞻對無事甘結存案。其壹應貢賦令七林平、革宋正、郎佳等催收，由丹巴七立、羅定、郎喀索朗處上納，地方諸事統聽丹巴七立、羅定、郎喀索朗等約束經理，庶日後蠻人勢孤力薄，有所鈐制。而七林平、革宋正、郎佳等亦必頂感天朝寬大之恩，永遠恭順供職，而瞻對壹帶可以清寧無事矣。至丹批係行劫達賴喇嘛物件之賊，阿宗邦係縱番行劫之犯，雖經潛逃無蹤，查經獲有丹批之子白馬太，俋曹藏太兒現交丹巴七立收禁，獲有阿宗邦胞兄奪結姜清、親信家人需阿太交郎喀索朗收禁，似可誘擒丹批、阿宗邦以清餘案。其扎深錯、革宋正等擒獻之賊犯阿濟魚、拉疊松邦及陣獲之賊犯達濟野、七立、扎什、郎卡交伍人查係夥同鄂木桑珠、哈舒爾、扎魯等素日行劫之徒，除鄂木桑珠、哈舒爾、扎魯、姜錯孫奔、阿樹戎批、阿足、七塔爾、春皮、阿魯克、拉穆素、姜錯結、松邦、白馬結、查德生邦、威地松布、柱結里等據各路領兵將備傅弘禮沈國卿王勇壽長楊天運等歷報實係臨陣誅戮無異，細查諸犯窠寨俱經破燬，贓物實難查追，隨將現獲之賊犯阿濟魚、拉疊松邦、達濟野、七立、扎什、郎卡交於軍營梟

〔註211〕　《中國土司制度》頁二九六錄《四川通志》（嘉慶）作德爾格忒宣慰司宣慰使丹巴策凌。

示。其捉獲番人內查有賊魁鄂木桑珠妻女家人陸名口除給賞在事有功兵丁外，其餘番人老幼男婦俱壹壹查給革宋正、郎佳，仍令團聚安插原窠訖。除經飛移泰寧協副將楊大立並建昌道馬維翰選委文武幹員清查戶口地方，造冊呈報外。查瞻對所有賊案俱經清結，其桑昂邦諸案參將胡兆吉已於本年拾壹月初陸日帶領各營漢土兵肆千伍百名前往料理，已敷遣用，餘兵柒千伍百名本年拾壹月貳拾貳日遵奉川提臣黃廷桂咨行調赴建昌土兵叄千名外，奴才加派建昌鎮屬漢兵壹千名同往建昌防禦。又於本年拾貳月初叄日酌令署參將傅弘禮帶領提標伍營兵丁捌百伍拾伍名，永寧協屬兵丁伍百回營以備提臣黃廷桂調用，俱經節次報明在案。所有應行清理之長坦兒案件奴才帶領提標建昌永寧等營漢兵壹千貳百名，於本年拾貳月初拾日拔營，由甘孜一路前往清理，並接會參將胡兆吉，其此壹路所餘土兵前途似屬無用，俱經遣發回窠訖。除通報署川陝督臣查郎阿、川撫臣憲德、川提臣黃廷桂外，所有清理瞻對緣由，奴才理合會同參將胡兆吉繕摺奏報，伏祈睿鑒，謹奏。

雍正捌年拾貳月初捌日

硃批：覽。

〔154〕四川永寧副將馬光奏謝聖訓並繳硃批摺（雍正八年十二月初八日）[2]-[19]-436

正統領官加總兵銜永寧協副將奴才馬光謹奏，為恭謝聖訓事。

雍正捌年拾貳月拾伍日接奉川撫臣憲德交齎欽奉皇上硃批奴才奏摺貳本到奴才，奴才隨恭設香案望闕叩頭謝恩，跪讀聖訓訖，伏念奴才愚陋無知，膺茲行間重任，自揣實難勝任，仰蒙聖恩特賜宸謨，奴才得所遵循，感戴無極，惟有日夜服膺，小心謹慎，竭盡駑駘以圖仰報天恩萬一，所有欽奉硃批奴才奏摺貳本，理合奏繳，為此繕摺恭謝，伏懇睿鑒，謹奏。

雍正捌年拾貳月初捌日

硃批：凡事實心任理，以忠誠之心告天地神明以祈佑，凡百以擇中合宜相機度理而為之，不可輕率好大喜功，不可瞻狗畏縮悮事，訓愛士卒，憐惜百姓，不可因小利而忘廉恥，不可務隱飾以欺朝廷，朕所訓諭者如此，在汝自勉之也。

〔155〕理藩院奏報兩呼圖克圖入京內扎薩克上言摺（雍正八年）[1]-3809

理藩院謹奏，為欽遵上諭事。

　　於雍正八年八月二十六日降旨和碩果親王、尚書特古忒，西域貝子普羅鼐為將噶爾瑪地方紅帽兩呼圖克圖〔註212〕好生送京而貝奏請旨，今黃教傳播甚廣，紅教亦屬佛教，我大國各處來人俱皆各信各教，況且佛教原本無黃紅之分，而以弘揚佛教之道為上，若立紅帽喇嘛無非傳福佛教而已，無甚關係，其不精通佛道者肆意議論，除黃教外另又傳播紅教之處，斷難預料，朕並非不宣揚黃教而弘揚紅教之意，因俱屬佛教宣揚之道，亦理應宣揚，將該紅帽喇嘛請來廟中居住，將其各自所學應行等處行文眾蒙古人，俟各自傾訴己見奏請之時再另行降旨，欽此欽遵。

　　臣衙門行文各內扎薩克、喀爾喀汗、王、貝勒貝子公台吉等令各抒己見加印送文前來後，今內扎薩克科爾沁和碩達爾罕親王和碩額駙羅布藏固木布〔註213〕、科爾沁和碩土謝圖親王阿喇布坦〔註214〕，科爾沁多羅扎薩克圖郡王沙金德勒格爾〔註215〕、科爾沁多羅冰圖郡王伊希班第〔註216〕、科爾沁多羅郡王羅布藏拉錫〔註217〕、旗協理旗務台吉諾捫桑、科爾沁鎮國公拉瑪札布〔註218〕。扎賚特〔註219〕旗貝子特古斯〔註220〕、旗協理旗務台吉鄂諾勒圖、杜爾伯特旗貝子班珠爾〔註221〕。郭爾羅斯鎮國公巴圖〔註222〕、郭爾羅斯扎薩克一等台吉察袞〔註223〕。喀喇沁多羅杜郡王和碩額駙伊達木扎布〔註224〕、

〔註212〕指噶瑪噶舉派黑帽與紅帽兩活佛，黑帽清代檔案文獻常寫作噶爾瑪巴，指噶瑪噶舉派黑帽系活佛，因此活佛法冠為元帝賜予的鑲黑邊法帽而得名，赴京之黑帽系為第十二世活佛，《番僧源流考西藏宗教源流》頁八十七載，黑教楚普噶瑪巴呼畢勒罕，第十二輩降曲奪吉，年三十七歲圓寂。據《東噶藏學大辭典歷史人物類》頁二十三載，此活佛生卒年為康熙四十二年至雍正十年，壽三十一。紅帽清代檔案文獻常寫作沙馬爾巴，指噶瑪噶舉派紅帽系活佛，因此活佛法冠為元帝所賜鑲紅邊法帽而得名，此處沙馬爾巴指紅帽系第八世活佛。
〔註213〕原文作碩達爾罕親王、和碩額駙羅布藏固木布，誤作兩人，今改正。《欽定外藩蒙古回部王公表傳》卷一頁三作羅卜藏袞布。
〔註214〕《欽定外藩蒙古回部王公表傳》卷一頁一作阿喇布坦。
〔註215〕《欽定外藩蒙古回部王公表傳》卷一頁九作沙津德勒格爾。
〔註216〕《欽定外藩蒙古回部王公表傳》卷一頁十作宜什班第。
〔註217〕《欽定外藩蒙古回部王公表傳》卷一頁十一作羅卜藏喇什。
〔註218〕《欽定外藩蒙古回部王公表傳》卷一頁十二作喇嘛扎布。
〔註219〕原文作扎齎特，今改為扎賚。
〔註220〕《欽定外藩蒙古回部王公表傳》卷一頁十三作特古斯。
〔註221〕《欽定外藩蒙古回部王公表傳》卷一頁十四作班珠爾。
〔註222〕《欽定外藩蒙古回部王公表傳》卷一頁十五作巴圖。
〔註223〕《欽定外藩蒙古回部王公表傳》卷一頁十六作察袞。
〔註224〕原文作喀喇沁多羅杜郡王、和碩額駙伊達木扎布，誤作兩人，今改正。《欽定

喀喇沁多羅和碩額駙僧袞札布〔註225〕、喀喇沁扎薩克一等台吉塔布囊喀尼阿〔註226〕，旗協理旗務塔布囊達木巴。土默特多羅達爾罕貝勒和碩額駙阿喇布坦〔註227〕、土默特旗貝子哈木噶巴雅斯胡郎圖〔註228〕。翁牛特多羅杜稜〔註229〕郡王鄂齊爾〔註230〕、翁牛特多羅達爾罕戴青貝勒盆蘇克〔註231〕。敖漢多羅郡王揣木皮勒〔註232〕。奈曼多羅達爾罕郡王阿咱拉〔註233〕。阿魯科爾沁多羅貝勒達克丹〔註234〕、旗協理旗務台吉色布旺端多布。克什克騰扎薩克一等台吉齊巴克扎布〔註235〕。扎魯特多羅貝勒畢嚕瓦〔註236〕、扎魯特多羅達爾罕貝勒阿弟沙〔註237〕。巴林多羅郡王桑里達〔註238〕、巴林旗貝子巴特曼〔註239〕。喀爾喀多羅貝勒噶勒藏〔註240〕，以上二十六旗王貝勒貝子公台吉等會同呈送之加印文內稱，奴才等欽遵上諭，各抒己見，會同乞請，文殊師利大聖主宣揚佛教之黃教，今又以紅帽教道與佛教為同源，不必分黃紅教，理當弘揚佛法為是，欽此。竊惟文殊師利大聖主明鑒佛法同源，無甚區別，俱視為同樣可信之弘揚之道，我等蒙古人不勝感戴悅服等語。

內扎薩克烏珠穆沁和碩車臣親王色登端多布〔註241〕、烏珠穆沁多羅額爾德尼貝勒車布登〔註242〕。阿巴噶多羅郡王索諾木喇布坦〔註243〕、阿巴噶多羅

外藩蒙古回部王公表傳》卷二頁一作伊朗達木扎布。
〔註225〕《欽定外藩蒙古回部王公表傳》卷二頁三作僧袞扎布。
〔註226〕原文作喀喇沁扎薩克一等台吉、塔布囊、喀尼阿，誤作三人，今改正。《欽定外藩蒙古回部王公表傳》卷二頁五作喀寧阿。
〔註227〕原文作土默特多羅達爾罕貝勒、和碩額駙阿喇布坦，誤作兩人，今改正。《欽定外藩蒙古回部王公表傳》卷二頁六作阿喇布坦。
〔註228〕《欽定外藩蒙古回部王公表傳》卷二頁七作哈穆噶巴雅斯呼朗圖。
〔註229〕此處補「稜」字。
〔註230〕《欽定外藩蒙古回部王公表傳》卷三頁十一作鄂齊爾。
〔註231〕《欽定外藩蒙古回部王公表傳》卷三頁十三作朋素克。
〔註232〕《欽定外藩蒙古回部王公表傳》卷三頁一作垂木丕勒。
〔註233〕《欽定外藩蒙古回部王公表傳》卷三頁五作阿咱拉。
〔註234〕《欽定外藩蒙古回部王公表傳》卷三頁十作達丹克。
〔註235〕《欽定外藩蒙古回部王公表傳》卷三頁十一作齊巴克扎布。
〔註236〕《欽定外藩蒙古回部王公表傳》卷三頁八作畢嚕瓦。
〔註237〕《欽定外藩蒙古回部王公表傳》卷三頁八作阿弟沙。
〔註238〕《欽定外藩蒙古回部王公表傳》卷三頁五作桑哩達。
〔註239〕《欽定外藩蒙古回部王公表傳》卷三頁六作巴特瑪。
〔註240〕《欽定外藩蒙古回部王公表傳》卷三頁十五作噶爾桑。
〔註241〕《欽定外藩蒙古回部王公表傳》卷四頁一作色登敦多布。
〔註242〕《欽定外藩蒙古回部王公表傳》卷四頁三作車布登。
〔註243〕《欽定外藩蒙古回部王公表傳》卷四頁九作索諾木喇布坦。

卓里克圖郡王札木巴勒扎布〔註244〕。阿巴哈納爾多羅貝勒納木札〔註245〕、阿巴哈納爾旗貝子班珠爾〔註246〕。蘇尼特多羅郡王旺晨〔註247〕、蘇尼特多羅郡王旺青齊斯龍〔註248〕。四子部多羅達爾罕郡王阿喇布坦多爾濟〔註249〕。喀爾喀多羅貝勒拉旺多爾濟〔註250〕。烏喇特鎮國工希喇布〔註251〕、烏喇特鎮國公達爾瑪濟里迪〔註252〕、烏喇特輔國公垂札木素〔註253〕。茂明安扎薩克一等台吉齊旺希喇布〔註254〕，以上十四旗王貝勒貝子公台吉會同呈上之加印文內稱，聖主洞鑒一切，佛法同源，黃教紅教皆為佛法宣揚之教，設紅教喇嘛佛法得以弘揚而已，另無關係，天下之沸法唯聖主弘揚光大，我等眾生除仰賴聖主外別無依賴之處，欽遵上諭，感戴不已，除此無他言可奏等語。

　　內扎薩克鄂爾多斯多羅郡王札木陽〔註255〕、鄂爾多斯多羅貝勒達希喇布坦〔註256〕、鄂爾多斯多羅貝勒那依羅布扎木素〔註257〕、鄂爾多斯旗貝子齊旺班珠爾〔註258〕、鄂爾多斯旗貝子羅布藏〔註259〕、鄂爾多斯旗貝子納木札勒色棱〔註260〕。歸化城都統丹津、根敦〔註261〕，以上八旗王貝勒貝子公台吉等會同呈上之加印文內稱，我等扎薩克等會同言稱，我等愚意紅教黃教俱為佛教之教，因同為一源，并無區別，今聖主以佛法為重，竭力照例共同弘揚各自之教

〔註244〕《欽定外藩蒙古回部王公表傳》卷四頁八作扎木巴勒扎布。
〔註245〕《欽定外藩蒙古回部王公表傳》卷四頁十二作納木扎。
〔註246〕《欽定外藩蒙古回部王公表傳》卷四頁十三作班珠爾。
〔註247〕《欽定外藩蒙古回部王公表傳》卷四頁五作旺辰。
〔註248〕《欽定外藩蒙古回部王公表傳》卷四頁六作旺青齊蘇嚨。
〔註249〕《欽定外藩蒙古回部王公表傳》卷五頁一作阿喇布坦多爾濟。
〔註250〕《欽定外藩蒙古回部王公表傳》卷五頁六作拉旺多爾濟。
〔註251〕《欽定外藩蒙古回部王公表傳》卷五頁三作錫喇布。
〔註252〕《欽定外藩蒙古回部王公表傳》卷五頁四作達爾瑪吉哩第。
〔註253〕《欽定外藩蒙古回部王公表傳》卷五頁五作垂扎木素。
〔註254〕《欽定外藩蒙古回部王公表傳》卷五頁二作齊旺錫喇布。
〔註255〕《欽定外藩蒙古回部王公表傳》卷六頁一作扎木揚。
〔註256〕《欽定外藩蒙古回部王公表傳》卷六頁五作達什喇布坦。
〔註257〕《欽定外藩蒙古回部王公表傳》卷六頁三作諾依囉布扎木素。
〔註258〕《欽定外藩蒙古回部王公表傳》卷六頁三作齊旺班珠爾。
〔註259〕《欽定外藩蒙古回部王公表傳》卷六頁六作羅卜藏。
〔註260〕《欽定外藩蒙古回部王公表傳》卷六頁四作納木扎勒色稜。
〔註261〕原文作丹津根敦，今斷作丹津、根敦。《欽定外藩蒙古回部王公表傳》卷十五頁二作丹津。《欽定八旗通志》卷三百三十二作歸化城都統丹津。《欽定外藩蒙古回部王公表傳》卷十五頁三作根敦。《欽定八旗通志》卷三百三十二作歸化城都統根敦。

而降之鳳詔，我等蒙古誠心歡悅等語。

喀爾喀車臣汗車布登巴音珠爾〔註262〕、多羅郡王揣扎布〔註263〕、多羅郡王多爾濟札勒〔註264〕、多羅貝勒旺扎勒〔註265〕、貝子顏楚布多爾濟〔註266〕、輔國公車淩旺布〔註267〕、輔國公巴蘇〔註268〕、輔國公格勒克巴木皮勒。〔註269〕

〔156〕西藏辦事大臣鼐格奏報蒙古人拜見達賴喇嘛獻物等情形摺（雍正九年正月二十四日）[1]-3824

奴才鼐格謹密奏，為奏聞事。

雍正八年十一月十六日接准寧措克守備李文成報稱，本月十五日有一群蒙古來寧措克，問據告稱，我等為青海扎薩克親王戴青和碩齊下人，我名卓禮克圖，我等王為聖主建造佛殿時因紅銅等物少缺，故向總理番子等事務大臣等領取牌文，遣我等往喀木等地採買紅銅，行抵德爾格忒後與我等同來之達林木察罕率數人往察木多採買紅銅，將其餘牲畜鳥槍腰刀留於德爾格忒，我王有物獻達賴喇嘛等情。看伊等所帶牌文實為欽差大臣等所給牌文，故是日遣五蒙古以去，令伊等所帶鳥槍一杆撒袋一套解下，存於我營，伊等拜畢返還經過我營時我即交付後另報等語。本月十九日伊等來泰寧後，總理青海番子等事務郎中鼐滿岱〔註270〕帶來由富寧處發給鈐關防牌文交給奴才鼐格看視，文中書有二十二人，詢問卓禮克圖等，爾等自遊牧所起程時曾有幾人等情。據告稱我等初來時曾有二十七人，到德爾格忒後留十人於彼處看守馬群，十二人往喀木等地方採買紅銅，我等五人來拜達賴喇嘛等語。詢問伊等爾等所帶牌文內寫有人二十二名，而為何多出五人等情。據告稱於牌文內未算入跟役等等語。問伊等何時自遊牧所起行，由何路而來，行幾日至此，爾處有事務耶。據告稱我等於九月二十一日自遊牧所起行，由德爾格忒等路而來，行至十六日至此，於我青海彼地仰賴皇上重恩，概享太平安逸，並無他事等語。因達賴喇嘛為聖主坐禪，

〔註262〕《欽定外藩蒙古回部王公表傳》卷八頁一作車步登班珠爾。
〔註263〕《欽定外藩蒙古回部王公表傳》卷八頁三作垂扎布。
〔註264〕《欽定外藩蒙古回部王公表傳》卷八頁二作多爾濟扎勒。
〔註265〕《欽定外藩蒙古回部王公表傳》卷八頁五作旺扎勒。
〔註266〕《欽定外藩蒙古回部王公表傳》卷八頁七作延楚克多爾濟。
〔註267〕《欽定外藩蒙古回部王公表傳》卷八頁九作車稜旺布。
〔註268〕《欽定外藩蒙古回部王公表傳》卷八頁五作巴蘇。
〔註269〕《欽定外藩蒙古回部王公表傳》卷八頁七作格埒克巴木丕勒。
〔註270〕本部分第一八四號漢文摺自書其名為吏部郎中鼐滿岱。

故伊等坐候月餘，達賴喇嘛禪畢出，於雍正九年正月初二日向達賴喇嘛行禮畢。扎薩克親王察罕丹津、妻那木札爾卓爾瑪、台吉丹津旺楚克進哈達各一條緞各一疋緞哈達各一條，隆布諾門汗〔註271〕進哈達一條緞一疋。卓禮克圖等起行前日去謁見達賴喇嘛時達賴喇嘛回贈親王察罕丹津護身結一個靈丹一包氆氌二件，妻那木札爾卓爾瑪護身結一個靈丹一包氆氌二件，台吉丹津旺楚克護身結一個靈丹一包氆氌一件，隆布諾門汗護身結一個靈丹一包氆氌一件，賞卓禮克圖護身結一個靈丹一包氆氌二件茶一簍，跟役四名賞氆氌各一件茶各一包，次日即十二日起行以去，奴才鼐格看伊等皆係特意來拜見達賴喇嘛，誠心感激皇恩，且虔心尊敬達賴喇嘛，並無妄行滋事之人，皆寧靜守法而行，為此將實情謹密奏以聞。

　　雍正九年正月二十四日

　　硃批：好，知道了。

〔157〕西藏辦事大臣鼐格奏報傳旨慰問達賴喇嘛情形摺（雍正九年正月二十四日）[1]-3825

　　奴才鼐格謹奏，為欽遵上諭事。

　　雍正八年十二月初十日接准理藩院致奴才鼐格咨稱，雍正八年十一月初六日大學士公馬爾賽〔註272〕傳旨曰，聞達賴喇嘛大好了，以慰問之禮著賞大哈達一條，蟒緞妝緞九疋發去，欽此欽遵。從大內送出以黃紡包袱包裹之匣一個一並交付，因此於黃包袱包裹之匣子浮面又以黃布包裹，裝入匣內，將大哈達一條、蟒緞妝緞九疋拴固，一併由驛送去，抵達後查看奉旨事件遵行等語。接准本日送到大學士公馬爾賽咨開，雍正八年十月二十八日將爾奏聞達賴喇嘛稍痊摺子上奏，奉旨，聞達賴喇嘛病痊，朕甚喜悅，著問達賴喇嘛好，送去哈達一條，蟒緞妝緞九疋，欽此欽遵，將哈達一條、蟒緞妝緞九疋及爾原奏硃批摺子二件一併發送等語。奴才鼐格奏聞達賴喇嘛稍痊摺子，奉硃批諭旨，覽奏深慰朕懷，著問喇嘛好，告訴朕躬頗安，欽此欽遵，送到奴才鼐格。達賴喇嘛為聖主自十一月初十日始坐禪，尚未出，故奴才鼐格將硃批諭旨及恩賞哈達緞疋之事向公索諾木達爾扎說之，轉告達賴喇嘛後，據達賴喇嘛言小僧仰承聖

〔註271〕隆布即《衛藏通志》卷十五頁五西寧辦事大臣所屬四十族之隆布族，牧地
　　　　以青海省玉樹縣仲達鄉拉娘寺為中心，隆布希勒圖即拉娘寺坐床之喇嘛。
〔註272〕原文作馬賽，今改正為馬爾賽。

主寵眷，垂問小僧好，施以重恩，竟難仰承，又恭聞大皇帝聖躬大安小僧不勝喜悅，小僧為大皇帝萬萬壽而坐禪，於本月二十八日禪畢出，出禪之時再恭領皇上賞賜之物等情。十二月二十八日達賴喇嘛出禪，二十九日晨奴才鼐格將皇上所賜哈達一條、蟒緞妝緞九疋列於案，頒賞達賴喇嘛時達賴喇嘛自禪床下，向東立，奴才鼐格宣諭達賴喇嘛曰，臣奏聞達賴喇嘛稍痊事，奉硃批諭旨，覽奏甚慰朕懷，著問達賴喇嘛好，告訴朕躬頗安，欽此。又大聖主聞達賴喇嘛病痊不勝喜悅，以問候禮著賞哈達蟒緞妝緞，傳諭畢達賴喇嘛合掌告稱，小僧仰承大皇帝寵眷，身安無恙，蒙頒旨問達賴喇嘛好，又加重恩賞賜哈達緞疋，小僧猶如到達佛地罔極，不勝喜悅等語，為此謹奏以聞。

　　雍正九年正月二十四日

　　硃批：知道了。

〔158〕西藏辦事大臣鼐格奏報傳諭達賴喇嘛等情形摺（雍正九年正月二十四日）[1]-3826

　　奴才鼐格謹奏，為欽遵上諭事。

　　雍正九年正月初三日捧到奴才鼐格奏請聖主萬安摺子，奉硃批諭旨，朕躬頗安，著轉告喇嘛、索諾木達爾扎等，欽此欽遵。奴才鼐格傳旨諭達賴喇嘛、索諾木達爾扎等畢。達賴喇嘛合掌告稱，文殊菩薩大皇帝顯係眾教生靈之依靠，大皇帝聖躬若頗安則眾生靈之大善也等語。公索諾木達爾扎等跪稱，聖心弗忘在地如蟻之賤奴等，仰蒙軫念，頒聖旨諭我曰朕躬頗安，欽此。在地如蟻賤奴等之手如至天罔極，不勝喜悅，文殊師利聖主金躬若頗安，則顯係眾生靈之大喜，自達賴喇嘛直至土伯特人等喜莫大於此，除跪拜文殊師利聖主外莫可言喻等語。

　　又奴才鼐格奏粗譯達賴喇嘛謝恩摺子，奉硃批諭旨，覽奏深慰朕懷，著轉告喇嘛好生調養，病若稍痊，則就不斷變好，勿得懷疑，欽此欽遵。奴才鼐格傳諭達賴喇嘛畢，達賴喇嘛合掌告稱，竊小僧自孩提之童仰承大聖主寵眷不計其數，自患病至今不斷頒發溫旨重恩御醫者，自小僧乃至全土伯特生靈不勝喜悅，仰承似此隆恩，竟弗能報答，惟為大皇帝萬萬壽，除勤學經典外莫可言喻，為此謹奏以聞。

　　雍正九年正月二十四日

　　硃批：知道了。

〔159〕西藏辦事大臣鼐格奏報將被搶商上之物業已給還摺（雍正九年正月二十四日）[1]-3827

奴才鼐格謹奏，為奏聞事。

雍正九年正月十五日接准總管達賴喇嘛商上事務董科爾丁吉鼐呈稱，前歲於噶喇拉商上使臣第巴魯木衣扎布巴被策旺喇布濟等賊班多達克盤等所搶之物，蒙去歲大皇帝發兵剿賊，奪回被搶之物，原以為此係遺失之物斷不復得，今仰賴大聖主之天威從賊手收回，我等人聞之喜之不盡，此皆大皇帝重恩是也。將從賊手收回之物委遊擊壽昌〔註273〕交付，哈達四條花哈達一條藍哈達二條紅哈達一條、拉固爾碗四口、鞍兩套靴一雙，順刀一把緞帽一頂衣一襲馬二十七匹鳥槍八杆甲七套，鳥槍一杆係魯本衣扎布巴被搶之原鳥槍，故伊認領之，鳥槍七杆甲七套於我等無用，對兵丁有用處則用之，交付泰寧副將楊達禮等語，為此謹奏以聞。

雍正九年正月二十四日

硃批：知道了。

〔160〕西藏辦事大臣鼐格奏轉原土司羅明浩呈文摺（雍正九年正月二十四日）[1]-3828

奴才鼐恪謹密奏，為轉奏事。

雍正九年正月十八日泰寧樹〔註274〕原土司羅明浩〔註275〕來奴才鼐格處呈漢文書一件，譯其大概觀之，據書內開。

為轉奏冒領錢糧以苛官員、懷仇參劫之怨恨，請雪冤枉事。受禍害者，雍正七年以化林楊姓副將〔註276〕苛取土司故，由欽差現陞工部侍郎趙〔註277〕、陞蘭州布政使塗〔註278〕查參後解任，赴省候旨時副將令其兄立契借我銀二百兩以去，明係畫押文約。仰賴皇上之恩降級開復後，我向伊索要時副將惱恨，逼迫我償還前欠副將少許公費銀一百四十兩，奉命移駐泰寧後，以我深思，若於邊境一帶要地仍行冒領則不可以，遂以招募、償還所欠等因屢次呈

〔註273〕《四川通志》卷三十二頁十三作提督標營左營遊擊壽長。
〔註274〕泰寧樹為泰寧協之誤，協為清朝綠營兵建制。
〔註275〕待考。
〔註276〕《四川通志》（乾隆）卷三十二頁五十六作泰寧協副將楊大立。
〔註277〕《清代職官年表》部院漢侍郎年表作工部右侍郎趙殿最。
〔註278〕《清代職官年表》布政使年表作甘肅布政使諾穆圖。

請，因此副將惱恨，造言苟簡懈弛，迂俗可厭，上報提督大臣，本月十一日文到，即催取札付時大驚，伏思為臣者被參劾後蒙皇上加恩免議罪，理應感恩洗心以報國家，為何懷私仇說謊參劾耶，誤國枉官者莫過於此，若謂苟簡懈弛，迂俗可厭，輕視何軍機耶，懈怠何公事耶，行何事悖亂。總之我為一介武夫，仰賴皇恩位至此任，惟盡心竭力練兵護民以報皇恩，弗知奉承冒領，上司可以侵害下官，視冒領為常事之故，是以結仇謊報詆參劾，惟我一介微員，固似此結仇參劾，隱瞞聖主雖死亦不瞑目，我職任微小下情不能上達，幸遇大臣奉命〔註279〕駐此，有罪之官冒犯呈文，伏請欽差大臣憐憫無罪受冤不能雪恥之事，請專達九重，如此則清濁立刻能分辨，我若真苟簡懈弛，冒領使兵艱難逼迫，則甘願受誅，若係結仇參劾則有國法，倘蒙皇上睿鑒，則我闔家敬祝大臣世世為官，憤懣而呈文，抄貼冒領錢糧數目文一張等語。

據冒領錢糧數目文內開，鄙官於雍正五年八月到任，自管理守備事務查得，於營內有十四人空額錢糧，雍正六月四月鄙官前往署理里雅營〔註280〕遊擊事務，雍正七年三月回化林坪，查明得其錢糧尚無招取，本年七月順慶李姓遊擊〔註281〕署理副將事務時，經鄙官告訴招取九人，實餘五人空額錢糧，提督大臣遣鄙官持書赴西安給土司驗試畢，十一月回化林坪，又持書赴和爾〔註282〕、噶木塞地方審斷唐古特事，雍正八年正月纔回，赴省向提督大臣回話，二月來泰寧後查明兵餉又空二十五人錢糧，曾屢次呈請招募而不准行，下官無法，遂於十二月遣紅旗軍馬文生往雅州府、蘆山縣一帶招募新丁，迄今尚無返還。雍正八年十一月由提督大臣處給賞賜所用銀一百兩，以上各項，皆副將取而用之，至於製造營內各兵所用物件公費銀，於我營開除另十八人錢糧後交付提督大臣衙門儲存，取而用之。又自雍正七年秋季至雍正八年夏季共取馬價銀三百四十六兩三錢四分，雍正八年十二月止給楊喜生等十人馬價銀八十五兩六錢，繼之經報下官，向楊喜生等催取借狀在案，其餘銀兩皆儲存於副將衙門，將此一併呈報等語。事關國帑故奴才鼎格何敢隱瞞不奏，是以將羅明浩所呈原漢文書一件一併謹奏御覽，為此謹密奏。

雍正九年正月二十四日

〔註279〕原文作奏命，今改為奉命。
〔註280〕為黎雅營之異譯。
〔註281〕《四川通志》（乾隆）卷三十二頁二十七順慶營遊擊有名李鶴，雍正六年任，
　　　　即此人。
〔註282〕常寫作霍爾，藏人對非藏人之北方游牧民族之統稱，此處似指三十九族。

硃批：看此情景，楊達禮懷仇參劾者，似乎實情，知道了。

〔161〕四川提督黃廷桂等奏報派撥官兵駐劄黃勝關外及添防泰寧官兵起程日期摺（雍正九年三月初六日）[2]-[20]-63

四川提督臣黃廷桂四川巡撫臣憲德謹奏，為奏聞事。

竊臣等前恭奉諭旨隨欽遵詳議於松潘泰寧派兵駐劄添防及飭令不時專差密探消息，併召募新兵各緣由俱經恭摺奏聞。嗣據泰寧協副將楊大立稟稱，遵即會商副都統鼐大人〔註283〕，專差四路密往草地相通處所探聽。但查泰寧各營兵單，不足分佈，懇請增兵防範以備不虞等情。臣等隨檄催建昌鎮臣趙儒迅即撥兵前往，茲准咨稱已於本月貳拾柒等日飭令所派官兵先後由建起程去訖，至於松鎮所屬口外拾貳部落，臣等雖屢據護鎮臣張聖學稟稱，各蠻相傳竹浪一帶蒙古搬移，不知何往等語。然皆係彝人口傳，無憑確信，茲復據稟稱，卑職前差撫彝路國佐路啟應及外委楊光彩徐士澤等前往口外包坐鐵布等寨，以買馬為由查看各番動靜，今據楊光彩等稟稱報，竹浪的蒙古搬到谷謨寺去了，拾貳部落番子慌亂得很，覺得不聽撫彝吩咐不但不賣馬，連馬也不牽壹匹來看等語到臣。臣等伏思準噶爾賊人窺犯卡倫，其口外連界諸番一時聞風，未免無知驚皇。但查前派駐劄黃勝關外之松鎮兵丁已准護鎮臣張聖學咨稱，於本年貳月貳拾陸日飭令參將吳進寶統領，由黃勝關出口，相度分佈駐劄在案，是官兵既已經出口彈壓，若再加以誨化，自可寧帖，臣等隨密令張聖學即速選差幹目馳赴阿巴、郎惰、作革、包坐各寨，逐處委曲開導曉諭，以安彝心。更檄飭參將吳進寶小心防範，將附近各寨頭人檄調赴營，善為駕馭，重賞撫輯，務使各安住牧，不致搖惑，除將官兵花名冊籍報部外，理合將駐劄黃勝關外及添防泰寧協營二處官兵起程日期並臣等據稟差探情形一併恭摺奏聞，至官兵出口所需一切塩菜口糧臣憲德業經照例委員辦備，合併奏明，伏祈睿鑒，謹奏。

雍正玖年叁月初陸日

硃批：好。

〔162〕四川巡撫憲德奏報川省動用軍需浮用銀兩情形摺（雍正九年四月初一日）[2]-[20]-160

四川巡撫臣憲德謹奏，為據實奏明軍需銀兩事。

〔註283〕指鼐格，《欽定八旗通志》卷三百二十四作蒙古正黃旗副都統鼐格。

　　竊照軍需銀米絲毫顆粒均係正帑，因川省從前軍需並無繩墨以為節制，承辦各員得以任意開銷，浮費過甚，雍正肆年內前撫臣法敏據建昌道劉應鼎將應用軍需逐加查核，議擬例冊詳請具題，以便遵辦，嗣蒙部議發交川陝督臣岳鍾琪再加核議，於雍正陸年內經督臣岳鍾琪核定，題請遵循辦理在案。今雍正陸年內進兵西藏並雲南烏蠻米帖祿氏不法，川兵於建昌之涼山阿驢敘馬之雷波等處堵剿，動用過軍需銀兩，據建昌道今陞按察使劉應鼎詳稱，各糧務委員遵照例冊承辦，但地方有險易之別，物價有時勢之殊，各委員相機酌辦，有通融用減於例冊者，通計陸柒兩年分共節省銀捌千柒百柒拾玖兩玖錢貳分貳釐。又有勢處於無可如何，若非此即悞，不得不用浮於例冊者，且甚有例冊未經例載，用與例冊不符者，通計共銀陸千捌百叄拾叄兩貳錢捌分貳釐捌毫陸絲。仰蒙上諭，軍需令其據實報銷，欽遵在案，豈容稍涉欺偽，理合詳明。再照雍正柒年分巴塘至西藏烏拉腳價有無於例冊減用浮用之處，現已行查，俟據報到日核明另詳，合併聲明等情詳報到督撫臣等。據此，該臣竊查前項通融支用減於例冊節省銀兩捌千柒百柒拾玖兩玖錢貳分貳釐，應請收歸軍需原項接支應用。其有不得不用浮於例冊且有不合例冊者共銀陸千捌百壹拾叄兩貳錢捌分貳釐捌毫陸絲，若責令各委員賠補，但實係急公用去之項，與糜費有別，而軍帑又難以虛懸，以臣愚見，即將此浮用銀陸千捌百壹拾叄兩貳錢捌分貳釐零仰懇皇仁請照雲南雍正陸年分軍需造銷案內，將軍務必須從前均係入捐之項，題明通共用過鹽務積省銀貳萬貳千陸百玖拾伍兩陸錢壹分捌釐零，於鹽羨項彙造請銷之例，容臣於川省鹽茶耗羨充公項內撥補，庶軍需造報既不失實，而委辦各員均沐皇仁於無既矣。謹將臣牌行司道等查議及伊等查明會詳陸柒兩年分用減於例冊及用浮於例冊貳項另行繕摺恭呈御覽，統祈睿鑒訓示施行。再查軍需事件，理應會同督臣合詞具奏，臣謹擬稿底送閱，督臣黃廷桂以到任未久，令臣專摺上聞，所以未曾聯銜，合併陳明，謹奏。

　　雍正玖年肆月初壹日四川巡撫臣憲德。

　　硃批：既有節省即應補不敷奏請，何必又以鹽茶羨撥用，多此一番曲折，實不解汝何意。

〔163〕駐藏大臣馬喇奏報準噶爾派宰桑率三百餘人赴葉爾羌等情形摺（雍正九年四月十三日）[8]-史料一

　　奴才馬喇等謹密奏，為奏聞事。

雍正九年四月初九日貝子頗羅鼐向奴才我告稱，我子頭等台吉珠爾莫特車布登〔註284〕自阿里地方於三月十八日向我寄出的書信已到來，懇請大臣等轉奏大主子等語，如此呈文。將此，臣我等大致翻譯看得，以前曾報稱準噶爾一宰桑率三百人來葉爾羌駐劄，於酉年〔註285〕返回等語。適繞葉爾羌商人來至拉達克告稱，今年正月下旬準噶爾又一宰桑率三百人來至葉爾羌地方，向我下人傲慢妄言，準噶爾兵前去巴里坤攻擊了大軍等語，還從我葉爾羌民眾收集馬駝等語。再，拉達克之尼瑪那木扎勒〔註286〕因年歲已高，欲讓其次子拉西那木扎勒〔註287〕繼位，對此，其長子德仲那木扎勒〔註288〕抗拒，言稱，依拉達克地方舊制俱由長子繼承，若不讓我繼承，我即從台吉珠爾莫特車布登處請兵與你爭鬥等語，是故尼瑪那木扎勒才與屬下眾人商議，讓德仲那木扎勒繼了位，分給巴克迪等四城，讓尼瑪那木扎勒、拉西那木扎勒居住等語。為此謹密奏聞，除此之外，將貝子頗羅鼐所呈蒙古文書信一併謹奏覽。

〔164〕西藏辦事大臣馬喇奏請更換駐藏官員摺（雍正九年四月二十日）[1]-3875

奴才馬喇謹奏，為請旨事。

雍正九年四月十九日據四川巡撫憲德行文稱，為欽奉上諭事，雍正九年三月初八日據戶部咨文稱，雍正九年二月十六日由內閣抄出諭旨，差派副都統慶保〔註289〕、卿員苗壽〔註290〕赴藏，更換馬喇返回，著僧格留彼處，會同慶保等一併辦事，來年再差一人更換僧格回來，欽此欽遵。副都統慶保、卿員苗壽及隨從人等由京城抵至四川，將驛站乘馱馬匹之勘合咨行兵部，照例發給，由四川至藏，抵達藏後，應獲乘馱之馬匹鍋帳鹽菜口米等項咨文四川巡撫，慶保

〔註284〕《欽定西域同文志》卷二十四頁八載，居爾默特策丹，坡拉鼐索特納木多布皆長子，轉音為朱爾默特車布登，初授扎薩克頭等台吉，後封輔國公，晉封護國公，為居爾默特納木佳勒所害。

〔註285〕藏曆第十二饒迴土雞年己酉，雍正七年。

〔註286〕《欽定外藩蒙古回部王公表傳》卷九十一頁二十九作尼瑪納木扎勒，《拉達克王國史950～1842》頁一七二作尼瑪南傑，康熙三十三年至雍正七年在位。

〔註287〕《拉達克王國史950～1842》頁一七二作扎西南傑，雍正十二年至乾隆二十三年為普日國王。

〔註288〕《欽定外藩蒙古回部王公表傳》卷九十一頁二十九作德忠納木扎勒，《拉達克王國史950～1842》頁一七二作德迴南傑，雍正七年至乾隆四年在位。

〔註289〕《欽定八旗通志》卷三百二十四作蒙古正藍旗副都統清保。

〔註290〕《清代職官年表》京卿年表作大理寺卿苗壽。

照副都統馬喇例，卿員苗壽照內閣學士僧格例，撥給前往等語。竊奴才伏思我本係末等奴才，毫無立功之處，聖主迭施殊恩，格外薦陞為護軍統領重任，奴才夙夜辛勤竭能拼死報効，以圖仰酬聖主高厚之恩於萬一，仰蒙聖主天威，藏地並無事，今年大軍征討準噶爾賊匪，既然有防備藏地各處隘口之事，奴才馬喇萬次叩請，請聖主施恩將奴才仍留藏効力，準噶爾賊匪既然一年內既可剿滅，剿滅準噶爾賊匪後再准奴才撤回，為此不勝惶悚，萬次叩謝謹奏請旨。

　　雍正九年四月二十日

　　硃批：將更換大臣等俱遣之，遵旨施行。

〔165〕四川總督黃廷桂等奏報派撥官兵護送欽差清保等赴藏日期摺（雍正九年五月二十八日）[2]-[20]-429

　　四川總督臣黃廷桂巡撫臣憲德謹奏，為奏聞事。

　　臣等前准部咨，欽奉上諭，清保〔註291〕、苗壽進藏，著以換班兵丁二三百名一同護送前往，欽此。臣等隨選撥遊擊一員馬步兵丁三百名，按照進藏之例備辦聽調。今護軍統領臣清保、正卿臣苗壽於五月初五日抵成都，於二十八日自成都隨帶官兵一同起身進藏訖，所有派撥官兵自省起程日期理合恭摺奏聞，伏乞睿鑒，進奏。

　　雍正玖年伍月貳拾捌日

　　硃批：覽。

〔166〕四川巡撫憲德奏覆誤將節省軍需銀兩歸項而浮用銀於耗羨銀內動撥緣由摺（雍正九年五月二十八日）[2]-[20]-430

　　四川巡撫臣憲德謹奏，為據情覆奏事。

　　竊臣前以雍正陸柒兩年軍需內節省銀捌千餘兩請歸入軍需項下，其浮用陸千餘兩請於鹽茶耗羨銀內動撥奏摺內奉硃批，既有節省即應以補不敷奏請，何必又以鹽茶耗羨撥用，多此一番曲折，實不解汝何意，欽此。臣跪讀之下悚懼無措，伏思若無節省銀兩或節省之數不敷浮用數目，或可仰懇皇仁動撥別項，今節省之數儘可補其浮用數目，尚有餘銀，自應以節省數內請補浮用，而外餘者請歸入軍需項下，庶為直截了當，乃臣於彼具奏之時眛於所見祇以軍需冊內，臣既不敢令其通融捏造，而浮用各欵又恐內部不准開銷，所以越

〔註291〕《欽定八旗通志》卷三百二十四作蒙古正藍旗副都統清保。

想越渾，愈辦愈拙也，現今催攢造冊，將減用浮用各欵俱於項下登明，於題本尾內請以節省銀內補其浮用之數，餘者請歸入軍需項下等情具題外，謹將臣從前愚昧卑鄙之見據情奏聞，伏乞睿鑒，謹奏。

雍正玖年伍月貳拾捌日四川巡撫臣憲德。

硃批：但勉，愚昧卑鄙則朕倚任封疆之寄足奚，摠言私心不能盡除，遇事必不妥協也。

〔167〕西藏辦事大臣馬喇等奏轉賞賜藏地官員物品謝恩摺（雍正九年六月初一日）[1]-3877

奴才馬喇等謹奏，為代轉奏聞叩謝天恩事。

雍正九年五月十八日由理藩院遣送賞與布魯克巴之諾彥林沁齊雷喇布濟〔註292〕、呼畢勒罕喇嘛扎色里布魯克古濟〔註293〕、噶必棟羅布喇嘛〔註294〕等之綢、茶筒、酒海，及賞與効力於軍中之十三人綢疋到來，由辦理錢糧事務靖遠衛同知楊士錄〔註295〕取賞綢千疋銀八百兩，將布魯克居住招地之喇嘛車淩旺金〔註296〕，作為使臣差派之喇嘛剛鼎，噶必棟羅布喇嘛之姪布魯克丹達爾等及立功負傷者俱集於招地，曉諭聖主訓諭及鴻恩，予以賞賜。車淩旺金喇嘛、使臣剛鼎喇嘛、噶必棟羅布喇嘛之姪布魯克丹達爾等望闕行三跪九叩禮，俯伏於奴才前告稱，我等內亂眾生靈不得安寧，特仰賴大聖主恩威，為享太平生計故請歸服，奏請大聖主仁愛訓教，此間惶恐等待，如天之大主，恐在天涯之生靈不得生計，施恩頒吉祥訓諭，復將賞賜綢銀茶筒酒海等物由貝勒頗羅鼐差遣之第巴准巴共同攜帶前往，稟報林沁齊雷喇布濟、呼畢勒罕喇嘛扎色里布魯克古濟、噶必棟羅布喇嘛等，為叩謝大聖主鴻恩遣使等情。俟頗羅鼐所遣第巴准巴、林沁齊雷喇布濟等使臣到時另具奏聞。

再頗羅鼐率眾噶隆、戴琫、第巴、棟闊爾〔註297〕、達魯嘎等望闕三跪九叩，環繞伏跪，稟報奴才稱，先數次遣大軍征伐布魯克巴俱未成功，此番大聖

〔註292〕《衛藏通志》卷十五頁十作額爾德尼第巴諾彥林親齊類拉卜濟。此人又名米旁旺布，亦為布魯克巴第十任第巴。

〔註293〕《衛藏通志》卷十五頁十載此人名扎爾薩立布嚕克谷濟呼畢勒罕。

〔註294〕《西藏志》頁一五四載此人名噶畢棟魯卜喇嘛。

〔註295〕即同知楊世祿。

〔註296〕此為委婉之說法，即布魯克巴服屬於西藏後作為人質之說法，此人為諾彥林沁齊雷喇布濟（又名米旁旺布）之叔。

〔註297〕即仲科爾。

主仁文恩威，布魯克巴全部落俱明曉請歸服，以此大聖主施鴻恩，對在我邊界之小奴才普遍賞賜，我等眾人對大聖主之鴻恩不僅不能報答，土伯特全體眾生，如此大聖主亙古未聞未見，無不感激歡呼殊恩，請轉奏我眾叩謝天恩之情等語。故此將所需用銀兩數，行文四川巡撫憲德補送外，為此謹代轉奏聞。

雍正九年六月初一日
護軍統領臣馬喇。
護軍統領臣邁祿。
總兵官臣鮑金忠。
硃批：知道了。

〔168〕西藏辦事大臣馬喇等奏報於招地所獲消息摺（雍正九年六月初一日）[1]-3878

奴才馬喇等謹密奏，為奏聞事。

雍正九年五月二十五日駐於阿里一等台吉珠爾瑪特車登〔註298〕咨行奴才等蒙文書，經譯閱。

阿里一等台吉珠爾瑪特車登書，為將獲訊稟報招地大臣等事，據珠爾瑪特車登差往拉達克地方探訊人來告稱，由葉爾奇木有十七人來拉達克，稟告德鍾納木扎勒〔註299〕稱，我等前來時因途中積雪甚大，騎馱之畜俱倒斃，向噶爾丹車凌〔註300〕、尼瑪納木扎勒〔註301〕問好，送與哈達一條、硬綢一疋。噶爾丹車凌語，將衛藏諸消息寄信於我等語，無其他言語。再适纔準噶爾烏巴錫前來葉爾奇木，向與伊甚友善之人言稱，噶爾丹車凌弟碩努巴圖爾〔註302〕駐於哈薩克地方，率眾兵征伐其兄噶爾丹車凌等語。再因稱土爾扈特已向化大聖主，噶爾丹車凌聽聞甚懼，於哈薩克地方已備眾兵等情。再差往準噶爾之巴扎

〔註298〕 《欽定西域同文志》卷二十四頁八載，居爾默特策丹，坡拉鼐索特納木多布皆長子，轉音為朱爾默特車布登，初授扎薩克頭等台吉，後封輔國公，晉封護國公，為居爾默特納木佳勒所害。

〔註299〕 《欽定外藩蒙古回部王公表傳》卷九十一頁二十九作德忠納木扎勒，《拉達克王國史950～1842》頁一七二作德迴南傑，雍正七年至乾隆四年在位。

〔註300〕 《蒙古世系》表四十三作噶爾丹策凌，繼其父策妄阿喇布坦為準噶爾汗。

〔註301〕 《欽定外藩蒙古回部王公表傳》卷九十一頁二十九作尼瑪納木扎勒，《拉達克王國史950～1842》頁一七二作尼瑪南傑，康熙三十三年至雍正七年在位。

〔註302〕 原文作噶爾丹車凌弟、碩努巴圖爾，今改為噶爾丹車凌弟碩努巴圖爾。策旺阿喇布坦之一妻為土爾扈特阿玉奇汗女，生三子，其中一子《蒙古世系》表四十三作羅卜藏舒努，即此人。

汗〔註303〕處使臣納欣巴巴消息先俱已稟報大臣等，據稱於此數日內納欣巴巴前來拉達克，俟抵達時再稟報大臣等，為此呈文等情。故此將珠爾瑪特車登所行原文，一併謹密奏聞。

雍正九年六月初一日

護軍統領臣馬喇。

護軍統領臣邁祿。

總兵官鮑金忠。

硃批：知道了。

〔169〕西藏辦事大臣馬喇等奏轉頗羅鼐受封謝恩摺（雍正九年六月初一日）[1]-3879

奴才馬喇等謹奏，為代轉奏聞頗羅鼐叩謝天恩事。

雍正九年五月十八日理藩院咨文到來，奴才等將頗羅鼐宣至招地，奉旨後頗羅鼐恭設香案，望闕三跪九叩，為叩謝天恩事，將其奏蒙文書跪呈，粗譯閱之。

天下地上諸生靈感激文殊師利大聖主金蓮花寶座陛下，頗羅鼐我燃點高香，望闕伏跪，合掌謹奏，為叩謝天恩事，五月十八日由部院致我書稱，理藩院致書多羅貝勒頗羅鼐，雍正九年二月初七日奉旨，布魯克巴部眾人反目，相互交戰，貝子頗羅鼐聽聞即為伊等和睦遣使，以仰副朕好生之德，將朕之恩威開導曉諭，降服布魯克巴部眾者甚為可嘉，此俱誠心誠意勤奮效力所至，施恩將貝子頗羅鼐封為多羅貝勒，其子一等台吉珠爾瑪特車登，此二三年連續率兵於邊疆效力，著封珠爾瑪特車登為輔國公，欽此欽遵。此書抵達後爾之遣使攜貝子誥命，更換冊文，為此咨行等因前來後，頗羅鼐列香案望闕三跪九叩，恭敬接受。所有眾生安逸者俱由大聖主恩賜，其內頗羅鼐毫未効力，且如母仁愛孳子，先以頗羅鼐為噶倫，續為扎薩克台吉，續為貝子，今復〔註304〕封為多羅貝勒，我子由一等台吉封為輔國公，對我相繼施以無疆之恩，今生今世以至無窮世代不能報答，日夜思念如何報答，惟祈禱佛、三寶為聖主萬萬壽而誦經。再作為貝勒謝恩禮所貢禮物，叩年禮所獻禮物，在頗羅鼐我之官位謝恩，以瑪尼剛巴為囊蘇遣之，嗣後教誨我過錯，善意指示之處，如同阿爾善仍

〔註303〕似乎指莫臥兒帝國之汗。

〔註304〕原文作夏，今改為復。

請頒訓諭，以奏禮獻幸福哈達一條，於月之吉日多羅貝勒頗羅鼐由招地萬次叩謝謹奏等語。故此將頗羅鼐奏文謹捲之，一併奏覽聖主。

雍正九年六月初一日

護軍統領臣馬喇。

護軍統領臣邁祿。

總兵官臣鮑金忠。

硃批：知道了。

〔170〕西藏辦事大臣馬喇等奏謝更換駐藏官員摺（雍正九年六月初一日）[1]-3880

奴才馬喇、僧格謹奏，為叩謝天恩事。

雍正九年五月十八日據理藩院咨文內開，於雍正九年二月十二日奉旨，現更換駐藏兵丁，馬喇、僧格已駐藏年久，朕甚憐愛，雖亦應更換伊等，惟二人俱換，新往之人未得瞭解彼處事，先差一人，在馬喇、僧格內更換一人，待此前往之人瞭解彼處事後再差一人更換在藏之舊人，賞馬喇、僧格銀各一千兩，既然伊等彼處無用銀之處，賞賜伊等家中，爾等將此寄信馬喇、僧格，欽此欽遵。為此二人更換何人之處請旨具奏，奉旨更換馬喇，差派副都統慶保、卿苗壽往藏先更換馬喇歸來，將僧格留於彼處會同慶保等辦事，來年再遣一人更換僧格，欽此欽遵前來。奴才等恭設香案望闕三跪九叩，伏思奴才荷蒙聖主教養之鴻恩，晝夜為不能仰報於萬一而誠惶誠恐，聖主復憐憫奴才駐藏年久，逾格施以覆載深恩賞銀者，奴才無論如何効力亦不能報答，除竭能効力外，亦無言以奏，為此謹叩謝天恩。

雍正九年六月初一日

硃批：知道了。

〔171〕四川總督黃廷桂奏報達漢勞彥叛逃其弟扎什奔來投等事摺（雍正九年六月二十二日）[2]-[20]-536

四川總督臣黃廷桂巡撫臣憲德謹奏，為奏聞事。

竊臣等前將達漢勞彥所管彝民林布他等逃入松屬土部境內情由俱經繕摺奏明，嗣於本年陸月初拾拾伍貳拾貳等日節次據護松潘鎮印務參將張聖學稟稱，有達漢勞彥兄弟名扎什奔不肯隨伊兄逃走，帶領男婦四戶前來作革地方要求居住。又據稟稱據差探彝情把總喬具德稟，據上郭羅克土目藏旺他卜柯口

稱，我們寨內的番子去草地打牲，遇見蒙古，將番子殺死貳名，搶去馬匹鳥鎗，故此我們將各寨番子都派去趕，不想蒙古兵馬多，將我們番子團轉圍住，只把東西馬匹奪下，把我們放了逃命回來，我們認得裏頭蒙古有是丹仲管過的，有些像是準噶爾的人，如今來與老爺說知等語。把總隨即吩咐速撥壯健番子五名同掌堡穆計華起程前往蒙古地方飛行偵探去訖，俟有情形再為稟報等情。又據泰寧協副將楊大立稟，據差探邊情把總劉洪炳稟稱，把總行至蒙葛結地方，於本年伍月貳拾日接奉達大人〔註305〕令牌，內開照得西海墨爾根代青〔註306〕，插汗阿拉布坦〔註307〕貳員隨帶即信攜眷潛逃（硃批：已經歸清明白事矣），本都統奏明，統領官兵數百員名親詣追緝，今聞得伊等在拜徒〔註308〕、柯克烏素地方住牧，密飭該管官弁，此項彝人毋得疎縱過汛，若有敗遁逃入者速即全數拿解等因轉稟前來。卑協隨與鼎大人商酌，查拜徒係與玉樹七叉河〔註309〕相連之渡口，柯克烏素大約即渡口一帶之江，俱屬西寧所管之地，而川蜀土司界內自應逐處協同查緝等情先後各稟報到臣等。臣等伏查先有達漢勞彥彝民林布他等逃至合壩作革，後又有伊弟扎什奔隨帶男婦並抵作革，據其稟供，俱係不肯隨達漢勞彥潛逃，故此來投川屬土部境內，懇求妄插，然是否實情川省無憑確知。至於郭羅克番目歷來原非善類，今忽據稱蒙古搶刦，其中果係被刦，抑或借端生釁，欲肆非為均未可定。再查西寧各蒙古多與泰寧松潘二處土部界址交連，乃墨爾根代青、插汗阿拉布坦等無故攜眷潛逃，自應多差弁目前往交界處所協同嚴密躧緝，臣等隨先後分檄張聖學將扎什奔暫令安插，速飭確探郭羅克番目果否被刦，并星速選委弁目帶領通事更轉飭差探彝情之外委路國佐等迅即分往松屬各處土司地方逐處嚴偵密躧，倘有墨爾根代青等踪跡即相機跟捕務獲。仍遍諭各土司等謹守邊隘，不得容隱逃犯，致干誅剿。又密行楊大立即便轉飭把總李如栢揀帶通事人等再多派譜練目兵分頭馳赴拜徒、柯

〔註305〕指達鼐。

〔註306〕《蒙古世系》表三十九作喇察布，顧實汗圖魯拜琥第五子伊勒都齊曾孫，其父墨爾根諾顏，祖博碩克濟農。

〔註307〕《蒙古世系》表三十九作察罕喇布坦，顧實汗圖魯拜琥第五子伊勒都齊裔，父喇察布。

〔註308〕即拜都河，今青海省布曲，為金沙江上源之一，亦自青海入藏要道之一。

〔註309〕即木魯烏蘇於七渡口一帶之稱謂。《大清一統志》卷五百四十七作多倫鄂羅穆渡，在木魯烏蘇自西折南流之處，其水至此，分為七歧，故名，水小宜涉，水發難行。此渡口漢名七渡口，在青海省治多縣扎河鄉瑪賽村（《青海省地圖》標註在木魯烏蘇南岸，作碼賽），該村立有七渡口碑。另對岸即為曲麻萊縣曲麻萊河鄉昂拉村，該村亦立有七渡口碑，此渡口為自青海入藏重要渡口之一。

克烏索一帶接壤之處，沿途傳諭各土司務期嚴守境土，不得容隱逃犯一人。仍令該弁等細心躧探，一有去向或附近川界即著落彼地土目勒令擒獻，或附近副都統臣達鼐大營，即飛往密報請兵緝捕，幷將以上各情節分案密咨署督臣查朗阿、副都統臣達鼐去訖。所有據稟達漢勞彥之弟扎什奔來投作革，上郭羅克番目被刮及墨爾根代青潛逃並臣等密飭確查跐緝各緣由（硃批：可留心善為料理，不可忽署輕率從事）理合一併恭摺奏聞，伏乞睿鑒，謹奏。

雍正玖年陸日貳拾貳日

硃批：覽。

〔172〕駐藏大臣僧格奏報探獲噶爾丹策零派蘇爾雜回藏消息後在喀喇烏蘇等處添設卡倫防範摺（雍正九年七月十三日）[8]-史料三

奴才僧格謹密奏，為奏聞事。

總理藏事護軍統領馬喇等咨文內稱，為知會事，我處於七月初五日曾密奏，為奏聞事，雍正九年七月初五日多羅貝勒頗羅鼐將拉達克汗德仲那木扎勒寄給他的報告納辛巴巴及準噶爾情報的書信呈文奴才我，並懇請轉奏主子，將此譯寫成摺子上奏，不可耽擱，故將頗羅鼐所奏蒙古文書信謹慎包扎後奏覽主子，而將書信內容令頗羅鼐急忙遣人去告知內閣學士僧格，奴才我等亦咨文，為此謹密奏聞。為此護軍統領馬喇、護軍統領麥祿〔註310〕、總兵官包進忠行咨等語。頗羅鼐所遣之人於七月初八日夜裡到達，向我告稱，拉達克汗德仲那木扎勒報告其所收取到的準噶爾情報而送來的書信，將此多羅貝勒頗羅鼐呈文駐劄召地的大臣，以使上奏上曼珠舍利大主子。行文內稱，準噶爾之噶爾丹策零派往巴扎汗的使者納辛巴巴，親自率領三十人於六月初四日來到拉達克，而其貨物則由前往巴扎汗處的老路送往葉爾羌，從葉爾羌地方前來迎接納辛巴巴等的八人，於同月初八日到達拉達克，此八人言稱，聽說噶爾丹策零照看拉藏汗子蘇爾雜〔註311〕特好，今年噶爾丹策零給蘇爾雜五千兵丁，要將其送往藏地，即拉藏汗位，是故貝勒頗羅鼐派我將此情告知大臣等語。是故奴才我立即向領兵駐劄喀喇烏蘇地方的諾顏和碩齊〔註312〕，及在

〔註310〕《欽定八旗通志》卷三百二十一作滿洲正藍旗副都統邁祿。

〔註311〕《平定準噶爾方略》卷三頁五作台吉蘇爾扎，拉藏汗次子。

〔註312〕《欽定西域同文志》卷二十四頁九載，諾顏和碩切拉布丹，坡拉鼐索特納木多布皆之弟，轉音為諾顏和碩齊阿喇布坦。

達木地方帶領蒙古兵駐劄的頗羅鼐次子珠爾默特那木扎勒〔註313〕行文，有准噶爾人要來藏地的情報，看守好爾兩地之兵營、馬匹，加固防守，爾等兵營當值的喀穆尼山口〔註314〕要加設卡倫，不可怠慢，準噶爾人要來，預測仍會越過去年走的哈馬爾嶺，從那條路尋喀喇烏蘇而來的，此路甚是緊要，諾顏和碩齊，從爾之喀喇烏蘇蒙古兵內挑選身體強健者十五名，從那條路至喀馬爾嶺〔註315〕地方為止速派去尋踪，並收取情報等語。如此將拉達克汗德仲那木扎勒所報準噶爾人來藏之情報一併秘密具文行知。在後藏納克產設置的三卡倫、騰格里湖〔註316〕設置的三卡倫、喀喇烏蘇設置的三卡倫，奴才我給前去巡視此三路九卡倫的千總把總調配漢蒙古兵丁，派出尋踪並收取情報。再，行文駐劄召地的護軍統領馬喇等及貝勒頗羅鼐，令速速妥當辦理在前藏後藏預備的馬步唐古特兵丁，立即預備等語。俟奴才我派出的巡視卡倫、尋踪及收取情報之人收取到準噶爾真實情報回來告知時另奏聞外，為此謹密奏聞。

〔173〕四川總督黃廷桂奏報上年官兵進剿瞻對及現在料理實情摺（雍正九年八月初八日）[2]-[21]-1

四川總督臣黃廷桂巡撫臣憲德謹奏，為遵旨據實陳奏事。

雍正玖年柒月貳拾陸日接奉大學士公馬爾賽、大學士張廷玉字寄，雍正玖年柒月初叁日奉上諭，據黃廷桂憲德奏稱，漢土官兵進勦瞻對無不奮勇衝鋒用命力戰，直搗賊番巢穴。至桑阿邦之側打東打地方番眾率眾輸誠，已將賊首擒獻等語。朕閱本內所載征剿事宜，馬光効力之處居多，其化導酋長諭以觧獻賊贓則胡兆吉之力也。若果如黃廷桂所奏漢土官兵奮勇衝鋒用命力戰，則馬光乃為首統兵之大員不得謂無功可錄矣，乃黃廷桂等一面奏報官兵平定瞻對奮勇擊賊情形，一面將馬光別尋欵蹟具本糾參，想黃廷桂等之意，以瞻對用兵乃地方之公事，有意裝點粉飾以為美觀，而心惡馬光是以另尋事端以參劾之耶，抑或以從前曾經參奏，今回護前言而不肯令其功過相抵耶，或瞻對之事並未就緒，兩本內所奏俱非實情耶。據德齡等奏稱阿宗邦、格斗平、

〔註313〕《欽定西域同文志》卷二十四頁六載，居爾默特納木佳勒，轉音為朱爾默特納木扎爾，坡拉鼐索特納木多布皆次子，初授扎薩克頭等台吉，襲封郡王，後以罪誅。

〔註314〕第一部分第一七七號文檔作喀木尼口。

〔註315〕本文檔前文有哈馬爾嶺，此處喀馬爾嶺應與前文之哈馬爾嶺為同一地名，待考。

〔註316〕《大清一統志》（嘉慶）卷五百四十七載名騰格里池，蒙古語騰格里諾爾，騰格里蒙語天之意，水色如天青也，諾爾即湖之意，今西藏納木錯。

丹批三犯乃夾壩之首惡，至今兔脫無踪，而黃廷桂等疏中則以酋長獻出諾爾布、策朱二犯便謂已獲賊首，此中大有遷就含糊草率結案之意，不知此案賊首到底拿獲否，瞻對用兵事情已經妥帖完結否，黃廷桂憲德所奏甚屬糊塗，爾等可寄信詢問，令其據實陳奏，欽此，遵旨寄信前來等因到臣等，欽此。臣等跪讀之下惶懼無地，伏查上年派遣官兵原為勦除瞻對及桑阿邦之側打東打等處夾壩首惡，其瞻對地方與章谷甘孜接壤，其桑阿邦之側打東打地方又在巴塘乍丫之外。查上年捌月拾伍等日馬光胡兆吉等以瞻對附近爐地，發兵分路先攻上瞻對，節次尅取各寨，委有衝鋒用命之勞績，及各路官兵俱已會合，於拾壹月拾玖日忽據胡兆吉已分兵於拾壹月初肆日由裡塘至巴塘，前往桑阿邦清理，而馬光則帶兵仍駐瞻對料理，臣等以為馬光仍駐瞻對，自是深知賊首可獲，故議令胡兆吉前往桑阿邦以圖兩處事皆速結而捷奏可以早慰聖心也。且臣等訪聞阿宗邦、格斗平、丹批三犯比時已有可以誘擒之機，詎意日望一日，乃馬光遽將漢土官兵一併於拾壹月貳拾日橄撤回營，不能復止，以致首惡已可就擒而領兵首將坐失事機，是以臣等深惡其不實心料理，具摺參奏。

　　至桑阿邦之側打東打臣等據胡兆吉報稱，於本年貳月拾玖日抵桑阿邦之蒼底地方，隨差員入巢誨諭，當有八節喇嘛同東打側打酋長傾心向化，於叁月初玖日率眾赴營，擒獻桑阿邦之賊首諾爾本策朱二名移交，糧務帶兵於肆月拾伍日拔營由裡塘撤回等情。臣等伏思派遣官兵已經通撤回汛，理應將前後撤回營汛日期恭疏題報，其官兵進勦攻取情形更不敢不詳悉陳奏，聖明在上，臣等何敢稍為裝飾以自干罪戾，至續糸馬光各欵實非臣等有心，祇以正月內初糸之時臣等並未聞知，後於軍務將竣清核軍前錢糧支放不符，並據裡塘營官投具彝稟控訴苦累等情，臣等蒙皇上隆恩至深至重，辦理全省軍務，委任匪輕，凡口外番蠻稟訴領兵將弁，臣等何敢狥隱寢息，故再四籌酌不敢不覆具參奏，恭候睿鑒。至於上瞻對賊首阿宗邦、格斗平、丹批三犯臣等因未緝獲，故前於初糸摺內請於靈雀寺駐兵彈壓，并聲明轉飭專差前往誨化，不時確探，如敢仍逞惡焰，臣等另行請旨料理等情。後經文武官弁專差曉諭，於本年陸月二十日始據報稱，上瞻對戶口已遵奉查造，但番目人等未見聽調來投，而下聽對番族尚在抗拒，不容差役入其境內。查現今靈雀等處已有建昌官兵一千餘員名駐防，目下雖無竊劫惡迹，然不敢謂妥帖完結，臣等以準噶爾賊人偷盜馬匹，松潘口外地接青海，恐有勾通煽惑情事，已遵旨於松潘口外香臘橋等處派駐官兵，又派官兵徃藏換班，及預備西征調用官兵，是以於瞻對作何料理之處未及議及請

旨，是瞻對之首惡阿宗邦、格斗平、丹批三犯實未擒獲，其已擒獻之諾爾布、策朱乃桑阿邦之渠魁，臣等於疏內並未能分晰明白，又未將瞻對現在情形聲明，實屬愚昧糊塗，蒙我皇上不即加罪，諭旨下詢，臣等受恩倍深，恐懼益切，謹遵旨據實陳奏，伏乞聖明睿鑒。再查守備楊天運係在口外聽從馬光使令，臣等入疏附叅，今馬光仰蒙聖恩免其查究，則楊天運應否寬免，臣等未敢擅便，合併請旨遵行，謹奏。

雍正玖年捌月初捌日

硃批：覽，已有旨諭部矣。

〔174〕署固原提督范時捷奏請援例邮賞進藏病故之固原延綏備弁兵丁摺（雍正九年八月十二日）[2]-[21]-38

散秩大臣署理固原提督印務革職留任臣范時捷謹奏，為奏聞事。

竊查雍正六年進藏兵丁荷蒙恩旨動帑銀十萬兩分別等次賞給，經督臣岳鍾琪咨令，將兵丁進藏者為一等，留駐河清插漢哈達者為二等，并臺站兵丁照依遠近分一二三等，將兵丁等第姓名造冊領賞，原文內並未議及領兵官弁暨病故邮賞，是以陝屬各鎮營止照兵丁等第姓名造冊，其官弁姓名及病故兵丁俱未登註，惟督標甘撫標涼州鎮所造之冊有官弁姓名并病故兵丁俱註明其下，此造冊不符之由也。嗣准署督臣查朗阿咨令，各兵照等第領賞，其病故官兵二百二員名查取確冊照雲貴之例請領邮賞，隨經延綏鎮查報，孤山堡守備潘士熙鎮標把總田大才，固原平涼營查報把總范成功，潼關等營查報兵丁姚天振等俱係進藏病故，請領邮賞，准署督臣咨，陝省病故官兵一百二員名係照督標甘撫標涼州鎮造送等第冊內查數奏明之案，各官兵從前既未造入，不便請領，行令扣除。臣署任後復擄平涼營署遊擊陳如雄詳，擄已故把總范成功家屬呈辯，乞均沾皇恩，而署延綏鎮臣惠延祖亦以原奉督臣岳鍾琪文內並無開查病故官兵字樣，且守備潘士熙把總田大才病故日期俱呈報有案，應照例領邮，臣復咨商署督臣確查取結，補行咨部，一體給領，而署督臣以原未奏明，不便轉咨咨覆。臣思陝甘進藏病故官兵蒙皇恩照雲貴之例邮賞，原以軫恤勤事人員，固原延綏兩鎮官兵從前雖未查奏，但既經續行查出，自應一例邮賞，今督撫等標已照例請領，而固原延綏備弁三員兵丁三十餘名不得均沾恩例，似未畫一，可否仰邀皇恩一例取結均予邮賞，伏乞聖慈鑒照施行，謹奏。

雍正九年八月十二日

〔175〕四川總督黃廷桂等奏覆酌議副都統達鼐滿岱前赴松潘駐箚事宜摺（雍正九年八月二十八日）[2]-[21]-85

四川總督臣黃廷桂巡撫臣憲德謹奏，為奏聞事。

雍正玖年捌月拾叁日接奉大學士公馬爾賽、大學士張廷玉、蔣廷錫、內大臣理藩院尚書特古忒字寄，雍正玖年捌月初柒日奉上諭，四川松潘沿邊地方添兵防守事宜已經廷議，令黃廷桂憲德酌量妥議具奏，其辦理之人令鼐滿岱前去，並將青海現今所辦事件令鼐滿岱到四川時詳細告知黃廷桂憲德等，悉心辦理。朕思鼐滿岱到四川時應於何處居住辦事，朕實難以遙定，若令居住松潘則彼地已有署總兵官，今又添欽差官員，或有掣肘未便之處，爾等可寄信與黃廷桂憲德，令其酌量鼐滿岱到川視其光景，應居住成都或應居住松潘或不必留住川省，仍應回西寧之處，俱著黃廷桂憲德詳審定議具奏。鼐滿岱若在川省辦事，一切聽黃廷桂憲德調度而行，班第前往西寧時並將此諭知鼐滿岱，欽此，遵旨寄信前來，等因到臣等。除將松潘沿邊添防事宜及預備西寧調撥兵丁肆千名并遵旨知會副都統臣達鼐等定議各情由另摺恭陳聖鑒，至於松潘口外拾貳部落舊隸青海，歸附未久，值此軍興之際自應善為撫綏駕馭，而香臘橋等處駐箚之官兵尤須加意約束，查此等事宜護鎮臣張聖學俱可辦理。惟是西寧松潘相距甚遠，臣等前因不時嵒差密探，雖已飭令張聖學酌於出皂、郎惰、阿壩直至青海交界地方沿邊安設漢彝馬塘以速聲息，但一切關係蒙古番彝事件，究竟得之傳聞，其中端委實難確悉，是以凡據稟報不敢遽行辦理。復又密詢副都統臣達鼐，往返咨覆之際未免耽延時日。適蒙聖謨遠燭，令鼐滿岱到川辦理，則西寧蒙古事件皆其熟悉，將來遇有交關松屬土部之事即可商酌查辦，於邊外彝情防範地方均有裨益。其鼐滿岱居住處所臣等竊計成都距松潘尚遠，自應駐箚松城以便就近料理，又蒙睿慮精詳，令鼐滿岱在川辦事，一切聽臣等調度，則臣等自當率同和衷妥計，而署總兵官與欽差似不致有掣肘未便之處。臣等除俟鼐滿岱到川告知青海現今事件作何辦理之處，即一面遵旨悉心詳密定議具奏，一面即令鼐滿岱赴松就近料理外，理合恭摺由驛先行奏聞，伏祈皇上睿鑒，謹奏。

雍正玖年捌月貳拾捌日

硃批：好，辦理軍需大臣等知道。

〔176〕四川總督黃廷桂等奏遵旨酌議西寧調兵及松潘添防事宜摺（雍正九年八月二十八日）[2]-[21]-86

四川總督臣黃廷桂巡撫臣憲德謹奏，為奏聞事。

雍正玖年捌月拾捌日接奉大學士公馬爾賽、大學士張廷玉、蔣廷錫、內大臣理藩院尚書特古忒字寄，雍正玖年柒月貳拾柒日奉上諭，四川預備兵丁肆千名昨已降旨令黃廷桂等酌量移於松潘地方駐劄，此所移駐之兵原備西寧等處調撥之用，非為防守松潘等處而設也，若松潘等處有應行添兵防範之處，仍著黃廷桂等酌量調撥，欽此，遵旨寄信前來。又於捌月貳拾伍日接奉大學士等知照，內開大學士忠達公臣馬爾賽等謹奏，查四川預備兵丁原為西寧等處調撥而設，但臣等竊思松潘係沿邊重地，今四川預備之兵肆千名現駐松潘，則松潘兵力實為充裕，倘一時甘省既有撥用，川省復有調遣，彼時抽調不及，召募亦遲，事出兩歧，或致耽誤，應令黃廷桂憲德指揮達鼐、眾佛保、德成、馮允中等悉心商議，若甘省只須川兵貳千名，即留貳千名為松潘防範之用，若甘省須用川兵肆千名，則松潘增添防守之兵作何抽調召募早為預備之處，應令黃廷桂憲德即速定議具奏，毋存兩可之見，以致臨期遲悞。至西寧須用川兵，或令其竟赴西寧駐劄，或於西寧附近之河州暫駐，亦令黃廷桂憲德會同達鼐、眾佛保、德成、馮允中妥酌定議，為此謹奏請旨。雍正玖年捌月初玖日奉旨依議，欽此。同日又接奉大學士公馬爾賽大學士張廷玉蔣廷錫內大臣理藩院尚書特古忒字寄，雍正玖年捌月初玖日奉上諭，從前令川省預備兵丁肆千名專備西寧等處調撥之用，非為防守松潘等處而設也，是以曾經巡撫憲德奏請敕令陝西督撫為之製備皮衣以為邊地禦寒之具，朕已降旨允行在案。今廷臣議稱川省預備之肆千兵或應全赴西寧，或只用貳千名，令黃廷桂等會同達鼐等斟酌定議，若甘省須用川兵肆千名即令全赴西寧，著黃廷桂等早為抽調召募，以備松潘防守之用等語。朕思西寧調撥與松潘防守此二事均關緊要，不可存省事之念遷就辦理，若西寧只需兵貳千名則應如廷議留貳千名以為松潘防範之用，但留此貳千兵松潘敷用足備與否，尚亦未可定，倘若西寧需用兵肆千名，自應將預備之兵令其全赴西寧矣，若松潘兵力單弱，今不將抽調撥派等事一一預先籌畫料理，而存兩歧之見則臨時若致遲誤，所關非小，甚為不可，著黃廷桂憲德商酌，即速知會達鼐眾佛保德馮允中悉心定議，將西寧用調之兵數預令黃廷桂憲德知之方是，若松潘應行添設兵丁黃廷桂等一面即行辦理一面奏聞，毋得稽遲，爾等將朕此旨並寄與達鼐等知之，欽此遵旨寄信前來各等因先後到。臣等伏思西寧調撥與松潘防守誠如聖諭，二事均關緊要，自應熟籌預計，俾調撥無誤而防守有備，方為妥便。竊查松潘沿邊地方臣等於本年貳月內因準噶爾賊人偷盜卡倫，恐滋煽惑，已遵旨派調官兵於香臘橋等處駐劄控制，又酌撥新兵貳千柒百名赴

松實伍，凡係出入汛隘俱已增兵防範，至川省預備兵丁肆千名久已按名另行備足。臣等前次欽奉諭旨，悉心籌議，蓋緣松潘一帶山高地狹，不能全駐，故於香臘橋等處現駐鎮屬之兵壹千伍百名外，再揀派提標川北等營兵丁貳千伍百名遣赴松潘疊溪平番茂州聯絡分屯，以足肆千名之數，俾駐劄處所易於安頓而臨期行走即可接踵前進，俟西寧調撥之後再將備用餘兵壹千伍百名照例料理遣赴香臘橋等處仍舊分防以重彈壓等因，已於捌月初捌日繕摺由驛馳奏，恭候睿鑒。今臣等伏讀諭旨，若松潘應行添設兵丁著黃廷桂等一面即行辦理一面奏聞，毋得稽遲，欽此。仰見我皇上慎重邊防指示周詳，俾臣等獲有遵循，隨將備用餘兵壹千伍百名現在轉飭收拾停妥，俟松潘駐劄官兵肆千餘員名西寧調撥至日即一面遣令前往，一面將此備用餘兵壹千伍百名檄赴香臘橋分防，自可無誤。查松潘固屬重地，而現在鎮屬各營俱有新兵撥補充實，且於黃勝關外又有官兵駐劄香臘橋彈壓撫輯，以重聲勢，是松潘沿邊防守實可無虞，即各駐劄官兵所需糧石臣等現飭源源輓辦供支，亦可無誤，設將來更有添防之處，其松鎮各營兵丁即可就近抽撥。再臣等欽奉諭旨兩次募補新兵壹萬名，分撥標鎮協營，雖經派換進藏及預備西寧調撥之用，查通省各營兵數尚足調派，無庸更行召募，除將松潘兵備足資防守及川省預備西寧調撥兵丁肆千名俱已備足，現在檄赴松潘一帶近邊處所駐劄各緣由遵旨立即嵩差備悉密移副都統臣達鼐等，以便定議調用。并將所需川兵或竟赴西寧或於西寧附近之河州暫駐一併密咨達鼐等遵照就近妥酌定議，俟其咨覆至日臣等查照應付另行奏聞。再臣等更有請者，現今川省支用軍需浩繁，已動支過存庫各項銀伍拾貳萬有餘，江西協餉肆拾萬兩尚未解到，即解到時合之存庫牛具籽種，未動銀玖萬伍千兩之數尚不敷補還已動各項全數，臣等請目今先將存庫牛具籽種未動銀兩及江西協餉銀兩暫留為各路供支之用，俟有協餉到川再行如數歸還各項，除另疏具題請撥協餉外，合先恭摺奏明，伏乞皇上睿鑒施行，謹奏。

雍正玖年捌月貳拾捌日

硃批：覽，辦理軍需大臣議奏。

〔177〕四川總督黃廷桂等奏覆差員分往番彝各處頒發曉諭摺（雍正九年八月二十八日）[2]-[21]-87

四川總督臣黃廷桂巡撫臣憲德謹奏，為覆奏事。

雍正玖年捌月貳拾伍日接奉大學士馬爾賽大學士張廷玉蔣廷錫內大臣理

藩院尚書特古忒字寄，雍正玖年捌月初柒日欽奉頒發曉諭沿邊番彝青海蒙古諭旨貳道，今抄錄寄來，總督巡撫可照番彝識認字樣抄寫曉諭，雲貴沿邊番人亦應曉諭，總督等可抄錄諭旨知會雲貴督撫等因到臣等。臣等隨即遵照，以番彝議認字樣敬謹多行抄寫，分發松潘泰寧建昌各該鎮協，飭令即速選差幹目恭齎上諭，分頭前往番彝各窠宣布皇仁，逐處遍加曉諭，務令週知聖體恤至意，感戴天恩益切恭順，並恭錄諭旨貳道崙員齎捧知會雲貴督撫諸臣外，理合繕摺覆奏，伏祈睿鑒，謹奏。

雍正玖年捌月貳拾捌日

硃批：覽。

〔178〕四川總督黃廷桂奏報惠遠廟房屋歪斜圍墻坍塌轉飭修理緣由摺（雍正九年九月初九日）[2]-[21]-133

四川總督臣黃廷桂謹奏，為奏聞事。

竊臣前據布政使高維新詳稱，惠遠廟內眾喇嘛住房十二間歪斜將倒，墻垣亦有傾圮，議委監修靈雀寺營房之同知王廷玨就近查估補葺，臣隨批行去後，茲據該司詳稱，據同知王廷玨先後估計廟內歪斜喇嘛住房十二間及坍塌圍墻需工料銀九十餘兩，請於修造靈雀寺營房節省銀內暫動修補。又查廟外番人夥房共坍塌一百餘間，一應木植瓦板門窗俱無，今槩為修整，實需工料銀四百五十餘兩等語。該本司查番人居住房屋坍塌之後一應木植全無，明係該番等罔知愛惜，似應飭令自行修整，庶各留心照料，保其經久等情前來。臣伏思達賴喇嘛仰蒙聖慈移住惠遠廟，其徒弟及隨從人等一體叨沐皇恩，修造房屋普令安居，今此項番人即係跟隨達賴喇嘛遠來之眾，若遽責令賠修似非仰體皇上愛養達賴喇嘛至意。且圖爾古特使臣現今遣赴彼地禮拜喇嘛，若聽伊等各自修葺，必致延挨時日，似此坍塌殊非觀瞻所宜，臣隨批令將廟內歪斜住房傾圮圍墻及廟外倒塌夥房一並於節省項下暫行動用，嚴飭該同知立即鳩工，務於圖爾古特使臣未到之前俱令修理完固，其所動銀兩核實造報，統於鹽茶羨餘銀兩照數補項。然臣又恐隨從居住之人恃為常例，復移咨副都統臣鼐格轉諭達賴喇嘛之父索諾木達爾札，嗣後務宜約束居住夥房人等，令其加意愛護，如再有坍塌及木植缺損當即令其賠修等因咨行在案，所有惠遠廟房屋坍塌及臣轉飭修理緣由理合恭摺奏明，伏祈睿鑒謹奏。

雍正玖年玖月初玖日

硃批：覽。

〔179〕四川總督黃廷桂等奏報遷移達賴喇嘛情形摺（雍正九年九月十五日）[1]-3927

四川總督臣黃廷桂等謹奏，為欽奉上諭事。

雍正九年九月初八日兵部郎中祈善前來成都告稱，我來時奉旨，現達賴喇嘛處惟鼐格獨自一人，爾助鼐格照顧達賴喇嘛，前往理事，爾等在彼處惟探取西方訊息甚要，倘準噶爾賊匪來擾青海，或青海民人番子等合夥肆意騷動，或準噶爾賊匪侵掠青海民眾，由此前往達賴喇嘛處皆不可料定，現泰寧處有駐守地方之副將兵丁，即賊匪前來能來何等大兵力乎，只不過一二千賊匪，又奈何乎，倘大兵力前來爾等即著泰寧副將率此處所有兵丁護衛達賴喇嘛不受勞苦，緩慢前移帶至成都，此事至關重要，爾等斷不可以為有旨，有小風聲，即將達賴喇嘛輕舉妄動，打探切實，到應遷移之時猝然即遷，視沿途較大地方下榻，飲食甚豐美，隨達賴喇嘛前來之屬下喇嘛等勿超二百，留下彼處之喇嘛等，思之豈能讓準噶爾眾、番子等肆意擾害廟宇，此等處惟鼐格爾等二人，不可告知任何人，達賴喇嘛、索諾木達爾扎亦斷不可微有顯現，爾抵達成都後此等事由俱密諭總督黃廷桂巡撫憲德，命伊等差官轉移達賴喇嘛備足需用錢糧帶之，向差官不曉諭緣由，惟爾等二人有需錢糧處按指示撥用，按交付辦理等因交付，咨行牌文於泰寧副將，亦按爾等調遣依照遵行，驗看達賴喇嘛前來成都下榻處，暗地整修以備，爾等亦將由北方啟程日期先字寄伊等，此等情形亦僅伊等二人知曉，欽此。

臣等即欽遵諭旨行牌文於泰寧副將〔註317〕，爾按照顧達賴喇嘛住宿之副都統鼐格、郎中祈善調遣，依照遵行，又差官攜帶銀三千兩，遣送泰寧，亦按副都統鼐格、郎中祈善指示，撥用錢糧，按交付辦理，攜帶錢糧倘不足用由就近儲藏打箭爐之錢糧內取用等情一併交付。達賴喇嘛抵至成都後居住地方，臣等暗地查看以備，惟成都至泰寧無遠，往返行人不斷，倘如今即修整，以至小人肆意洩露臆測，臣等會同郎中祈善詳盡商議，泰寧抵至成都有一千二百餘里，此間俱係山路，倘達賴喇嘛行走需用二十日左右，倘有馳驛事五六日即可抵達，由爾等處將達賴喇嘛遷移北方前，速差人來告，由我處將居住地晝夜急促整修十數百間〔註318〕，可寬裕得暇。故此臣等議定，今將達賴喇嘛住處暗地查驗以備，暫不整修，俟達賴喇嘛遷移時副都統鼐格、郎中祈善務先差人馳

〔註317〕《四川通志》（乾隆）卷三十二頁五十六作泰寧協副將楊大立。
〔註318〕原文作日間，今改為百間。

驛來告臣等，由我處即速於達賴喇嘛抵至前整修住處，及時準備，故此事不被洩露，亦不至耽擱達賴喇嘛住處，為此謹奏請旨。

雍正九年九月十五日

四川總督臣黃廷桂。

巡撫臣憲德。

兵部郎中臣祈善。

〔180〕祈善奏報由成都啟程日期摺（雍正九年九月十五日）[1]-3929

奴才祈善跪奏，為奏聞事。

奴才抵至成都，將欽飭總督黃廷桂巡撫憲德辦理之事俱交付辦理完竣，奴才於九月十六日由成都啟程，為此謹具奏聞。

雍正九年九月十五日

〔181〕護軍統領馬喇等奏報藏地糧食豐收摺（雍正九年九月十九日）[1]-3932

奴才馬喇等謹奏，為奏聞事。

據貝勒頗羅鼐告奴才等稱，仰副文珠師利大皇帝展拓黃教，以為土伯特眾生靈永享安樂仁愛之至意，喀木藏衛等三處雨水調勻，今年糧食同於去年獲得豐收，地方無盜賊，且人無病災牲畜無瘟疫，此俱由聖主大皇帝福分所致，奴才等查看招地附近田禾同於去年收十分，再喀木後藏亦收糧十分，故此將糧食豐收情形謹具奏聞。

雍正九年九月十九日

護軍統領臣馬喇。

護軍統領臣邁祿。

總兵官臣鮑金忠。

硃批：欣慰覽之。

〔182〕湖北彝陵總兵杜森奏謝恩命赴川領兵候調西寧摺（雍正九年九月二十四日）[2]-[21]-197

駐劄湖北荊州府彝陵州城總兵官臣杜森跪奏，為恭謝天恩，仰祈睿鑒事。

竊臣於雍正玖年玖月拾貳日接到部文，欽奉諭旨命臣前赴四川松潘帶領

所派官兵候調西寧，臣奉命之日即整理軍裝，刻期起行，隨於本年玖月貳拾壹日有欽命署理彝陵總兵官印務臣冶大雄到彝，臣即出郊跪請聖安，署鎮臣冶大雄隨口傳皇上諭旨，朕的旨意你下與總兵杜森，此番的兵不過在那裡豫備，若西寧有調兵之處，著他統領前往，杜森漢仗好，與朕很出過力，他的祖父也是有名望的，兵馬閒時著實要謹慎約束，但兵馬的諸事要寬廣，不可令兵馬為難，軍裝器械要齊全，如有不寬廣不齊全處，教他一面向督撫說作速辦理，一面奏朕知道，欽此。臣跪聽之時不勝感激，竊臣邊鄙草茅，至愚極陋，荷蒙皇上天恩簡任彝陵總兵官，伍載以來涓埃未効，今奉諭旨赴川領兵，自揣疎庸，恐難勝任，茲又復蒙聖寵，天語下褒，且臣祖父並沐皇恩，稱有名望。伏思臣犬馬馳驅，乃臣子分內之事，皇上謂為出力，臣心惶悚難安，又臣祖父寒微，頃亦光增泉壤，聖恩高厚，圖報為難，臣惟有到川之時恪遵諭旨，約束兵馬，整頓器械，務必諸事寬廣，不令兵馬為難，如器械有不齊全，兵馬諸事有不寬廣之處，臣即咨請督撫速為辦理，並繕摺奏明，以仰副聖懷於萬一耳。再臣交印起程日期另疏題報外，理合薰沐繕摺，恭謝天恩，伏乞皇上睿鑒施行，為此專差臣標中營千總余琳齎捧，謹具奏聞。

　　雍正玖年玖月貳拾肆日

　　硃批：覽，凡百敬慎而行，相機合宜而為之，勉之。

〔183〕署湖北彝陵總兵冶大雄奏報與總兵杜森轉傳諭旨緣由摺（雍正九年九月二十五日）[2]-[21]-198

　　署理彝陵總兵官印務□山協副將拜他拉布勒哈番奴才冶大雄跪奏，為轉傳諭旨，仰祈聖鑒事。

　　雍正玖年玖月初壹日奴才在圓明園陛辭赴任，面奉俞旨，著奴才轉傳皇上旨意與總兵官杜森，奴才欽遵於玖月初貳日自京由驛起程，於本月貳拾壹日到彝陵州城，總兵官杜森出郊跪請聖安，奴才謹將皇上旨意明白與總兵官杜森宣傳，總兵官杜森跪□謹遵訖。總兵官杜森於本月貳拾肆日交卸印務由水路起程赴川，奴才即於是日到任署事，除另疏題報奏謝外，所有轉傳過諭旨緣由理合薰沐繕摺謹奏，伏乞皇上睿鑒施行，為此專差右營把總馬中德齎捧謹具奏聞。

　　雍正玖年玖月貳拾肆日

　　硃批：覽。

〔184〕欽差吏部郎中鼐滿岱奏報到川傳諭日期並赴松潘居住以便辦理蒙古土部事宜摺（雍正九年十月十二日）[2]-[21]-263

　　吏部郎中臣鼐滿岱謹奏，為奏聞事。

　　雍正玖年玖月初貳日臣自柴達木軍營回至西寧，內閣學士班第傳上諭，班第到西寧之時將內庭所議事務情形明白密諭鼐滿岱，令鼐滿岱到川密諭總督黃廷桂巡撫憲德，一切防範預備之事公同商酌辦理，鼐滿岱或應駐松潘，或應駐成都，或仍回西寧之處，著黃廷桂憲德酌定，令鼐滿岱照伊等所指而行，黃廷桂憲德朕另有諭旨，欽此。臣欽遵俞旨，於玖月初拾日自西寧起程，拾月初肆日至成都府，將內閣學士臣班第密諭內庭所議事務情形並青海現今所辦事件詳細咨知總督臣黃廷桂巡撫臣憲德，一切防範預備之事臣謹遵旨公同商酌辦理。至臣居住之處，總督臣黃廷桂巡撫臣憲德酌議，松潘口外拾貳部落接壤青海，成都地方相距松潘尚遠，遇有蒙古土部之事即難查辦，自應臣居住松潘，可以就近料理等情。臣於拾貳月拾玖日自成都起程，前赴松潘，其蒙古土部事宜臣抵松後會同署總兵官臣張聖學和衷悉心詳查，遇有應辦之事即密商總督臣黃廷桂巡撫臣憲德，聽其調度，妥協料理外，謹將臣到川日期並赴松潘居住緣由理合繕摺奏聞，伏乞皇上睿鑒施行，謹奏。

　　雍正玖年拾月拾貳日

　　硃批：覽。

〔185〕四川總督黃廷桂等奏覆欽奉北路征師小挫密諭並遵諭謹飭邊隘內固根本摺（雍正九年十月十二日）[2]-[21]-264

　　四川總督臣黃廷桂巡撫臣憲德謹奏，為欽奉密諭事。

　　竊臣等蒙皇上特令鼐潘岱到川，密諭北路軍營之事，跪聽之下不勝憤懣髮指，伏思準噶爾賊眾以悖亂之行恃在邊遠，無端擾害西藏，騷動青海，犯我藩籬，藏我叛犯，肆其兇惡，靡有底止，實邊陲之患而為舉世臣民所共憤，我皇上怙冒同天，含弘配地，雖興問罪之師仍開歸誠之路，無如逆子策零〔註319〕兇頑世濟，不思傾心歸命，反妄逞奸狡，致我北師小挫，臣等細聆比時〔註320〕情形愈增痛恨。然以臣等區區愚見，又竊念逆賊惡亂滔天，而於萬無逃死之際

〔註319〕指準噶爾部汗噶爾丹策凌。
〔註320〕原文如此，疑為彼時之誤。

忽有此鬼蜮之舉，正上蒼益盈其惡而彌重其辜，使之心驕志縱，速就殲亡，蓋烏合之眾蠢然之物，心驕則益肆貪殘，志縱必自相傾軋，當茲天人交怒神鬼同嫉，而我官兵又鑒此偶挫之餘，憤恨倍深，小心倍至，各加奮勉，尅期深入，仗天威而遵宸算，蕩平賊穴誅鋤醜類，賊不內潰相圖必皆坐縛授首，直可不日計之，此雖臣等管窺淺見，實亦理勢之所必然者也，臣等惟敬遵聖謨，謹飭邊隘，內固根本，立待小醜之剪滅，欣同率土臣民共增歡慶已耳，所有臣等愚見不揣冒昧謹繕摺恭陳天聽，伏祈睿鑒，謹奏。

　　雍正玖年拾月拾貳日

　　硃批：覽。

〔186〕四川總督黃廷桂等奏報酌撥官兵分駐松潘泰寧二處防範準彝摺（雍正九年十月十二日）[2]-[21]-265

　　四川總督臣黃廷桂巡撫臣憲德謹奏，為奏聞事。

　　竊臣等於本年正月內仰蒙皇上諭知，準噶爾賊人偷盜卡倫，恐滋煽惑，隨經酌撥官兵分駐松潘泰寧二處要地，併飭護鎮臣張聖學安設漢彝馬塘直至青海交界地方，不時密探飛報，更令副將楊大立選差幹目分頭前往草地相通處所遠探聲息，立速稟報。嗣於陸月內據張聖學楊大立各先後稟稱，有西海彝目阿拉布坦〔註321〕、拉插布〔註322〕等帶眾潛逃等情，臣等又嚴飭該鎮協轉飭確探，并速諭各土部安靜住牧，更飭令口外駐劄官兵小心防範。蓋以川省地方距準噶爾甚遠，惟與青海接壤，其青海各枝部落臣等素日雖有傳聞，實未深悉，值此軍務倥傯之際臣等竊疑伊等與準噶爾俱係蒙古，或恐暗地勾結以致沿邊土部乘機煽動，深為未便，是以晝夜隄防，不時密探，以便預為准備。今鼐滿岱於拾月初肆日到川，據稱今年春間札薩克拉插布、察漢阿拉布坦〔註323〕背負聖恩無故潛逃，副都統達鼐仰賴天威帶兵擒回，伍月間札

〔註321〕阿拉布坦疑為察罕喇布坦之誤，本文檔後文作察漢阿拉布坦，察罕喇布坦為喇察布之子，雍正九年清軍阿爾泰巨敗，青海蒙古亦騷動，住牧青海之土爾扈特蒙古扎薩克諾爾布叛，喇察布父子附，後察罕喇布坦懼而歸認罪，清世祖宥之。《蒙古世系》表三十九作察罕喇布坦，顧實汗圖魯拜琥第五子伊勒都齊裔，父喇察布。

〔註322〕《蒙古世系》表三十九作喇察布，顧實汗圖魯拜琥第五子伊勒都齊曾孫，其父墨爾根諾顏，祖博碩克濟農。

〔註323〕《蒙古世系》表三十九作察罕喇布坦，顧實汗圖魯拜琥第五子伊勒都齊裔，父喇察布。

薩克諾爾布〔註324〕悖叛，騰格里卡倫台吉貢格〔註325〕同滿漢官兵又復協力拿獲，是青海各蒙古無不畏懼國威，今蒙皇上天恩，各王台吉等情願派兵防範，格外賞給口糧，愈見各蒙古感激情殷，咸頌盛德，且郡王盆素克汪札兒〔註326〕等疊受殊恩，實心報効，看來青海可保無虞等語。仰見我皇上惠澤弘敷，俾蒙古人等淪肌浹髓，感戴出於至誠，咸願報効，似此恭順殊於川省邊防有益，且又經臣等懇將移駐松潘餘兵五百名留松添防，并請加派兵一千五百名駐劄泰寧以重聲勢，倘蒙恩允則二處重地兵力愈屬充足，防範更覺嚴密。臣等復將泰寧松潘現今防備事宜詳悉告知鼐滿岱，而鼐滿岱亦謂似此防守自可無虞，但臣等伏思青海之蒙古川屬之土部均係彝性犬羊，臣等惟嚴飭沿邊駐守官兵小心彈壓，不時多差幹目分頭前赴草地密探，凡有情形立即飛報，勿許稍懈，以仰副聖主慎重防維至意。至鼐滿岱臣等謹擬於本月拾玖日令其赴松駐劄，同護鎮臣張聖學料理番彝事件，其一切食用養廉臣等俱照鼐滿岱駐劄西寧之例支給，理合一併奏明，伏祈睿鑒，謹奏。

雍正玖年拾月拾貳日

硃批：覽。

〔187〕論駐藏大臣馬喇等五世班禪等派人送給官兵糧物著賞銀兩（雍正九年十一月初一日）[5]-25

雍正九年十一月初一日奉上諭，據馬喇、僧格等奏稱，班禪額爾德尼、貝勒頗羅鼐遣人送給官兵酥油炒麵牛羊乾糧，累經退還，堅不領回，只得接受分給官兵等語。爾等行文馬喇、僧格，將班禪額爾德尼、頗羅鼐所送牛羊酥油炒麵等物核算價值，充裕給與銀兩，給此銀時傳論班禪額爾德尼、貝勒頗羅鼐，朕遣兵在藏駐劄，特為眾唐古特防守地方，使之寧謐，派兵前往者乃為利裨爾等，豈有絲毫貽累之理，爾等之牛羊酥油炒麵等物勢必在爾屬下眾人攤派，未免滋擾，朕心實所不忍，此乃朕之本意，況我在彼之兵糧餉並不缺乏，甚屬豐

〔註324〕　《蒙古世系》表四十六作諾爾布，父鄂齊爾。雍正九年青海土爾扈特蒙古諾爾布叛亂《欽定外藩蒙古回部王公表傳》卷八十九頁三載叛亂之經過，亂平被獲，後誅。

〔註325〕　《蒙古世系》表四十八作貢格，父第巴，祖卓哩克圖和碩齊。為遊牧青海之輝特蒙古，雍正三年授扎薩克一等台吉，自領其部，雍正九年因擊諾爾布之叛封輔國公。

〔註326〕　《蒙古世系》表三十七作朋素克旺札勒，顧實汗圖魯拜琥第六子多爾濟曾孫，父額爾克巴勒珠爾，祖策旺喇布坦。

足，故朕降旨賞給爾等銀兩，並非外視爾等也，倘我兵糧草萬一不繼，爾等理應鼎力相助，嗣後朕亦倍施隆恩於爾唐古特之眾等因，明白曉示，欽此。（初三日將此由公大臣豐[註327]監督，中書舒赫德、兆惠加封，交付奏事達哈蘇馳遞馬喇等）

〔188〕署雲貴廣西總督高其倬奏報遵旨辦理滇省駐劄柴木道兵丁進藏事宜摺（雍正九年十一月初十日）[2]-[21]-373

兩江總督署理雲貴廣西總督印務臣高其倬謹奏，為奏聞事。

臣查雲南省駐劄柴木道[註328]兵丁一千名奉旨令其進藏，再於雲南省調兵一千令作速起程前赴柴木道駐劄，欽此欽遵，經總督臣鄂爾泰遵旨派調料理，令原帶官兵前往柴木道駐劄之原任提督張耀祖及廣羅協副將馬鸞即帶原領之兵一千名進藏，另又於各標鎮協營挑選兵丁一千名令劍川協副將姚起龍統領俱赴劍川州取齊前往柴木道駐劄。所有一切口糧塩菜騎馱馬匹及賞給官兵銀兩俱逐一分析料理，其進藏官兵糧餉即委原隨辦柴木道糧餉之寧州知州王教辦理，續駐柴木道之官兵糧餉委呈貢縣知縣殷良棟辦理。又委開化鎮右營遊擊叚福押鮮餉銀七萬兩以備進藏官兵支給，至臺站事務總委維西營叅將劉瑛管辦，俱經具疏題明在案。臣到雲南接據參將劉瑛稟稱，據駐劄梅里樹管理臺站外委把總毛詩詠稟稱，有黃草坪、雙井、箐底三臺因連日大雪，至九月二十日將山谷路逕封阻，雪深數丈，有軍前發回文書俱在箐底停積不能遞送，其內地各處發往軍前公文自九月二十八日至十月初四日計六十餘件現俱停積不能前進等語。臣恐大雪封山，原任督張耀祖等不能接到部文，及督臣鄂爾泰所行之文有誤前進，隨分頭飛即移行并遣員馳令辦理各員上緊料理，或將雪路開通，或另尋別道繞過雪山作速飛送，務令必到外。續於十一月初二日接到原任提督張耀祖來文，內稱於本年十月初四日行至奔打地方接到部文及四川總督黃廷桂咨文，即遵旨帶領官兵進藏，但查奔打至柴木道計程六日，若由柴木道進藏未免繞道多遲時日，今暫住奔打檄行總理糧務寧州知州王教將漢土官兵一應馬匹衣裝口糧等項遵旨寬裕應付妥備，并行總理臺站參將劉瑛添安臺站外，即由瓦河、洛龍宗進藏，相應咨明等因。臣隨飛即再行檄飭寧州知州王教速將口糧馬匹各項照督臣鄂爾泰前檄即於所存銀三萬兩內動用上緊備辦齊

〔註327〕原註，豐昇額。
〔註328〕即察木多。

肅，應付官兵進藏，毋稍遲緩。又一面飛檄參將劉瑛詳查程途之遠近道路之難易居人之稀稠，酌量情形，或由瓦河安站，或仍由柴木道安站，務期妥速料理，所用臺兵先於副將姚起龍所帶兵丁內抽出數十名先令安站，俟叚福鮮餉兵丁回時令留數十名替換安臺，姚起龍所帶之兵仍令歸入一千名內在柴木道駐防，并檄姚起龍叚良棟叚福速行前進外，所有原任提督張耀祖現暫住奔打，俟馬匹口糧備辦一齊即行進藏，及奔打文書遞到雪路已通情由臣謹繕摺奏聞，謹奏。

雍正玖年拾壹月初拾日

硃批：覽，另有旨諭矣。

〔189〕四川總督黃廷桂奏請准令鎮臣邱名揚前赴泰寧統領駐軍摺（雍正九年十一月十二日）[2]-[21]-380

四川總督臣黃廷桂謹奏，為請旨事。

竊臣於本年拾壹月初陸日准雲貴廣西督臣鄂爾泰咨開，奉上諭，現在川省才能出眾之武員甚少，著鄂爾泰悉心酌量，若滇黔苗蠻諸事已經就緒，著於所屬若可以選擇總兵官一員更好，不然副叅等官二三員令其前往四川，交於總督黃廷桂於要地派用，欽此。隨欽遵於滇屬內舊任四川屢次出師熟悉情形之鎮將內選擇得普洱鎮總兵官邱名揚遊擊王廷詔洪揚給咨赴川聽候委用等因到臣。臣查川省需員委用，仰祈睿照精詳，勅令滇楚豫三省督臣揀選武員入川交臣派委，其各省交派之副叅遊擊等官除俟到齊之日臣遵旨酌量派委另疏題報外。臣伏查現在地方情形，泰寧最關緊要，先於本年貳月內蒙我皇上聖謨遠燭，俯准於靈雀泰寧打箭爐三處分駐官兵一千三百餘員名，因彼時統領並無大員可派，是以臣等奏請即交泰寧協管轄節制，但現今又蒙恩准加派兵五百名，全駐泰寧，是前後添防官兵已計一千八百餘員名，查署泰寧協副將苗國琮有料理該協標屬五營一切兵馬汛防彝情之責，若將先後駐防官兵再令該署協一並管理，誠恐鞭長莫及力難兼顧，今既有總兵大員咨送來川，似應即令鎮臣邱名揚前往泰寧統領一切添防官兵，謹慎駐劄以重責成，似於約束弁兵彈壓要地之處均有裨益。臣隨將此意與撫臣憲德商酌，意見相同，緣係總兵大員臣愚未敢擅便，且邱名揚尚未抵川，臣謹繕摺先行具奏請旨，可否令邱名揚前往統領駐劄之處恭候睿鑒批示欽遵施行，謹奏。

雍正玖年拾壹月拾貳日

硃批：另有旨諭。

〔190〕四川總督黃廷桂奏報彝陵鎮臣杜森到川擬領兵前赴西寧及援例借支銀兩情由摺（雍正九年十一月十二日）[2]-[21]-381

四川總督臣黃廷桂巡撫臣憲德謹奏，為奏聞事。

伏查西寧調用川兵二千名欽奉諭旨令彝陵鎮臣杜森到川統領，今鎮臣杜森於拾壹月初柒日至省，臣等隨將發給各兵一切軍裝器械等項造冊移交該鎮，赴松照驗帶領起程。又准杜森咨稱，前於楚省雖曾預借俸薪等銀製備軍裝馬匹，越省遠來費用過多，今領兵出口程途遙遠，僱覓烏拉等項需費甚繁，可否援照川省總兵出師之例借支以備師行等因到臣等（硃批：自然）。臣等查川省總兵出口行走例係借支銀一千兩，隨經照例支借以資攸徃，今該鎮擬於本月拾伍日由省赴松，其官兵出口日期除俟該鎮咨報至日臣等另行馳奏外（硃批：何須用馳奏二字），理合先將杜森到省日期並臣等造冊移交及借支銀兩各情由一併恭摺奏聞，伏祈睿鑒，謹奏。

雍正玖年拾壹月拾貳日

硃批：覽。

〔191〕四川巡撫憲德奏報備辦達賴喇嘛移座惠遠廟所需食物摺（雍正九年十一月十二日）[2]-[21]-382

四川巡撫臣憲德謹奏，為奏聞事。

竊查達賴喇嘛移居惠遠廟每日備辦食物等項共需銀柒兩肆錢有零，經署陝督臣查郎阿題明供應，俟頗羅鼐將所用東西送到時再為停止等因在案。嗣於雍正玖年陸月初叁日准署督臣查郎阿咨稱，頗羅鼐以跟隨喇嘛之人眾多，所送東西不敢保其足供，恐致耽悞窘乏等語，似應轉飭暫行供支，仍移咨駐藏都統遵照原題速飭頗羅鼐作速運送，勿致遲悞等因，臣等一西行令布政司暫行供給，一面移知駐藏都統臣馬臘等處速飭運送去後。續准都統臣馬臘覆稱，詢據頗羅鼐稟稱，藏地錢糧不敷費用，實不能保其足供達賴喇嘛之用等語移覆前來，並據頗羅鼐稟同前由，臣等除仍令布政司高維新轉飭糧務照舊按日供應并咨明戶部及理藩院外，臣謹會同四川總督臣黃廷桂合詞具奏，伏祈皇上睿鑒施行，謹奏。

雍正玖年拾壹月拾貳日四川巡撫臣憲德。

硃批：覽，另有旨。

〔192〕湖廣彝陵總兵奏謝命赴四川統領預備官兵候調西寧並請將長子帶赴軍前摺（雍正九年十一月十五日）[2]-[21]-392

統領四川官兵湖廣彝陵鎮總兵官臣杜森謹奏，為奏謝天恩並遵繳硃批諭旨事。

竊臣於雍正玖年捌月拾貳日差員進摺恭請聖安並繪水操圖敬呈御覽，嗣於本年玖月拾貳日接到部文，欽奉諭旨，命臣前赴四川松潘統領預備官兵候調西寧，臣隨整理軍裝即於玖月貳拾肆日從彝陵水路起程，至拾月初叁日舟次歸州官渡口地方，有臣進摺差員楊大芳齎捧皇上批摺並欽賜元狐冬帽壹頂貂皮貳拾張寧紬貳端趕赴前來，臣即停舟跪迎，恭設香案望闕叩頭謝恩訖。隨跪啟奏摺，蒙皇上硃批，好，圖留覽，川省不得統領預備兵馬之人，有旨著你前往，到後可勉為之，莫負朕之任用，到川將備兵督撫料理情形據實奏聞，若有不妥協處可便言之督撫，一面辦理，不可將就。臣跪讀之下惶感交深，竊臣一介庸愚，荷蒙天恩俾領川兵，事關軍機，恐難勝任，今復奉諭旨諭勉備至，敢不殫心竭力敬謹奉行。但臣舟由川江風水險阻，於拾月貳拾貳日方抵重慶，又從重慶起旱，風雨泥濘，至拾壹月初柒日方抵成都府城，當即謁會督撫，細詢備兵情形，參以末議，惟期妥協，不敢將就，另為具摺覆奏外。至臣蒙皇恩賞給元狐冬帽貂皮寧紬諸寶物，自揣何人，屢荷天眷隆恩異數，不次下頒，臣惟有矢竭駑駘，約束兵丁，小心軍務，以期仰報高厚於萬一耳，理合熏沐繕摺恭謝天恩，並遵繳硃批諭旨貳合，伏乞皇上睿鑒施行（硃批：覽）。抑臣再有請者，微臣世受皇恩無處報稱，今當統領川兵，正堪同効毫末，臣有長子杜世熙年貳拾陸歲，係寧夏縣學武生，在臣任所，臣今帶赴軍前，伏祈皇上天恩准令隨營學習（硃批：汝若欲隨帶汝左右學習尚可，若令與兵丁一體當差多有不便，朕意皆可不必者），與兵丁一體當差，得以稍盡犬馬，愈為頂戴不盡矣，理合一併附奏，為此崇差家人孫才齎捧，謹具奏聞。

雍正玖年拾壹月拾伍日

〔193〕湖廣彝陵總兵奏報川省督撫備兵料理情形及自成都前赴松潘日期摺（雍正九年十一月十五日）[2]-[21]-393

統領四川官兵湖廣彝陵鎮總兵官臣杜森謹奏，為遵旨據實奏明川省督撫備兵料理情形事。

竊臣邊鄙菲材，何蒙天恩俾領川兵，隨有署鎮臣冶大雄馳驛到彝口傳皇

上諭旨，兵馬閒時著實要謹慎約束，但兵馬的諸事要寬廣，不可令兵馬為難，軍裝器械要齊全，如有不寬廣不齊全處令臣一面向督撫說作速料理，一面奏聞。又奉硃批諭旨令臣到川之時將備兵督撫料理情形據實奏聞，若有不妥協處可便言之督撫，一面辦理，不可將就。臣跪讀之時仰見我皇上體恤兵丁，慎重軍旅之至意，臣到川之日即謁會督撫，細詢備兵情形，據稱四川備調西寧兵丁肆千名，今祇需兵貳千名，係各鎮協標營分派，業於本年玖月初拾拾叄等日先後起程前赴松潘矣。詢其兵馬諸事寬廣何如，據稱往歲出師馬兵借銀陸兩，步兵借銀肆兩，此次馬兵借銀捌兩步兵借銀陸兩，又馱載馬匹例係領銀捌兩，今蒙皇恩每匹給銀拾貳兩，俱係各兵自買，較之往歲寬餘等語。臣云皇上憫恤兵丁至優至切，所以昨奉諭旨兵馬諸事要寬廣，不可令兵馬為難，且川省節年出師兵馬未免多費，應宜推廣皇仁，再加區畫，使兵馬外有飽騰之樂，無內顧之憂，方可副皇上軫恤兵丁之聖意。據稱赴松兵丁昨已差員預解半季月餉，先期散給，又復檄行糧務就近借支馬肆步貳銀兩，交領兵將備收貯以備沿途接濟。臣思赴松兵丁借支銀兩先已馬捌步陸，今又馬肆步貳，兼有半季餉銀，諸事已屬寬廣，自無為難之處矣。問其軍裝器械，據稱旗幟帳房鑼鍋刀鐮鋤斧橛火藥等項俱係開局製造，各營一色，件件齊全。復又造送軍械數目清冊前來，臣細加檢閱，內開馬步兵丁一切行營器具軍裝什物悉皆齊備，臣思川省備兵督撫料理軍裝器械既係開局製造，諒必齊全。但兵馬起程在先，微臣未經目覩，容臣到松之時按冊查齊以備出口，但兵丁有隨身細小如銅罐木碗小刀火鐮等項亦係行軍必需，詢係各兵自備，未經冊開，臣到松一併清查，如有缺少即就近補製，此亦易為力耳。又兵丁皮襖皮褂克蒙皇恩令陝省督撫代為製辦，又經廷議令陝省循途解送，但今尚未到川，臣復商之督撫，據稱川省兵丁原疑玖月底出口，馬步兵丁或帶有皮襖或有皮褂可以禦寒，今又現在製補皮褂皮緊身以資攸往，兼差員赴陝沿路迎催，兵丁出口之先皮衣或亦解到矣。又詢馱載烏拉，據稱業已發銀叄千兩解赴松潘，委員分頭預為僱辦，必不遲悞等語。是川省督撫料理軍行諸事寬廣，器械齊全，似亦可稱妥協矣。臣恐西寧調兵，不敢羈遲，隨於本年拾壹月拾伍日從成都府起程赴松，所有川省備兵督撫料理情形並臣赴松日期理合據實奏明，伏乞皇上睿鑒施行，為此熏沐繕摺，專差家人孫才齎捧謹具奏聞。

雍正玖年拾壹月拾伍日

硃批：好。

〔194〕統領雲南進藏官兵革職提督張耀祖奏繳硃批及報匣摺（雍正九年十一月十八日）[2]-[21]-401

革職提督奴才張耀祖謹奏，為恭繳硃批論旨並報匣事。

竊奴才於雲南提督任內蒙恩賞給報匣壹分共伍個，鑰匙伍把，內庭留下報匣壹個鑰匙叁把，發去報匣四個鑰匙貳把到奴才，欽遵祗領，前於奏東川拿獲賊首壹摺用報匣一個，已蒙留中，其報匣三個鑰匙貳把並硃批論旨貳摺茲因奏統兵駐劄事宜理合交差，一並齎繳。再照奴才於雲南鶴麗鎮總兵官任內恭請入籍雲南壹摺，奉硃批，朕許你，但你今現任大員，且不便，可將此摺在你處收存，他日或陞轉你，或年紀過老告休時可引此旨具奏，你一切私事可如入籍雲南一般料理可也，奴才欽奉恩旨謹將此摺敬慎收存，日後欽遵引奏業經奏明在案，合併聲明，伏乞睿鑒恩宥，謹奏。

雍正玖年拾壹月拾捌日

雍正十年二月初十日奉上諭，張耀祖現領兵在外辦理軍務，所有報匣正應留為奏事之用，今乃遣人齎繳，甚屬糊塗，著仍付原人帶回，傳旨申飭，欽此。

〔195〕豐昇額等議准賞給頗羅鼐貝勒印信摺（雍正九年十一月十八日）[3]-699

領侍衛內大臣英誠公豐昇額〔註329〕謹奏，為遵旨議奏事。

雍正九年十一月十五日馬臘等轉奏頗羅鼐請頒印信情形摺內，奉旨，著辦理軍機事務大臣等議奏，欽此欽遵。臣等議得，據馬臘等奏稱，貝勒頗羅鼐告稱，奴才仰承皇恩至深至重，不敢有奢望，唯我土伯特大小人等往來文書均需鈐印，奴才荷蒙天恩榮膺多羅貝勒，並辦理前後藏噶倫事務，打箭爐、裡塘、巴塘等營官均有印信，現既賞奴才貝勒封爵，辦理地方及軍機事務，咨文布魯克巴、喀齊、巴勒布〔註330〕等時若用印信，彼等信服且加恭敬，不肇事端，有利於事，奴才亦將益加奮勉等因。以頗羅鼐効力，皇上加封貝勒，

〔註329〕原文作領侍衛內大臣英誠、公豐昇額等，翻譯誤作兩人，實一人，英誠為公爵名號，非人名，今改正為領侍衛內大臣英誠公豐昇額。《欽定八旗通志》卷三百一十八作領侍衛內大臣公豐盛額。

〔註330〕巴勒布原指今尼泊爾加德滿都谷地，時分三部，與西藏關係敦睦，後廓爾喀興起，滅此三部，侵佔藏屬哲孟雄（今印佔錫金）、木斯塘（今尼泊爾木斯塘地區），作木郎（今尼泊爾久木拉地區）諸部落，擴張至今尼泊爾，乾隆五十三年侵入後藏，西藏地方政府在成都將軍鄂輝、理藩院侍郎巴忠授意下賄和，清廷不知侵藏者為廓爾喀，仍以巴勒布名之，作《欽定巴勒布紀略》。

現頗羅鼐又辦理衛藏噶倫事務，既奏請頒降印信，相應照其所請頒給印信，所頒辦理衛藏噶倫事務多羅貝勒印信，交禮部以清漢唐古特三種文字鑄成銀印，及至鑄成，交其來使返藏時乘便齎回，由僧格等賞給頗羅鼐，為此謹奏請旨。

雍正九年十一月十八日奏入，奉旨，著依議，速擇吉日鑄印，欽此。（一史館藏軍機處滿文錄副奏摺）

〔196〕欽差辦事大臣鼐格等奏土爾扈特遣使達賴喇嘛請求名號摺（雍正十年正月二十八日）[6]-257 〔註331〕

奴才鼐格，祁山〔註332〕謹奏，奏聞土爾扈特等向達賴喇嘛〔註333〕照常請求名號及請求喇嘛、醫生事。

土爾扈特台吉策凌敦多卜〔註334〕所供養沙庫爾喇嘛〔註335〕、使者那木卡格隆〔註336〕向達賴喇嘛請求名號，達賴喇嘛賜予沙庫爾喇嘛以額爾德尼畢力克圖諾門汗名號及袈裟一僧裙一。賜予那木卡格隆以達彥達爾罕囊素名號及斗篷一。又提請將與彼等同來之巴勒丹格隆、伊西格蘇爾、敦多布藏布格蘇爾三喇嘛留居藏地，達賴喇嘛允准從其請。土爾扈特台吉多爾濟〔註337〕、達桑〔註338〕、拜〔註339〕、沙庫爾喇嘛等向達賴喇嘛請求喇嘛、醫生等，達賴喇嘛遺書頗羅鼐，令貝勒頗羅鼐處依彼等之請予以辦理。土爾扈特人等奉獻達賴喇嘛之物品另寫檔冊進呈外，使者等在出發前不久進內叩見達賴喇嘛時，達賴喇嘛給九位使者每人賞賜蟒緞一疋、斗篷一、佛像一尊、擦擦二、舍利子二、寶丸二、馬一匹。給其馬夫每人賜佛像一尊、擦擦二、舍利子二、寶丸一、茶二十一包。賞賜給使者及其馬夫之香、氆氌等物，若路上馱帶，會令彼等勞累，故令其抵達藏地後取自達賴喇嘛商上，並為此遺書頗羅鼐。又土爾扈特使節同行之友人查干俄木布在前來路上生病，抵達成都後給吃藥已治

〔註331〕標題輯者擬。
〔註332〕原註，祁山，曾任兵部郎中。輯者註本部分第一七九號文檔作兵部郎中祈善。
〔註333〕原註，七世達賴喇嘛。
〔註334〕原註，阿玉奇汗之子。
〔註335〕原註，土爾扈特大喇嘛。
〔註336〕原註，曾多次出使西藏和清朝。
〔註337〕原註，書庫爾岱青三子之後裔。
〔註338〕原註，阿玉奇長子之後。
〔註339〕原註，喀喇多爾濟二子。

好，然其抵泰寧後舊病復發，又請喇嘛醫看病，吃藥治療，但終不治，在使節等出發前於正月初九日亡故，彼等之為首使者將其屍骨照蒙古習俗處置之，為此謹奏聞。

雍正十年正月二十八日

土爾扈特阿玉奇汗〔註340〕夫人、諸台吉諸喇嘛庶民使者等眾人奉獻達賴喇嘛之物品清單之檔子。

阿玉奇汗之夫人達爾瑪巴拉、台吉策凌敦多卜、噶爾丹丹津〔註341〕、達桑，敦多布旺卜〔註342〕、敦多布達什〔註343〕、達爾濟〔註344〕、拜等以遣使達賴喇嘛之禮所奉獻物品之總數。

哈達一百十七、佛像一、經一部、塔一、鑲嵌八瓣銀花的地弩九、金表三、金錢三百五十六、金戒指一、金十兩、銀錢一、銀香爐一、銀盆一、銀碗二、銀淨瓶一、珍珠耳墜二、珍珠二百八、珍珠數珠一串、珊瑚九十九、珊瑚數珠三串、貂皮二、黑狐狸皮四、蟒緞一匹、錦一、緞四十、綾十三、普魯士呢子四、哈薩克氆氌五、哈薩克氆氌帽一、緞子服六、蟒緞坐褥靠墊一套、氆氌坐褥一、茶一包。

阿玉奇汗之夫人達爾瑪巴拉為阿玉奇汗事祈福所獻物品數。

哈達三、鑲珍珠串金線黃緞斗篷一、金剛鈴一套、阿玉奇汗的黑狐狸皮帽子一頂、貂皮端罩一、青灰鼠皮皮襖一、蟒緞頂幔二、織金緞圍子三、織金緞一、鍍金刀一、帶鎮紙緞子裝碗袋一、織金腰帶一、沙妝緞手帕一、木碗一、鍍銀鞍轡一套。

沙庫爾喇嘛、使者那木卡格隆、巴圖爾鄂木布、諾壘東羅布、羅布藏諾爾布、西拉布丹津、達什扎木蘇、巴勒丹噶楚、伊西格蘇爾、伊西吹等所獻物品總數。

哈達一千一百二十八、金秤一、金表一、金幣三百五十六、金項圈三、金牌一、金耳墜六、金戒指六、金二兩一錢、銀曼陀羅一、銀壺二、銀盤一、銀碗一、銀項圈一、銀錢四十、銀牌二、銀匙一、銀淨瓶一、銀五十兩、鍍金鞍

〔註340〕原註，伏爾加河土爾扈特第四代汗。輯者註，《蒙古世系》表四十七作阿玉奇，父朋楚克，祖書庫爾岱青。
〔註341〕原註，阿玉奇第七子。
〔註342〕原註，阿玉奇第七子，汗。
〔註343〕原註，阿玉奇長子之後，汗。
〔註344〕原註，可能是丹忠的次子羅藏達爾濟。

轡一套、鍍銀鞍轡二套、東珠五、大小不一的珍珠千三百十五、珍珠念珠三串、
寶石八十九、綠松石耳墜一、大小不一的珊瑚二百串、珊瑚念珠二串、大小不
一的琥珀九、琥珀念珠三串、水晶念珠三串、黑狐狸皮二、熏牛皮六張、蟒緞
四、錦緞一、片金一、織金緞四、普魯士緞九、回回緞一、綾子紡絲六十一、
哈薩克氆氌九、回回緞子九、俄羅斯氆氌四、布四、黑狐狸皮帽二、貂皮罩桶
子一、灰狐狸皮端罩一、銀鼠皮端罩一、狐狸皮襖一、緞子衣服五、普魯士呢
子衣服一、袈裟五、金剛鈴一套、龍牙念珠四串、沉香念珠四串、經文包袱一、
腰帶一、鳥槍二。

貝勒丹忠〔註345〕之使者伊西喇布傑所獻物品數。

哈達十五、銀子百兩、緞子二、綾子二。

〔197〕欽差辦事大臣鼐格等奏達賴喇嘛呈文土爾扈特遣使請求名號摺（雍正十年正月二十八日）[6]-262〔註346〕

奴才鼐格、祁山等謹奏，轉奏事。

本月二十五日達賴喇嘛告知我等曰，土爾扈特使者等為其已故阿玉奇汗
之子策凌敦多卜向我求汗號，為此事上奏之書請大臣等轉奏為盼，並將其藏文
書下跪呈交。奴才等將達賴喇嘛所奏藏文書大致翻譯另寫一摺，與達賴喇嘛所
奏封印原文一起謹呈御覽。

雍正十年元月二十八日

達賴喇嘛上奏之書文

奉天承運，在瞻卜州廣大地域轉動力輪之曼殊室利大皇帝足下明鑒，敕封
西天大善自在佛所領天下釋教識一切瓦赤喇達喇達賴喇嘛朝向大金殿堂，真
誠下跪，點燃美味香，手持鮮花，無數次叩首上奏，因聖祖皇帝及曼殊釋利上
皇帝連續施恩，隆恩無盡，故聖皇帝封小僧為瓦赤喇達喇達賴喇嘛，小僧受此
隆恩，為黃教之事誠心盡責，照前世達賴喇嘛之法行走，故授冊書與印，令吾
與前世達賴喇嘛同。今土爾扈特台吉阿玉奇之長子策凌敦多卜使者言，視前世
達賴喇嘛授予土爾扈特台吉阿玉奇以汗號與印之例，如今請給此策凌敦多卜
汗號及印，如此再三提請。諸使者並無為各自之台吉請汗號之事，只有阿玉奇

〔註345〕原註，書庫爾岱青第三子後裔。輯者註，此貝勒丹忠為移居額濟納之土爾扈
特部為清廷封貝勒者，非居歐洲額濟勒河（即今名伏爾加河者）之土爾扈特
部，《蒙古世系》表四十七作丹忠，父阿喇布珠爾。

〔註346〕標題輯者擬。

弟之子多爾濟使者背地裡言，如意為阿玉奇諸子不可，則其弟之子多爾濟亦有份兒，可授之以汗號也，而後又作罷，稱未曾出此言。吾曰授予汗號事所係重大，爾等不一心，地方亦相距甚遠，爾等之台吉之意吾復不甚明知，爾等返回，在各自地方全體商議，統一眾人之見，大家同為一人請汗號，那時吾可向大曼殊室利皇帝上奏請旨，並行裁定，如此告知彼等現在不可授予之理。再者，使者等赴藏時聚集在一起，請吾之多尼爾、替貝勒頗羅鼐辦事之第巴等同坐，眾曰吾等不為各自之台吉請號，眾人只為策凌敦多卜。吾復將吾父索諾木達爾扎、多尼爾、頗羅鼐之第巴與諸使者聚在一起探詢。諸使者言，襲汗號之例，阿玉奇在世時將汗所料理諸事已交予其長子策凌敦多卜，現在亦以其年齒為長，吾等之在遊牧諸台吉奉彼為諾顏，按禮數長子策凌敦多卜應為之，此言合乎眾意。吾告知彼等以吾心思，自五世達賴喇嘛以來，統馭政教之大施主乃居大金宮殿金座之天下共主曼殊室利大皇帝也，故此向那方向誠然下跪，凡事向聖主呈奏定奪，則非常合理，聖祖皇帝及曼殊室利大皇帝如同世間疼愛獨子之父，以大仁扶植吾身者，其隆恩甚重，吾年幼，凡事依照曼殊室利皇帝之曉諭而行，爾等之此事亦要奏報恩主，等聖旨到時，迎合眾人之意，將依照慣例授予策凌敦多卜以汗號與印，爾等可在彼等待，如等不得自昭地返回時或許聖旨抑或即到，彼時授予亦可。土爾扈特使者等已向西藏出發，吾謹奏其事由，恭請皇上溫旨，明鑒明鑒。以見書禮隨同吉祥哈達於吉日達賴喇嘛誠心誠已跪叩呈上。

〔198〕欽差辦事大臣鼐格等奏土爾扈特內自爭競達賴喇嘛邊難賜予汗號摺（雍正十年正月二十八日）[6]-264 〔註347〕

奴才鼐格、祁山等謹密奏，秘密奏聞為已故阿玉奇汗之子策凌敦多卜向達賴喇嘛請汗號事。

土爾扈特使者等抵達泰寧，叩見達賴喇嘛後，時隔良久阿玉奇汗之子策凌敦多卜使者巴圖爾鄂木布前往公索諾木達爾扎處云，吾阿玉奇汗生病之時將其印、囊等皆交予其長子策凌敦多卜，汗去世後吾台吉策凌敦多卜立刻為首辦理諸事，自其族人至吾遊牧眾人皆傾心服從之，吾等前來時吾台吉策凌敦多卜聚集其族人，在眾人面前謂吾等曰，爾抵達達賴喇嘛處後，奏報達賴喇嘛，因已故汗及其前世汗之汗號皆由達賴喇嘛賞賜，故皆曾得以平安，甚享福祉，因如今吾承辦汗事，故亦如前向達賴喇嘛請求汗號，繼而阿玉奇汗

〔註347〕標題輯者擬。

之兄子多爾濟之使者西喇布丹津亦前往索諾木達爾扎處云，吾阿玉奇汗在世時對吾台吉留遺囑曰，吾子年幼，在吾死後，爾要照管吾子，善為輔佐，吾遊牧之眾亦以為吾台吉人善良而明白，故敬重之，彼今年六十一歲，阿玉奇汗諸子皆年幼，在其長大前，請達賴喇嘛臨時賞賜給吾台吉以汗號，吾台吉已年近，還能活幾載，等阿玉奇汗之子長大成人後，將汗號移交亦可也。索諾木達爾扎將彼等之請轉告達賴喇嘛後，達賴喇嘛向諸使者云，爾等不一心，地方亦相距甚遠，爾等之台吉吾復不認識，汗號之事所係甚重，吾難以輕易授之，爾等返回遊牧，等大家同指一人，復來為之請汗號時再行裁定。時隔數日使者等聚集一處，請傳達賴喇嘛言之多尼爾喇嘛及處理事務之第巴等前來同坐，阿玉奇汗夫人達爾瑪巴拉之使者那木卡格隆曰，吾台吉策凌敦多卜者阿玉奇汗之長子，理應為汗，另有一台吉年齒甚幼，此外並無分內爭竟之人，吾土爾扈特之眾皆傾心服之，如今來此處之使者等終亦皆齊心請求，並無異議。巴圖爾鄂木布又云，吾等穿行俄羅斯之地前來時俄羅斯人問吾等，如今在爾處誰即了汗位，爾等如今何故前往。吾等答曰吾汗之長子策凌敦多卜即了汗位，吾等前往達賴喇嘛處為吾汗請汗號云云。如達賴喇嘛不給吾大台吉策凌敦多卜賞賜汗號，吾等眾人穿行俄羅斯之地返回時亦將甚為羞魄，俄羅斯人將恥笑吾等辦事無能，吾等均為一心，並無懷二心者。其時西喇布丹津其人亦在其中，彼亦稱策凌敦多卜有理，並無與之爭竟者。多尼爾、第巴等又將此事奏報達賴喇嘛後，達賴喇嘛復遣多尼爾喇嘛詢問西喇布丹津，爾尚有他語否。西喇布丹津答曰，吾台吉遣吾來，要吾念咒熬茶，並未交代請汗號之事，吾僅按己見向達賴喇嘛提請而已，如今眾使者齊心請求，吾已無他圖，亦無其他請求。此等使者出發之日謁見達賴喇嘛叩拜完畢，達賴喇嘛即在奴才面前對彼等曰，今爾等皆一心為爾等之台吉求汗號，自吾前世至今世凡事皆奏報曼珠室利大皇帝，請得聖旨後奉行之，吾年幼，封汗號大事不能不奏報，吾將封爾台吉為汗之事上奏聖皇帝，爾等若欲等待則可等待，若不能等待則先去後藏，返回時聖旨亦將到達矣。使者等出，又向奴才云，吾等現在要出發，到達住處後將遣來一人，有事向達賴喇嘛奏聞，言畢即已出發。次日巴圖爾鄂木布來告於奴才云，達賴喇嘛已俯允封汗號事，並為此奏請大皇帝，吾等商議，留吾於此處等待，言畢即刻觀見達賴喇嘛，達賴喇嘛謂巴圖爾鄂木布曰，若爾等欲等待，眾人皆於此處一起等待，如不等待，則應赴後藏，無論如何不得走散，吾將上奏，等聖旨降至，必將給爾等台吉

以名號。巴圖爾鄂木布聽畢便返回。又吾等向索諾木達爾扎詢問，前世達賴喇嘛何為封號事，彼云五世達賴喇嘛給阿玉奇汗之父以書庫爾岱青汗〔註348〕之號與印。倉央嘉措達賴喇嘛在世時給阿玉奇汗以岱青阿玉奇汗之號與印。又奏聞事，土爾扈特使者們抵達泰寧後不久，即告於奴才吾等前往後藏，事畢後不再走此路返回，西寧之路平坦易走，吾等返回時走西寧路。奴才等告之曰，康區之路雖言山路，沿途居住之番人甚多，一路人煙不斷，所騎烏拉及所食糧糇易得，西寧之路則自後藏至喀喇烏蘇有番眾，可得騎食，自喀喇烏蘇以降，渡過穆嚕烏蘇抵達索羅木之間，沿途無蒙古與番人居住者，騎食不可得，此等吾明知者，告知於爾等使者，另吾等奉大皇帝之命在此處理事務，因此之故，自爾等抵達日期，凡於飲食諸事，皆奉命施皇恩於爾，在後藏亦有吾皇上派遣之處理藏事大臣，爾等使者到達後藏後將此等緣由告知彼處之大臣。彼等抵藏後勢必固執返回之路，又聽得使者等告人云，在青海有阿玉奇汗之女，來時彼等之喀屯捎東西給其女兒，並言務必面交，彼等固執走西寧路，或許因此之故。此外又云吾等在遊牧時仰賴吾台吉之福，自離開遊牧至此地，皆承蒙大皇帝之恩，現在何為吾物，唯獨吾首級為吾物，其他所食所飲所穿及所乘騎者，皆為大皇帝之恩惠，吾等如今不可謂他國之人，皆成為大皇帝之阿勒巴圖，吾等如今已為一家人，吾等現在承蒙大皇帝之恩德幸福生活，想必準噶爾賊人如今已前往侵犯吾遊牧，吾地方已起戰事，彼等如此誠心言語，對皇恩誠心感激，不勝喜悅，為此謹秘密奏聞。

雍正十年正月二十八日〔註349〕。

雍正十年二月二十日〔註350〕上奏。聖旨，交軍機大臣議奏。

硃批，雍正十年二月二十日上奏，得旨，交軍機處大臣等議後再上奏。

〔199〕達賴喇嘛奏向土爾扈特賜予汗號呈文摺（雍正十年四月） [6]-267〔註351〕

大致翻譯達賴喇嘛奏文如下

〔註348〕原註，和鄂爾勒克之子，土爾扈特汗國第二代首領，阿玉奇汗祖父。輯者註，《蒙古世系》表四十七亦載阿玉奇汗父名朋楚克，祖名書庫爾岱青，此處言阿玉奇汗父為書庫爾岱青，存疑。

〔註349〕原註，這是寫該奏摺之時間。

〔註350〕原註，這是奏摺抵京後呈御覽的時間。

〔註351〕標題輯者擬。

在瞻卜洲〔註352〕廣大地域奉天命轉動力輪之曼殊室利大皇帝足下明鑒，敕封西天大善自在佛所領天下釋教識一切瓦齊爾達喇達賴喇嘛朝向大金殿，真誠下跪，點燃美味香，手持鮮花，謹叩首上奏，小僧受曼殊釋利大皇帝無數顯重恩典，賴以封吾為達賴喇嘛，將達賴喇嘛政法、佛法諸事及恩人大皇帝之聖旨一併奉行，此前土爾扈特之策凌敦多卜曾向吾等請求，如同對他父祖一般授他以汗號，吾將此上奏，承蒙大皇帝非常開恩，金口降下聖旨曰，甚合聖意。此溫旨與所賜大綾哈達已於三月二十三日抵達，吾為大皇帝祈福萬壽無疆而正在坐禪，但為此間斷一日，謹跪下接受，不勝喜悅，為讓土爾扈特使者等喜悅，遣書於多羅貝勒頗羅鼐，使彼等得知恩旨已至，念及自土爾扈特書庫爾岱青汗以降永世一心歸附幾朝大皇帝，在為其父祖世襲事所頒下之密旨及為策凌敦多卜汗號事所頒下之聖旨中曰，土爾扈特自古崇尚教法，誠心奉行經義，故而前世達賴喇嘛等為其父與祖父授予書庫爾岱青、阿玉奇等汗號，彼照此自遠方遣使並謹奏上聞，故應按照給其父與祖父名號之例，授予善瑞福祥之名號等事，喇嘛爾知之。恩及教法與眾生，給吾輩小喇嘛世世代代父親成就親子一般頒下曉諭聖旨。吾謹奉其深奧美意，今意欲照前授策凌敦多卜以岱青沙薩拏布咱汗號、文書及印章，望大皇帝於深意大略裁定，金顏頒下曉諭聖旨，明鑒明鑒。與上書之禮福祥哈達一起，水鼠年四月吉日〔註353〕，達賴喇嘛從禪床謹叩首獻上。

附錄，問公索諾木達爾扎，達賴喇嘛欲授策凌敦多卜之汗號 šasana budza 為何語，答曰，此為梵語，意為扶持佛法也。

〔200〕達賴喇嘛敕封土爾扈特策凌端多卜汗號文（雍正十年九月）[6]-269〔註354〕

大致翻譯達賴喇嘛因汗號與印事給策凌端多卜〔註355〕之書如下。

從前文殊與宗喀巴之慈愛祝福於土爾扈特應驗者甚多，達賴喇嘛五世時土爾扈特之書庫爾岱青以降，上師與施主相互結緣，其後五世達賴喇嘛授阿玉奇以阿玉奇岱青汗號，令其奉行合乎經義之政，成全其今世與來世之業，具足福澤，如今諸使臣皆言，爾乃阿玉奇汗之長子，爾必有造化，前五世達賴喇嘛

〔註352〕原文作州，今改為洲。
〔註353〕藏曆第十二饒迴水鼠年壬子，雍正十年。
〔註354〕標題輯者擬。
〔註355〕本部分第一九六、一九七、一九八、一九九號文檔作策凌敦多卜。

時凡事皆奏請教法之大施主曼殊室利皇帝敕諭並遵行之，故而得福矣。大皇帝對吾身自幼仁愛有加，特沛重恩，封授無限，吾年紀輕，凡事皆奉旨而行，經吾奏請此事〔註356〕，大皇帝頒下聖旨金書曰，先前書庫爾岱青汗以降前來請安，一心歸附，其道不絕，特軫念其尊奉佛法，誠遵經義，按照來使所言，授予吉慶汗號可也。頒下如此應該敬重之深奧聖旨，如今授爾岱青沙薩拏布咱汗號、印，送神祇宗喀巴佛像及衣服等禮，授予具福汗位，教法與眾生之安誠皆仰賴於君王之業，故爾要遵照爾父祖誠心奉行經義之舉，要尊奉三寶與佛法，要一心順從曼殊室利大皇帝，對眾人則要溫順。初八、十五與月終三日要守齋戒，以十善治理率屬，踐履二道，實行王政，對事業終勿怠慢，吾亦將為爾之長壽祈禱三寶，禱祝安樂之增益，與金剛結一同於九月吉日〔註357〕自喀木地方送。

〔201〕協辦西藏事務馬臘奏謝恩補工部尚書摺（雍正十年正月初八日）[2]-[21]-536

臣馬臘謹奏，為恭謝天恩事。

竊臣於雍正拾年正月初叁日准兵部清字咨，譯出內開，內閣抄出雍正玖年拾貳月初壹日奉上諭，馬臘著補授工部尚書，馬臘員缺著冠樓補授，正黃旗護軍統領雅泰所兼正紅旗護軍統領員缺著阿岱補授，欽拜著補授內大臣，欽此，欽遵移咨到臣。聞命之下不勝惶悚，伏思臣賦性庸愚，至微極陋，荷蒙皇上逾格超擢，自幼由武途行走，諸務不諳，大小事宜皆仰賴聖訓指示，臣凜遵恪守，庶得稍免隕越，今又授臣尚書之職，實係材微任重，覆悚是兢，惟望我皇上訓誨頻頒，使臣得有遵循，竭盡駑駘仰報於萬一耳，隨恭設香案望闕叩頭謝恩訖，理合繕摺，謹具奏謝以聞，伏祈皇上睿鑒施行。

雍正拾年正月初捌日

〔202〕四川總督黃廷桂奏請指示本年換班兵丁應否於七月內調集由省赴藏等事摺（雍正十年正月十六日）[2]-[21]-553

四川總督臣黃廷桂謹奏，為請旨事。

竊臣伏查駐藏川陝兵丁上年叨蒙聖恩軫念，勑令派兵更換，嗣因接准廷議，將現今所派貳千兵內留兵壹千名，俟明年更換駐藏兵丁時即令伊等前往

〔註356〕原註，指授予汗號事。
〔註357〕藏曆第十二饒迴水鼠年壬子，雍正十年。

更換等因，經臣遵照檄行按數酌留，派定領兵官副將陳玉琳署遊擊李應正等，隨於官兵起程赴藏疏內一併題明在案。臣查此留兵壹千名自應於本年定期遵旨赴藏換班，但查上年換班川兵其起程之期因駐藏兵丁每年於青草發生後即往騰額利諾爾〔註358〕地方巡哨，川兵早到亦未能更換，當經廷議於柒月中旬起程，今此項留兵應否亦於本年柒月內調集由省前往之處，臣愚未敢擅便。再臣伏查欽奉上諭著派副都統青保〔註359〕、正卿苗壽前往藏去，將馬拉換回，僧格留住彼處，與青保等一同辦事，明年再派一人將僧格換回，欽此，欽遵在案。臣思將來派出赴藏欽差大臣，其至川出口似應即於留兵壹千名內照副都統臣青保等之例派撥叁百名跟隨以資前往，臣因川省營汛相隔窵遠，若至臨期檄調誠恐未能按時齊集，若或早為調集又恐兵丁至省一切餵養馬匹及日食所需不無過費，合先一併繕摺恭奏請旨，庶臣得以計算程期酌量檄調，在公事既不於遲悞而兵丁亦不致有多費矣，伏候皇上聖訓欽遵施行，為此謹奏。

雍正拾年正月拾陸日

硃批：另有旨諭。

〔203〕西藏辦事大臣青保等奏請萬安摺（雍正十年二月初六日）[1]-4002

奴才青保、僧格、苗壽、邁祿、鮑金忠伏跪恭請聖主萬安。

雍正十年二月初六日

硃批：朕躬安，爾等都好麼。

〔204〕四川總督黃廷桂奏報密議達賴喇嘛遷移住處需用牲畜及併調官兵護衛等事摺（雍正十年二月十二日）[2]-[21]-687

四川總督臣黃廷桂巡撫臣憲德謹奏，為遵旨議奏事。

竊臣等前准領侍衛內大臣英誠公豐勝額〔註360〕等清字咨文，內將議奏鼎格、祁山等議奏達賴喇嘛遷移事件，密咨到臣等。該臣等伏查達賴喇嘛如應遷移之時，其需用牲畜及將德靖寧安泰寧等處兵丁一併調隨達賴喇嘛護衛行走，至打箭爐交與副將苗國琮固守邊境等事，俱經鼎格等詳議具奏，其泰寧

〔註358〕《大清一統志》（嘉慶）卷五百四十七載名騰格里池，蒙古語騰格里諾爾，騰格里蒙語天之意，水色如天青也，諾爾即湖之意，今西藏納木錯。
〔註359〕《欽定八旗通志》卷三百二十四作蒙古正藍旗副都統清保。
〔註360〕《欽定八旗通志》卷三百一十八作領侍衛內大臣公豐盛額。英誠為公爵名號。

協屬各營分貯米伍千石，今鼐恪等請暫運米貳千石到各處積貯，除米叁千石收貯打箭爐，俟泰寧副將咨取，再照數運送等語。臣等即密飭該管糧務遵照辦理，并密行署副將苗國琮知照。又鼐恪等奏稱裡塘、巴塘、乍丫、查木道四處俱有收貯米穀錢糧，不知防守兵丁多寡，應否預備之處請令該督撫密議具奏等語。臣等查裡塘巴塘昌都乍丫等處米石錢糧雖多寡不等，俱有存貯，又係文報相通大路，實關緊要，雖先派有撫標官兵伍百除員名沿途安塘巡哨，然道路窵遠，則兵勢零星，不過彈壓附近番人並遞送文報，非所以消弭邊患也。今查得昌都地方前准部咨，將駐劄達賴宗〔註361〕之滇省兵丁壹千名仍令移駐昌都，無庸另行撥防外。至裡塘地方查有駐劄打箭爐官兵叁百餘員名，原為接續泰寧聲勢，今泰寧又經添派兵丁伍百名，且查鼐格、祁山奏稱，如賊人來勢甚大，即將德靖寧安泰寧三處兵丁一同調隨達賴喇嘛護衛行走，至打箭爐交與副將苗國琮固守邊境等語，如此則現駐打箭爐之兵叁百名盡可移駐，即請將此項官兵遣赴裡塘以資捍衛。其乍丫巴塘等處現今口外無兵可以抽撥添防，若於各標營內另行派調則一切借支銀兩輓運軍糈未免需費浩繁，查先經檄調赴松餘兵伍百名經臣等奏請留駐松潘添派防守，但松潘各營馬步兵丁現在足數，而香臘橋等處又有官兵壹千伍百餘員名駐劄，即或有緩急需兵之處松潘距省不遠，再於附近成都各營檄調赴松可無遲悞，臣等愚見莫若將此留松兵丁伍百名以貳百名分駐乍丫，以叁百名分駐巴塘，如此則乍丫巴裡二塘俱有官兵駐守，合之從前安塘巡哨之兵每處不下叁肆百名，碁布星羅，即有賊人蠢動自可相繼勦守，而藏地一帶聲息庶不致於阻隔矣。又鼐格、祁山奏稱達賴喇嘛如應遷移，其住處及食用物件請令臣等預為備辦，並速將附近打箭爐邊內兵丁令大員統領趨赴苗國琮處幫助固守，至作何陸續派兵勦殲賊人之處請令速議具奏等語。查達賴喇嘛遷移住處臣等上年欽奉諭旨已經密為預備，其食用物件臨時速為備辦斷無遲悞。惟是打箭爐貼近止有化林一營，額兵無多，不足調遣，此時若將各鎮協兵即密檄派備，誠恐以萬無有之事致滋人心疑惑，臣等愚見如或需兵應援之際，查成都相去尚屬附近，即於臣等標下先派兵貳叁千名大張聲勢前住協勦，再於鎮協各營續調官兵源源策應，自可無虞，所有臣等准咨密議情節繕摺恭奏請旨，伏候皇上聖訓欽遵施行，謹奏。

　　雍正拾年貳月拾貳日

〔註361〕常作邊壩，《欽定理藩院則例》（道光）卷六十二作達爾宗，宗址在今西藏邊　　　　壩縣邊壩鎮普玉村。

〔205〕署雲貴廣西總督高其倬奏報檄撤暫駐達宗官兵回查木道駐劄等情摺（雍正十年二月二十日）[2]-[21]-744

兩江總督署理雲貴廣西總督印務臣高其倬謹奏，為奏聞事。

雍正十年正月十九日臣接到部文，雲南進藏兵丁暫駐達賴宗地方，俟來年青草發生時令領兵張耀祖仍帶回柴木多〔註362〕駐劄候旨，其雲南續派之兵此時若未起程，即行停止，或起程未遠亦即各回營汛，如已出口令在中甸等處暫住，至明年二月間撤回等因。臣查自查木道調赴西藏之官兵一千名經副將馮鸞領兵五百名於雍正九年十二月十六日抵達賴宗之邊埧駐劄，原任提督張耀祖領兵五百名於十二月二十九日亦抵達賴宗地方，俱據咨稟在案，其續派前赴查木道駐劄之兵丁一千名亦據副將姚起龍稟稱於雍正九年十二月二十七日已到查木道駐劄，臣隨於正月二十二日當即飛咨原任提督張耀祖將現所帶領暫駐達賴宗之漢土官兵一千餘員名於文到時即行率領帶回查木道地方駐劄，所有劍川協副將姚起龍所帶之續徃駐劄查木道官兵一千餘員名俟張耀祖所帶官兵到查之日即行撤回。但臣查原隨張耀祖帶兵之廣羅協副將馮鸞前帶兵前進之時既多不和，且有專擅之處，經臣屢行嚴飭，今又據張耀祖稟揭副將馮鸞捏造買騾文冊，凌虐兵弁，以及選留各營騾頭短發價值，包攬駝運米石多索腳價等欵，臣謹酌量將馮鸞檄令即同原帶續徃查木道兵丁之遊守帶領撤回之兵回滇，其張耀祖所揭之欵俟馮鸞回時查問明確臣再行題奏。臣將劍川協副將姚起龍即留於查木道協同張耀祖駐劄管理，其劍川副將印信即留在查，聽原任提督張耀祖鈐盖軍務公文使用，併咨原任提督張耀祖務期公正管轄，妥協料理，期於上報聖恩下贖前愆，不可一毫苟且一毫忽畧。併檄飭副將姚起龍務湏悉心協幫，和衷料理，不得執意違拗，亦不得苟且隨狗。其隨營糧餉各務檄令寧州知州王敎仍行辦理，其撤回之官兵糧餉等務令呈貢縣知縣殷良棟辦理，併飭令將隨軍所帶折給口糧塩菜銀兩除已經放給併為現今支給回師等項之用之外，餘剩者交明寧州知州王敎存貯查木道以備支放。又飛檄遊擊叚福將前鮮預備軍需銀七萬兩亦交寧州知州王敎收存以備接濟，所有暫駐達宗官兵撤回查木道駐劄及續駐查木道官兵撤回滇省各日期俟稟報到日容臣另疏題報外，臣謹將檄撤辦理緣由繕摺奏聞，謹奏。

雍正拾年貳月貳拾日

硃批：馮鸞聰明人，才具甚可用，乃計名一等之員，如果揭欵是實，尚有

〔註362〕即察木多。

何可惜，但張耀祖亦非有操守，秉公正能服眾之人，既先與不和，揭欸朕思必有他故，正未可輕信，摠俟馮鸞回時查問明確，再據實奏聞，餘知道了，馮鸞之案，著實留心察審可也。

〔206〕西藏辦事大臣僧格奏謝授任額外侍郎摺（雍正十年二月二十四日）[1]-4026

奴才僧格謹奏，為叩謝天恩事。

雍正十年二月十二日接准理藩院咨稱，雍正九年十二月初七日由內閣抄出諭旨，以內閣學士僧格為理藩院額外侍郎〔註363〕，欽此，欽遵前來。奴才即恭設香案望闕行三跪九叩頭禮訖，伏思僧格一介微末奴才屢蒙天恩，奴才正晝夜為不能報答皇上豢養重恩於萬一而惶悚時又加無疆之恩，授奴才為理藩院額外侍郎，奴才屢荷皇上天地高厚之恩甚重，無論作何効力亦不能報答，除惟盡力勉為外莫可言喻，為此謹奏聞叩謝天恩。

雍正十年二月二十四日

硃批：知道了。

〔207〕工部尚書馬臘奏謝恩命兼管正紅旗滿洲都統印務摺（雍正十年三月初六日）[2]-[21]-796

臣馬臘謹奏，為恭謝天恩事。

臣於雍正拾年叁月初伍日行至山西壽陽縣接准兵部清字咨文，譯出內開，本部奏補正紅旗滿洲都統德成〔註364〕遺缺照例將應陞大臣名次開列，於雍正拾年貳月貳拾伍日具奏，本月貳拾柒日奉旨，正紅旗滿洲都統印務著馬臘兼管，欽此，欽遵移咨到臣。隨恭設香案望闕叩謝天恩訖，竊臣聞命自天，感激無地，伏念臣疊受皇恩，涓埃未報，正深愧仄，復蒙特恩著臣兼管正紅旗滿洲都統印務，臣自揣庸愚，膺此異數，惟有竭誠盡力，愈加奮勉，仰報高深於萬一耳，所有微臣感激下悃，理合繕摺謹奏謝以聞，伏祈皇上睿鑒施行，謹奏。

雍正拾年叁月初陸日

硃批：覽。

〔註363〕《清代職官年表》滿缺侍郎年表失載。
〔註364〕《欽定八旗通志》卷三百二十一作滿洲正紅旗都統德成，雍正十年二月革。

〔208〕署雲貴廣西總督高其倬奏報進藏官兵撤駐查木道及給發頗羅鼐所送牛羊等價銀摺（雍正十年三月十二日）[2]-[22]-6

兩江總督署理雲貴廣西總督印務臣高其倬謹奏，為奏聞事。

臣查雲南進藏官兵一千餘員名，臣於雍正十年正月十九日接到部咨，俟青草發生時令領兵張耀祖仍帶回柴木多駐劄候旨，其續派之兵至二月間撤回。臣於正月二十二日即飛咨原任提督張耀祖將現所帶領暫駐達賴宗之漢土官兵一千餘員名於文到時即行率領帶回查木道地方駐劄，所有續往駐劄查木道官兵一千餘員名俟張耀祖所帶官兵到查之日即行撤回，咨行在案。茲於雍正十年三月初二日臣接原任提督張耀祖咨，已先於雍正十年正月二十四日接准部咨併四川督臣黃廷桂四川撫臣憲德咨，即帶領官兵於雍正十年二月初三日帶兵五百名，又副將馮鸞稟稱於二月初六日帶兵五百名自達賴宗起程，仍赴查木道駐劄，其續往查木道駐劄之官兵一千餘員名臣前已行令副將馮鸞同原帶領之將備率領回滇，檄飭在案，今尚未據報有起程日期，俟報到之日臣另行具奏。又臣接准原任提督張耀祖咨稱，承准西藏辦事大人馬臘僧格等照會，內開奉旨行文與馬臘僧格，將班禪厄爾德尼、頗羅鼐所送牛羊酥油糌粑等物比原價富餘些籌給，發銀時將旨意曉諭班禪厄爾德尼，欽此，照會前來。竊照貝勒頗羅鼐於雍正九年十一月內差頭人送給兵丁糌粑牛羊酥油茶葉等物合籌共該銀三百四十兩，業經差土千總何寬仁將銀送交貝勒頗羅鼎訖。再貝勒頗羅乃照藏例定價開單，差頭人於各地方催辦各物供應官兵，按月散給，照價發銀，每馬兵一名一月共該銀一兩一錢三分七厘零，步兵一名一月共該銀五錢三分七厘零，土兵番兵亦照步兵開支，照定價銀，其各官所支各物不一，亦俱經照定價發銀，所有貝勒頗羅鼐送給官兵糌粑牛羊酥油茶葉等物業經將價銀送交，其差頭人催辦供應官兵食物俱經將價銀照給之處咨臣轉奏，臣謹一併奏聞，謹奏。

雍正拾年叄月拾貳日

硃批：覽。

〔209〕郎中鼐曼岱奏報松潘蒙古番子等情形摺（雍正十年三月二十八日）[1]-4037

郎中奴才鼐曼岱〔註365〕謹奏，為奏聞事。

竊奴才抵達四川日期，前來松潘辦事之處除先謹奏聞外，雍正九年十一月

〔註365〕本部分第一八四號文檔漢文摺自書其名為吏部郎中鼐滿岱。

初三日抵至松潘後奴才詳諭聖主無分中外，俱軫念如赤子，獎善懲惡，願天下眾生靈共享太平安逸之至意，曉諭法度與利害，將奴才承命前來松潘之處一併繕寫，譯為唐古特文布告居邊外番子等。番子頭目等向奴才問好，若係來松潘者復以善言誘導，給飯食銀牌綢布茶遣之，其中若係管束屬下得力賢能者則復多給以嘉獎。奴才本人於今年三月十九日自松潘啟程出黃勝關之邊，盡達駐軍之涼河口〔註366〕、香拉橋〔註367〕、楚槽〔註368〕等營，詳看周圍通往各處之路口，三軍營俱倚險要處劄營，兵丁器械俱甚齊整，地方堅固。奴才復沿途訪查，邊外居住之十二部落番子等其性素為愚昧，并不勤於耕耘，不曉法度，惟賴行竊。後仰仗聖主天威自以仁招撫以來該總督巡撫總兵官等屢加誘導獎賞，故較前漸知法度，然而有時不悔改其本性，仍生發彼此偷搶之案。去年蒙聖主預先廟算，準噶爾賊倘若來我界肆意擾亂，住黃河迤南之蒙古人等畏懼往近邊番子處遷移時，伊等必念舊仇有相互陷害劫掠之事亦未可定，因特向青海之蒙古人、沿四川松潘邊界居住之番子等傳宣殊旨，故眾番子在伊等之中相互歡躍，言先我等俱為青海台吉等所管轄，當差行走，今荷蒙聖主大皇帝鴻恩，我等亦如同蒙古人等奉訓旨，甚為榮耀等情，皆合掌不勝感激聖主之恩。奴才抵達松潘半年，並未聞蒙古番戶內彼此竊掠之情，俱於其牧所安居，並無事情，謹具奏聞。再批發奴才之硃批摺子二件另加封一併謹奏。

雍正十年三月二十八日

〔210〕西藏辦事大臣鼐格奏請萬安摺（雍正十年四月十九日）[1]-4050

奴才鼐格謹跪請聖主萬安。

雍正十年四月十九日

硃批：朕躬頗安。

〔211〕西藏辦事大臣鼐格等奏轉達賴喇嘛奏書摺（雍正十年四月十九日）[1]-4051

奴才鼐格、琦善〔註369〕謹奏，為轉奏事。

雍正十年三月二十三日由內捧齎諭達賴喇嘛敕書到泰寧，奴才等即率官

〔註366〕今四川省松潘縣川主寺鎮兩河口村。
〔註367〕本部分第一七三號黃廷桂漢文摺作香臘橋。
〔註368〕本部分第一七五號文檔有出皂地名，楚槽疑為出皂之異譯。
〔註369〕原註，祁山，曾任兵部郎中。

員、公索諾木達爾扎、喇嘛等出郭郊跪，恭迎敕書，拆看部咨內開，將此所發敕書，令奴才我等轉交達賴喇嘛等語。奴才等恭捧敕書入寺供奉，先行三跪九叩禮訖，達賴喇嘛禪畢出，向東而立祗領，達賴喇嘛展讀敕書畢，向奴才等告稱，大聖主甚為體恤小僧，曾奏請賜號土爾扈特策零敦多布〔註370〕為汗，蒙照小僧所請為之，因此小僧仍為叩謝大聖主之恩，將具書上奏，但小僧為文殊師利大皇帝萬壽坐禪尚未完畢，小僧自明日始照常坐禪，小僧於禪內具奏書交付我父送交大臣等，大臣等接受後請代小僧轉奏等語。翌日又進禪，四月十五日公索諾木達爾扎捧送達賴喇嘛唐古特文奏書至跪呈，奴才等將達賴喇嘛奏書譯其大概，另具摺子，將達賴喇嘛原奏書一併奏覽，為此謹奏。

雍正十年四月十九日

硃批：知道了。

〔212〕西藏辦事大臣青保奏報啟程前往騰格里池防守日期摺（雍正十年四月二十二日）[1]-4056

奴才青保謹奏，為奏聞事。

雍正十年四月十六日據於騰格里池地方設哨探把總楊汝育〔註371〕來報稱，騰格里池地方青草萌發等語。故此奴才青保率加總兵品級泰寧副將楊達里〔註372〕、辦事主事納蓀額爾赫圖〔註373〕、四川遊擊李浩〔註374〕、蘇賓〔註375〕、守備陶義勇〔註376〕千總六員把總十員、陝西遊擊馬金仁〔註377〕、守備郝尚〔註378〕、柴國良〔註379〕、千總二員把總三員馬步兵一千五百名，於四月二十二日啟程往騰格里池防守，抵達後設於納克產、騰格里池、喀喇

〔註370〕本部分第一九六、一九七、一九八、一九九號文檔作策凌敦多卜。
〔註371〕本部分第一四三號文檔作楊茹玉。
〔註372〕《四川通志》（乾隆）卷三十二頁五十六作泰寧協副將楊大立。
〔註373〕第一部分第三十一號文檔作主事訥黑圖，第一部分第五十九號文檔作主事訥赫圖。
〔註374〕《四川通志》（乾隆）卷三十二頁二十七順慶營遊擊有名李鶴，雍正六年任，疑即此人。
〔註375〕《四川通志》（乾隆）卷三十二頁五十二作峨邊營遊擊蘇斌。
〔註376〕《四川通志》（乾隆）卷三十二頁三十二作黔彭營守備陶以詠。
〔註377〕《甘肅通志》卷二十九頁七十一作鞏昌營遊擊馬進仁。
〔註378〕據本部分第二九九號漢文摺，此人名和尚，後陞任駐藏陝西督標前營遊擊。
〔註379〕據本部分第十四號周瑛漢文摺，此人名柴國梁。

烏蘇等處哨探。又率厄魯特兵駐達木地方頗羅鼐之子朱米納木扎勒〔註380〕哨探，一並不時巡查躧踪，勤奮効力使之堅固尤堅固，若有訊息除整軍以備外即謹具奏聞，倘無訊息則降大雪之時堅固所有哨探之處，撤兵來招辦事，為此謹具奏聞。

雍正十年四月二十二日

硃批：知道了。

〔213〕西藏辦事大臣青保等奏謝硃批問好摺（雍正十年閏五月初二日）[1]-4070

奴才青保、僧格、苗壽、邁祿謹奏，為叩謝天恩事。

竊奴才等具摺謹請聖主萬安，仰蒙聖主加洪恩，除硃批賞安外，加我等奴才以無疆之恩，蒙賞批爾等都好麼，欽此。奴才等見旨，不勝感戴，即設香案望闕恭謝天恩，為此謹奏。

雍正十年閏五月初二日

硃批：知道了。

〔214〕侍郎僧格等奏轉頗羅鼐奏書摺（雍正十年閏五月初二日）[1]-4071

奴才僧格等謹奏，為轉奏聞多羅貝勒頗羅鼐叩謝天恩事。

切照五月二十五日貝勒頗羅鼐來奴才等齊集所告稱，接准理藩院咨稱，封一等台吉那木扎爾策布騰〔註381〕為公，以三噶隆皆為扎薩克一等噶隆並賞賜俸祿等因前來，小臣有跪奏書一件，請大臣等轉奏文殊師利大皇帝等因呈上。

譯其蒙文書大概看之，書內開，小臣頗羅鼐拈香合掌望闕百次叩奏覆育天下生靈文殊師利大皇帝明下，仰蒙文殊菩薩大皇帝洞鑒小臣頗羅鼐不敢奏請之事，並加如天洪恩，追念康濟鼐効力之處，特加恩於其兄噶希鼐〔註382〕之

〔註380〕《欽定西域同文志》卷二十四頁六載，居爾默特納木佳勒，轉音為朱爾默特納木扎爾，坡拉鼐索特納木多布皆次子，初授扎薩克頭等台吉，襲封郡王，後以罪誅。

〔註381〕此人為康濟鼐之任，《欽定西域同文志》卷二十四頁六載，噶什瓦納木佳勒策丹，轉音為噶錫巴納木扎爾色布騰，封輔國公，辦噶卜倫事。《欽定外藩蒙古回部王公表傳》卷十二頁二載，噶錫巴納木扎勒色布騰，噶錫鼐色布登喇什長子，雍正六年襲一等台吉，九年晉輔國公，詔世襲罔替。

〔註382〕即噶錫鼐，康濟鼐之兄。

子一等台吉那木扎爾策布騰，超封為輔國公，以噶隆塞珠特策布騰〔註383〕、策零旺扎爾〔註384〕、布隆咱〔註385〕為扎薩克一等噶隆並賞賜俸祿，此乃如天大恩降臨我等頭上，以致我土伯特人等榮貴至極，我等惟頂戴文殊菩薩大皇帝洪恩，為文殊師利大皇帝寶座堅固萬萬世，所欲諸事從速成就，每日向三寶佛叩祝誦經，將此恩惠即至萬萬世亦實難報答，除於諸事黽勉効力外，只是喜悅莫可言喻，小臣頗羅鼐率噶隆等瞻仰文殊菩薩大皇帝聖明，虔誠敬祝叩謝天恩，以奏書禮將福字哈達一併於月吉日謹奏等語。用是將多羅貝勒頗羅鼐蒙文奏書，一併謹奏以聞。

　　雍正十年閏五月初二日

　　侍郎臣僧格。

　　正卿臣苗壽。

　　護軍統領邁祿。

　　硃批：知道了。

〔215〕侍郎僧格等奏轉那木扎爾策布騰奏書摺（雍正十年閏五月初二日）[1]-4072

　　奴才僧格等謹奏，為轉奏聞那木扎爾策布騰叩謝天恩事。

　　雍正十年五月二十日接准理藩院咨稱，查得适纔頗羅鼐使臣至，具奏噶希鼐之子那木扎爾策布騰請安奏書，蒙聖主諭曰，念伊叔父康濟鼐効力行走，既特加恩超封為輔國公，並給公爵俸祿，則將頗羅鼐奏請賞給那木扎爾策布騰以一等台吉俸祿之處毋庸議，欽此欽遵。奴才等即召那木扎爾策布騰來招地跪，通報部文後那木扎爾策布騰告稱，將我奏書一件，請大臣等轉奏文殊師利大皇帝等因呈上，大概譯其蒙文書稱。

　　小奴才那木扎爾策布騰拈香合掌望闕百次叩奏，覆育天下生靈文殊師利大皇帝明下，文殊師利大皇帝俾我叔父康濟鼐、我父噶希鼐雪仇，且復以我為

〔註383〕《欽定西域同文志》卷二十四頁七載，薩里爵特策丹，轉音為色裕特色布騰，官第巴，授扎薩克頭等台吉，辦噶卜倫事。

〔註384〕《欽定西域同文志》卷二十四頁七載，車凌旺佳勒，轉音為車凌旺扎爾，官第巴，授扎薩克頭等台吉，辦噶卜倫事。此人藏名多喀策仁旺傑，為《頗羅鼐傳》之作者，另有著作《噶倫傳》《旬努達美》。

〔註385〕《欽定西域同文志》卷二十四頁七載，博隴則瓦旺佳勒喇布丹，轉音為布隆贊旺扎勒阿喇布坦，官第巴，授扎薩克頭等台吉，辦噶卜倫事，按博隴則瓦為旺佳勒喇布丹所居室名，漢字相沿，止從轉音稱布隆贊。

一等台吉，賞賜孔雀翎，將此如天重大之恩小奴才如何能報答，正晝夜憂慮之時蒙神聖大皇帝又追念我叔父康濟鼐特加恩於小奴才，賞為輔國公，仰承此奇恩小奴才不僅如登天感戴，而且我叔父康濟鼐、我父噶希鼐於九泉之下亦感戴文殊師利大皇帝如天重恩，那木扎爾策布騰本人只是喜悅莫可言喻，惟瞻仰文殊菩薩大皇帝之明，虔誠禱謝天恩，以奏書禮將福字哈達一併於月吉日謹奏等語。是以奴才等將那木扎爾策布騰蒙文奏書，一併謹奏以聞。

雍正十年閏五月初二日

侍郎臣僧格。

正卿臣苗壽。

護軍統領臣邁祿。

硃批：知道了。

〔216〕侍郎僧格等奏轉公朱爾瑪特車登奏書摺（雍正十年閏五月初二日）[1]-4073

奴才僧格等謹奏，為奏聞輔國公朱爾瑪特車登〔註386〕叩謝天恩畢，由招地起行往阿里地方効力事。

欽遵雍正十年五月二十日理藩院傳諭公朱爾瑪特車登之旨意，即召公朱爾瑪特車登來招跪，傳宣上諭畢，朱爾瑪特車登告稱，我有奏書一件請大臣等轉奏文殊師利大皇帝等因呈上。

大概譯其蒙文書稱，小奴才朱爾瑪特車登拈香合掌望闕百次叩奏，覆育天下生靈文殊師利大皇帝明下，神聖大皇帝大仁慈之旨降臨小奴才頭上，小奴才朱爾瑪特車登不勝感戴，理應欽遵上諭留於招地，但朱爾瑪特車登仰賴文殊師利大皇帝大仁慈之恩來招地，醫病服藥坐湯，今已痊愈，仰承大仁慈之恩惟有頂戴，除盡力黽勉外無由報答。阿里地方人等皆與準噶爾賊為仇，準噶爾賊極為奸詐不可信，世人無不知者，今既尚未剿滅則文殊師利大皇帝交付小奴才之阿里地方甚為緊要，小奴才若在招地方養身安居則於心不安，每思懼怕，小奴才仍赴阿里地方拓展哨探衛護，躡跡打聽一切消息以報告大臣等，整兵妥當若有行走効力之處則朱爾瑪特車登我仰賴文殊師利大皇帝威福竭力勉為，小奴才朱爾瑪特車登仰賴大皇帝之恩養病痊癒，為此叩謝天恩畢於五月二十九日

〔註386〕《欽定西域同文志》卷二十四頁八載，居爾默特策丹，坡拉鼐索特納木多布皆長子，轉音為朱爾默特車布登，初授扎薩克頭等台吉，後封輔國公，晉封護國公，為居爾默特納木佳勒所害。

由招地起行，以奏書禮將福字哈達一併於月吉日謹奏等語。是以奴才等將公朱爾瑪特車登蒙文奏書，一併謹奏以聞。

雍正十年閏五月初二日

侍郎臣僧格。

正卿臣苗壽。

護軍統領臣邁祿。

硃批：知道了。

〔217〕四川總督黃廷桂奏請鑄給頒發駐藏欽差統領印信摺（雍正十年閏五月十二日）[2]-[22]-409

四川總督黃廷桂謹奏，為奏聞事。

竊臣於本年伍月貳拾玖日接准大學士臣鄂爾泰等知照，內開，雍正拾年肆月貳拾叁日奉旨，辦理軍務處往來文移關係重大，今特頒辦理軍機事務印記，凡行移各處事件有關軍務者俱著用印寄去，至各處關係軍務奏摺，並移咨辦理軍務處事件亦著用印，以昭信守，欽此，欽遵知照到臣，欽此。伏查軍機事務實係重大，今內外奏摺移咨欽奉諭旨，均令用印鈐蓋，仰見睿謨宏深，至為精當。但臣因思駐藏欽差諸臣統領弁兵，防守重地，凡所辦理事件俱係重大軍務，邊遠番情以及錢糧支存數目悉關緊要，且距內地遙遠，一切文移由口外塘遞傳送，則內而咨文，外而封筒，似不可無印信鈐蓋，臣愚以為似應一體鑄給印記，以昭信守，是否合宜，伏祈皇上聖鑒施行，謹奏。

雍正拾年閏伍月拾貳日

硃批：覽，辦理軍需大臣議奏。

〔218〕四川總督黃廷桂奏報達賴喇嘛泰寧住房滲漏牆垣倒塌請敕交鼐格等就近修葺摺（雍正十年閏五月二十五日）[2]-[22]-474

四川總督臣黃廷桂巡撫臣憲德謹奏，為請旨遵行事。

竊臣黃廷桂於上年據前任布政使高維新詳稱，惠遠廟內眾喇嘛住房拾貳間歪斜將倒，及廟外俗人羣房壹百餘間等情，隨經行委監修寧安營房之成都同知王廷珏就近立即鳩工修整，所需工料統於公用銀內動支報銷，當即繕摺奏聞。查此項修葺已於上年玖月內報竣，用過工料銀貳百肆拾餘兩，現在飭造確冊報部核銷。茲因達賴喇嘛住房滲漏，墻垣倒塌，經都統臣鼐格奏請修

葺，恭奉上諭著臣等速飭監造碑工之員查明趙殿最所餘物件即行修葺，如所餘物料不敷修葺之用，即於打箭爐稅銀內動用修葺，欽此。臣等查原委監造碑工之成都同知王廷珏已調回省料理堰務，隨即飭令布政使劉應鼎速委辦理泰寧城工之署南漢縣知縣于大柄、署合江縣知縣尹帝弼修葺去後。茲據該署令等詳稱，查詢從前廟工餘剩物料現存無幾，且非目前可用之物，據管事喇嘛噶隆將修補房宇用彝字繕列齎投職等，即令譯出，隨同泰寧協查看喇嘛住房滲漏，牆垣倒塌情形。查得達賴喇嘛住房與正殿房頂滲漏之處共寬長壹百叄拾陸丈伍尺，代護喇嘛住房上下兩層歪斜倒壞，應修者共壹百零壹間，城外俗人住房坍塌陸拾貳間，尚有喇嘛住房門壁壓壞大廟週圍牆壁，剝落各門磚臺損壞應修之處不一而足。惟是達賴喇嘛坐住房屋與行走念經處所職等合先僱覓夫匠上緊修葺，俟工竣核算報銷，其眾喇嘛俗人房垣滲漏倒塌以及大廟牆壁損壞等項工程浩大，需用錢糧不少，詳請另行確估興修等情前來。除飭令布政司一面飛檄該署令等動支爐稅先將達賴喇嘛住房經堂上緊修理完固，一面議委崇慶州知州回廷錫星速前任，會同營員逐一確估興修外。該臣等伏查惠遠廟內外經堂住房乃遠近番彝觀瞻所係，自應修理整肅，但現據該署令等詳稱，從前餘剩物料現存無幾，應修之處不一而足，工程浩大，需用錢糧不少等語。臣等竊思修葺廟工動關帑項，而泰寧地方沙多土鬆，風雨無時，必須料理得宜，臣等遠在成都，雖經遵旨遴員監修，又將應用蠻夫行令泰寧協并打箭爐同知照數派調。但相度土宜，指示工匠如法興修之處實未能親身經理，誠恐稍不合法，工程難免草率，查都統臣鼐格、郎中臣祁山奉命駐扎泰寧，可否即將現在廟工應作何興修方可經久，請旨飭交鼐格祁山就近斟酌，隨時指示，臣等仍不時專差稽察，務令料實工堅，庶錢糧下致虛糜，廟工得以永固，以仰副皇上愛養達賴喇嘛至意，是否有當伏候皇上聖訓，欽遵施行，謹奏。

雍正拾年閏伍月貳拾伍日

硃批：此事交與鼐格、祁山督理是。

〔219〕辦理彝番事務鼐滿岱奏請每年秋日帶兵前赴松潘口外番部宣布聖德摺（雍正十年六月初二日）[2]-[22]-504

臣鼐滿岱邱名揚謹奏，為敬陳管見仰祈睿鑒事。

竊臣等仰蒙皇上天恩，駐剳松潘辦理彝番事務，鎮守邊疆，凡松邊口外一切番部彝情敢不彈心竭力，調劑撫綏，以仰副我皇上委任之恩於萬一。臣

等查得松邊漳臘黃勝關口外番蠻從前為青海蒙古所屬，年納添巴，承充差役，自雍正元年我皇上德威遠屆，蕩平青海，番蠻獲出湯火，附為盛世邊民，雖數載以來，固已遵奉調遣，而番性愚蠢，究未深知法紀，悉化其舊習之頑。如十二部落中之鐵布一帶，界連甘省河洮，又郭羅克等處接壤蒙古草地，住牧遼闊，四處零星，雖每年酌撥弁兵遊巡，而耳目難週，奸番夾壩猶得易萌惡念，妄作非為，每遇有劫竊發覺，捕獲殊難，惟有差員出口，責令頭目追贓完結，日久相沿，漫無警戒，若不宣揚皇上聖德神威，示以勸懲之法，俾其知所懷畏，則無以化其澆惡，漸致醇良。臣等仰體我皇上胞與為懷至意，請援照辦理青海之例，每年於秋高馬肥之候，臣等會同量帶兵役出口，至番部適中地方，調集各部落頭目，宣布聖主四海同仁之德，講明法律，推誠開導，曉以禍福厲害，使各通曉，咸知遵守。如頭目中管束屬番果能嚴謹，無有夾壩為非，地方安靜者，分別獎賞，以示鼓勵，如各番部中有賊盜滋害事件，即於斯時公同查處斷理，務使強惡知法，愚懦霑恩，以徼效尤。如此則勸懲立而賞法明，番眾共知觀感，可冀其相率而為善矣。臣等以邊務起見用敢冒昧陳奏，是否可行恭請訓旨遵行，為此具摺崗差家人良德朱文齎進，伏祈皇上睿鑒，謹奏。

　　雍正拾年陸月初貳日

〔220〕四川松潘總兵邱名揚奏覆遵旨勤加訓練兵丁並繳硃批摺（雍正十年六月初二日）[2]-[22]-505

　　署理四川松潘總兵官印務雲南普洱總兵官臣邱名揚謹奏，為恭繳硃批事。

　　竊臣於雍正拾年正月拾貳日崗差千總趙弘祖進摺，恭請聖訓，於本年叁月貳拾日齎捧皇上硃批奏摺回到松潘地方，臣出郊跪迎入署，恭設香案望闕叩頭謝恩，跪讀硃批，實力勤加訓練，凡百存公存忠之心，何任不能稱職，何事不能就緒也，欽此。伏念臣一介寒微，才識淺陋，盥讀天語，動魄驚心，敢不失竭赤誠，黽勉以副聖訓，惟有時刻惕勵，仰體天恩，率將弁以訓練兵丁，不敢少懈，秉公忠而辦理機務，不敢自欺，保固邊圉，無忝職守，以仰報我皇上天恩於萬一已耳。所有欽奉硃批，茲因臣會同吏部郎中臣鼎滿岱差齎奏摺之便，理合恭繳，伏祈皇上睿鑒，謹奏，右具奏。

　　雍正拾年陸月初貳日

　　硃批：覽。

〔221〕西藏辦事大臣鼐格等奏設巡檢以管理新地方摺（雍正十年七月十三日）[1]-4114

奴才鼐格、琦善謹奏，為恭陳管見，以請睿鑒事。

欽惟數年以來聖主為天下人生，勞聖心勤政，又屢行頒旨指教地方大臣官員等，鼓勵善者，引劣為好，俾兵民各循其道，遍獲其益，無不周到，故今眾生靈各得其所，安居樂業。又居邊外番人皆向聖化願為內民，虔誠進貢，憐憫其人不諳禮儀法度，於嘎達〔註387〕地方初建寺廟〔註388〕，令達賴喇嘛住此，引導伊等誦經向善戒惡，改嘎達賞泰寧美名，設副將一員。自設泰寧營以來眾小商至，而本地方番人早已在此，除本營兵外又駐守泰寧之兵一千名，兵民番人雜居，互相爭鬧偷竊等案不時生發，兵番人皆有該管官人，而無管民之官，故案發後不計大小將雙方人、干證、敵手一併解送打箭爐同知完結，泰寧打箭爐相距有四日路程，對此無理惡人應費盤纏勞身，但或無辜善良之人被牽連，往返行走無辜枉費盤纏勞身。以奴才愚意，嗣後若出強盜人命等大案，除照常解送打箭爐同知完結外，專辦互相爭鬧偷竊等小案時雖不至於設州縣，但設巡檢等小吏一員專管，則於新建地方大有裨益，冒昧瀆奏奴才管見，可否施行之處，伏乞明鑒，為此謹奏。

雍正十年七月十三日

硃批：是，將另有旨。

〔222〕陝西西寧總兵周起鳳奏報自楚赴川統兵進藏日期並請聖訓情由摺（雍正十年七月十六日）[2]-[22]-719

陝西西寧鎮總兵官臣周起鳳謹奏，為奏報微臣自楚赴川統兵進藏日期恭懇聖慈垂訓事。

竊臣邊鄙武夫，至愚極陋，蒙我皇上隆恩，由行伍洊擢寶慶副將，於雍正柒年拾貳月貳拾陸日蒙賞賜臣宸翰福字，今於雍正拾年肆月貳拾伍日承准部劄，欽奉恩旨補授西寧總兵官，即從湖廣前赴成都統兵駐藏，湖廣起身時著賞銀伍百兩為製備衣裳之資，欽此欽遵。於前伍月初捌日自寶慶起程，於本月拾陸日抵常德，接受部頒劄付，隨將起程及受劄日期咨呈督臣滿柱，懇請代題恭謝天恩。茲於陸月拾貳日到成都，復承准四川督臣黃廷桂將派備官

〔註387〕常寫作噶達、革達，即泰寧寺（惠遠廟）所在地之藏名，今四川省道孚縣協德鄉。

〔註388〕指惠遠廟。

兵壹千壹拾柒員名并一切騎馱馬匹軍裝器械等項飭令造冊移交到臣，臣逐一點驗齊全，正在酌定起身日期間，適欽差副都統臣李柱亦於柒月初肆日到川，臣隨與欽差暨四川督臣會商得，進藏官兵壹千餘員名若全數一齊進發誠恐沿途駐歇處所必至擁擠，即經過村店地方購買食物亦必價值昂貴，且恐此時禾苗穎秀之候，大兵雜沓亦有未便，是以酌派官兵於初玖日起程，陸續帶領前進。臣於拾陸日起程，至欽差甫經到川，一切收拾行裝尚須數日，約於貳拾陸日繼進，臣已飭令各該將等沿途約束弁兵，不得絲毫騷擾，似此分派管領從容起行，庶於兵馬地方爾有便益。惟是臣駑鈍庸材，知識短淺，仰沐逾分之榮寵，畀以邊疆之重寄，敢不失勤失慎，和衷協力以期稍酬高厚。但軍務彝情一切撫馭料理實關重大，夙夜兢惕，實深惶懼，仰懇聖慈憫臣愚昧，俯賜訓諭，俾臣諸事有所遵循，則犬馬報効之微忱庶可仰答高深於萬一矣。所有微臣赴川統兵進藏日期并恭請聖訓情由理合恭摺專差家人高士義齎捧奏聞，伏祈皇上睿鑒，謹奏。

雍正拾年柒月拾陸日

硃批：因馬臘來京奏及汝前在藏聲名甚好，與達賴喇嘛相合，地方相安，所以用你的，莫移初志，著實勉為之。

〔223〕西藏辦事大臣鼐格等奏請頒發印信摺（雍正十年七月二十三日）[1]-4115

奴才鼐格、琦善謹奏，為恭請印信事。

雍正十年五月十四日接准理藩院咨稱，雍正十年四月二十三日諭軍機大臣等曰，辦理軍機事務往返行文所關甚巨，今將頒給辦理軍務印信，凡送各處事件皆用印加封，至於從各地所奏關係軍機之摺子、行軍機大臣等處之事件，亦用印為憑，欽此欽遵，等因到奴才。查從奴才等處所奏關係軍機事務摺子，所行關係軍機之事皆有，又陳兵之處印信尤為要緊，伏乞聖主頒給奴才等以印信為憑，為此謹奏請旨。

雍正十年七月二十三日

硃批：知道了。

〔224〕西藏辦事大臣鼐格等奏轉達賴喇嘛叩謝賞銀等事摺（雍正十年七月十三日）[1]-4116

奴才鼐格、琦善謹奏，為轉奏叩謝天恩事。

雍正十年四月二十二日接准理藩院咨稱，雍正十年三月十六日奉旨，據馬喇疏言達賴喇嘛之父索諾木達爾扎欲以其小女嫁於德爾格忒土官之子，但未奏請朕未敢擅定，請旨等情，索諾木達爾扎乃朕命封之公，為達賴喇嘛之父，德爾格忒亦內地所屬，効力頗多，伊等欲相結親甚善，索諾木達爾扎若願以其女嫁於德爾格忒則准其所請，既嫁伊女則從黃廷桂處送銀五百兩，交付鼐格等傳諭索諾木達爾扎賞賜之，欽此，欽遵咨行等語。奴才等即令公索諾木達爾扎東向跪，傳宣諭旨，賞給恩賞銀五百兩畢，索諾木達爾扎謝天恩，行三跪九叩頭禮。因此達賴喇嘛離座合掌告奴才等曰，仰蒙文殊師利大聖主憐憫小僧，不斷加恩，不計其數，今又為小僧之父索諾木達爾扎嫁小女於德爾格忒，皆蒙明鑒，仰承似此高厚之恩實屬格外憐愛我父子，小僧惟為報神聖大皇帝無窮之恩，除為皇上寶座堅固萬萬斯年孜孜經訓，向三寶祈禱外別無報稱，亦莫可言喻等語。

公索諾木達爾扎跪奏曰，仰蒙大皇帝加倍憐愛達賴喇嘛、西土伯特之重恩無窮，小奴才仰承文殊師利大皇帝重恩不斷，今將如螻蟻小奴才嫁小女之事復蒙金明睿鑒，格外疼恤，傳諭聖旨准與德爾格忒結親，賞銀五百兩，小奴才謹跪叩受。仰承天地寬大之恩，賤如螻蟻之奴才終生不能報答，小奴才惟銘記大皇帝溫旨勤於達賴喇嘛之事，除敬祝長壽文殊師利大皇帝寶座堅固萬萬斯年外，不勝喜悅，莫可言喻等語，為此謹奏以聞。

雍正十年七月十三日

硃批：知道了。

〔225〕西藏辦事大臣通格等奏報將賞物轉賞達賴喇嘛摺（雍正十年七月十三日）[1]-4117

奴才鼐格、琦善謹奏，為奏聞事。

切照去歲達賴喇嘛遣使臣堪布羅布藏袞楚克等請皇上安，今歲七月初五日捧賷聖主諭達賴喇嘛敕書賞物到泰寧，奴才即率在泰寧官員、公索諾木達爾扎及眾喇嘛等出郊跪迎敕書，請入涼棚供於案上，行三跪九叩頭禮訖。使臣堪布羅布藏袞楚克捧皇上所頒敕書及賞物入寺，達賴喇嘛自床下，東向而立恭請聖主萬安畢，敬受敕書，看視所賞諸物畢，合掌告奴才等，仰蒙文殊師利大聖主憐恤小僧加恩不斷，不計其數，此次小僧遣使臣請皇上萬安時復加無比之恩，竟賞賜未曾見聞之珍奇之物，見其中有伊朗固雅班第達帽前所繡宗喀巴奇身，小僧尤為感激，不勝喜悅，仰承似此重恩，小僧惟祈禱三寶，

除為大皇帝寶座萬萬斯年，諸事成功而勤誦經典，欽遵於眾生靈有益之訓旨外莫可言喻等語，為此謹奏以聞。

雍正十年七月十三日

硃批：知道了。

〔226〕西藏辦事大臣鼐格等奏報賞賜德爾格忒人情形摺（雍正十年七月十三日）[1]-4118

奴才鼐格、琦善謹奏，為奏聞欽遵上諭，加皇恩於德爾格忒人等事。

雍正十年四月二十二日接准理藩院咨稱，雍正十年三月十六日奉旨，問自藏前來尚書馬喇沿途所居番子等資生情景。據伊疏言，仰賴皇恩各自安居樂業，其中德爾咯忒部落番子向恭順守素，自隸內地以來竭力勉為，不誤諸貢。據鼐格等言，伊等亦甚忠於達賴喇嘛等情等語。德爾格忒人等前亦效力於藏軍〔註389〕，而今又勤於官事，殊屬可嘉，對似此者理應特加恩以示鼓勵，加恩於德爾格忒之為首土官，增給宣慰司品級，賞緞十匹銀三千兩，其屬下辦事頭目效力入等亦酌情獎賞，將所賞銀兩從黃廷桂處送交鼐格等監賞之，欽此，欽遵咨行等語。奴才等即遣泰寧把總張振往取德爾格忒土官達木巴策零〔註390〕時，據達木巴策零之子索諾木貢布來報稱，伊父達木巴策零言，我為一介微末如螻蟻，自屬隸內地以來仰仗聖主威福安居樂業，欽承此重恩寸効未報，將我所行小事又蒙金明睿鑒，又陞級賞為宣慰司，以及我屬下辦事頭目効力行間者皆加大恩賞，今我德爾格忒人於我番人中最為體面之人，因此我應親自前往頂戴領賞，今我六十一歲，眼前不幸舊病復發不能行，故遣我子索諾木貢布代我領皇帝恩賞，將我屬下辦事頭目効力行間者開列其職名數目，一併送往，遣我子索諾木貢布去時我率闔家並屬下人等望闕謝恩畢，遣索諾木貢布往泰寧等語。所遣把總亦言達木巴策零病者屬實等情，看索諾木貢布所攜文書有率兵効力為首者四名、小頭目四十名、表揚効力兵一百五十六名，是以奴才等令索諾木貢布及其隨行人等東向跪，傳宣諭旨謝恩畢，賞給緞十匹銀三千兩，為此謹奏以聞。

雍正十年七月十三日

硃批：知道了。

〔註389〕原文如此，軍疑為事之誤。
〔註390〕原文作土關達木巴策零，今改為土官達木巴策零。《四川通志》（嘉慶）作德爾格忒宣慰司宣慰使丹巴策凌。

〔227〕四川總督黃廷桂奏報派委查勘玉樹等部落界址之雅州知府張植等已抵南成巴喀摺（雍正十年七月二十八日）[2]-[23]-29

四川總督黃廷桂巡撫臣憲德謹奏，為奏聞事。

竊臣等前接准大學士臣鄂爾泰等清字咨文，內開玉樹、納克樹、南成巴喀〔註391〕等處番人一案，令臣等并西藏欽差諸臣各揀能員照自西寧差去官員之定期前往，公同查明番人部落地方邊界，分別管轄。嗣於閏伍月初捌日准達鼐咨開，所委官員定於本年陸月貳拾壹日必到南成巴喀地方，以便會同定議等因到臣等。伏查自川省至南成巴喀計程約需陸拾餘日，若由省委員前往勢必遲悞，查叉木多管理糧務之雅州府張植並自藏撤回之遊擊李文秀貳員熟悉情形，均堪派委，且彼處去南成巴喀相近，臣等隨崇差檄令張植李文秀等照期前往會同詳慎查勘去後。茲據雅州府知府張植、黔彭營遊擊李文秀報稱，職等接奉檄委，隨會同起程，於陸月拾玖日已抵南成巴喀地方，俟西寧西藏各委員到日會同勘明另議等情到臣等，理合恭摺奏聞，伏乞睿鑒，謹奏。

雍正拾年柒月貳拾捌日

硃批：覽。

〔228〕四川總督黃廷桂奏報阿望渣世等二十名男婦自藏押抵省城日期摺（雍正十年七月二十八日）[2]-[23]-30

四川總督臣黃廷桂巡撫臣憲德謹奏，為奏聞事。

竊臣等前准領侍衛內大臣英誠公豐盛額〔註392〕等清字咨文，內開將阿望渣世等交與自藏換班官兵帶回打箭爐，由四川差員從松潘解交查漢拉布坦〔註393〕拘管，將阿望渣世送至西寧，令達鼐等審明定擬一案。今阿望渣世等犯男婦貳拾名口經欽差駐藏臣僧格等交回川弁兵押解，已於本年柒月拾柒日全行抵省，臣等驗明，隨委員解赴松潘并咨明欽差郎中臣鼐滿岱，署鎮臣邱名揚遵照選派妥當弁兵轉解前往，飭令小心防範，勿致疎忽外，所有阿望渣

〔註391〕清代舊籍常作巴彥囊謙、南稱巴彥，羅卜藏丹津亂，清廷招撫原屬西藏青海間藏人部落七十九處，其中四十族劃隸青海辦事大臣管轄，其中囊謙設千戶，勢最大，其餘諸部落均為百戶百長，囊謙為名義上諸部落之首，故以巴彥囊謙代指此四十部落，囊謙千戶轄地即今青海省囊謙縣一帶地區。

〔註392〕《欽定八旗通志》卷三百一十八作領侍衛內大臣公豐盛額。英誠為公爵名號。

〔註393〕《蒙古世系》表三十九作察罕喇布坦，顧實汗圖魯拜琥第五子伊勒都齊裔，父喇察布。

世等把抵省日期謹恭摺奏聞，伏乞睿鑒，謹奏。

雍正拾年柒月貳拾捌日

硃批：覽。

〔229〕英誠公豐昇額等奏議五世班禪遣使請安照例撥給騾匹摺（雍正十年八月二十七日）[5]-26

領侍衛內大臣英誠公臣豐昇額〔註394〕等謹奏，為遵旨議奏事。

雍正十年八月二十二日由理藩院將散秩大臣達鼐等所奏，班禪額爾德尼所派請安使，安頓於東科爾l〔註395〕地方，俟由部定議覆文，遵照施行等因之呈文恭呈御覽，奉旨，著軍機大臣等議奏，欽此欽遵。臣等〔註396〕議得，據達鼐、眾佛保呈稱，本年八月初八日班禪額爾德尼為進獻物品恭請聖安，派堪布果尼爾車木倫羅布藏達希〔註397〕前來，遂問之曰，爾何時由扎什倫布起程而來，有何見聞。據答稱，班禪額爾德尼為請聖安派遣我等後，我等於本年五月初九日由扎什倫布起程前來。昭、扎什倫布地方均皆平安無事等語。故照彼等所告之言，咨會地方官員，安置於東科爾地方，俟由部定議咨文，遵照辦理等因。查得班禪額爾德尼係年班請安，先前彼處遣使前來均交達鼐等僱騾，派員沿途護送至京城在案，是以咨文達鼐等仍前僱騾給來使等，護送至京城，為此謹奏請旨。

雍正十年八月二十七日奏入，奉旨，著依議，欽此。

〔230〕西藏辦事大臣青保等奏請萬安摺（雍正十年九月十八日）[1]-4142

奴才青保、僧格、苗壽、邁祿伏跪恭請聖主萬安。

雍正十年九月十八日

硃批：朕躬安，爾等都好麼。

〔註394〕原文作領侍衛內大臣英誠、公豐昇額，翻譯誤作兩人，實一人，英誠為公爵名號，非人名，今改正為領侍衛內大臣英誠公豐昇額。《欽定八旗通志》卷三百一十八作領侍衛內大臣公豐盛額。

〔註395〕即東科爾寺，原位於湟源縣城東，今位於青海省湟源縣日月鄉寺灘村，清代為祭青海湖後西寧辦事大臣與蒙藏二族王公千百戶會盟之所。

〔註396〕原文作臣得，今改為臣等。

〔註397〕原文作堪布果尼爾車木倫、羅布藏達希，今改為堪布果尼爾車木倫羅布藏達希。果尼爾即卓尼爾之異譯。

〔231〕青保等奏頗羅鼐受賜印信謝恩摺（雍正十年十月初二日）
　　[3]-701

　　奴才青保等謹奏，為恭摺代奏叩謝天恩事。

　　貝勒頗羅鼐之使囊素瑪尼剛巴恭齎御賜印信，於雍正十年九月初九日抵招，是日頗羅鼐率其諸子、各寺喇嘛、噶倫、第巴、東科爾、喀齊、巴勒布等跪迎於十里外，俟至其家，頗羅鼐恭設香案，由瑪尼剛巴轉宣諭旨後，頗羅鼐率其諸子、家眷，望闕謝恩，行三跪九叩禮。告稱我一個末僕，無所報効，荷蒙大聖皇帝恩倫迭沛，實難承受，頗羅鼐我萬世萬代亦難還報大聖皇帝鴻慈，唯有每日在三寶佛前虔誠祈禱大聖皇帝萬萬壽，凡事盡心竭力，敬備叩謝天恩奏書，請大臣等代為轉奏等因，具呈前來。奴才等謹簡譯頗羅鼐之蒙文奏書，另行繕摺，將原頗羅鼐蒙文奏書，一併恭呈御覽。

　　雍正十年十月初二日（一史館藏軍機處滿文錄副奏摺）

〔232〕欽差吏部郎中鼐滿岱奏覆前往口外泥馬隆地方調集各部落頭目宣諭化導摺（雍正十年十一月初六日）[2]-[23]-443

　　臣鼐滿岱邱名揚謹奏，為遵旨議奏事。

　　雍正拾年捌月初柒日奉戶部劄開，大學士伯鄂爾泰等奏稱，臣等議得松潘口外各番部素屬愚頑，自雍正元年以來次第招撫，而野性未馴，間有竊劫之事，若每年會集番目宣諭化導，使知改行從善，似屬有益。今據鼐滿岱等奏稱，請照辦理青海之例，於秋高馬肥之候，至番部適中之地調集各頭目宣布聖主四海同仁之德等語，應如所請，照辦理青海之例，令鼐滿岱邱名揚每年於捌玖月間量帶兵役出口，至番部適中之地調集各頭目等，宣揚聖主德威，講明法律，使知遵守，分別賞罰以示勸懲，其獎賞番目所需各項應令川督黃廷桂於公項銀內酌撥鼐滿岱等料理。至番部中有盜賊為非事件，鼐滿岱等固應於會集時公同理斷，酌量完結，但亦不可過於嚴急，轉致番人疑懼。其隨帶出口兵役或恐騷擾番眾，更應嚴禁密防，務令各番人等誠心悅服，共知法紀，漸次化導可也等因，雍正拾年柒月初玖日奉旨依議，欽此等因劄行到臣等。臣等欽遵俞旨，仰體皇上四海同仁至意，即酌量動支賞需銀兩採買緞布茶酒，製造銀牌等物，一面行調各土目人等去後，臣等僱備馱載，量帶兵役於玖月拾捌日自松潘起程出口，貳拾肆日至獨路㕮庫地方，各番人喇嘛咸知聖主天恩，爭先趨赴，夾道歡迎，呈送馬匹與臣等，臣等當即面諭聖主俯念爾等生長塞地，盡屬愚岷，特命我等前來教導，加恩賞賚，何得饋送禮物，遂逐一發還。又翻譯番文，遍行曉諭，

而番人無不踴躍歡忻，相隨前往。臣等貳拾捌日至下作革之泥馬窿適中之地駐劄，各部落土目牌番人等咸集，惟上郭羅克土目拆旺他，中郭羅克土目丹增素行不法，懷疑未到，只令所屬牌番一二人前來。臣等會集各番宣揚皇上德威，講明法律，諄切開導番人云，爾等舊為青海所轄，承當差使，歲納添巴，百般苦累，休息無時，逆賊羅卜藏丹津等身受國恩，上不知報効朝廷，下不知愛恤爾等，殘害鄰封，天怒人怨，肆行悖逆，罪惡滿盈，是以聖主命將興師，掃除惡逆，爾等得離湯火，歸附內地皆成盛世良民，安居樂業，永享太平，我皇上視爾等與內地臣民並青海蒙古原無分別，如去年鐵布崇作等處被災，即發帑金賑濟，不致流離失所。但爾等身受聖主天恩，內有不知遵奉法紀者或糾眾搶刮財帛，謀害種種非為，不獨上干天怒，即法律亦當論死，從前有犯即欲加罪，聖主念爾等素性愚頑，未曾化導，今特命我等逐加開導，從此務須改心換腸，遵守法度，再不為非作歹，自然上天垂鑒，聖主加恩，獲福無窮等語。各番人傾心拱聽，感戴天恩，同聲念佛，望天叩頭，臣等即遍加賞賚，以廣聖恩，敬將法律中之強盜竊盜人命佔奪等條譯成番文，明白宣講，各給壹紙，永示遵守。復查得土目中約束部番，安靜素無賊盜，遵奉法度之中阿壩土千戶墨丹住班佑、土千戶灣布桑頓竝副土目牌番等陸拾捌名，分別加賞大緞布疋銀牌以示鼓勵。續據番人呈告，縱放夾壩佔奪人戶不遵法紀之下作革土目阿美，鐵布、下撒路土目迫帶貳名，嚴拿追審，查明贓數追給原主，但化導伊始，仰遵廷議，不可過於嚴急，隨從寬釋放，又加訓飭以示懲創，至爭訟細務，俱經分別理斷完結，於拾月貳拾貳日事畢給與筵宴壹次，各番人望闕叩頭謝恩，拾叁日即各令回巢訖。臣等於貳拾肆日自泥馬窿起程往回，嚴束兵役加意密防，沿途竝無騷擾，於拾壹月初壹日回署。再臣等化導之處有鵲個頭目蒙亞，小阿樹頭目姜錯率領番人聞風而至，咸稱仰戴聖主天恩，情願歸誠內地。臣等隨詢據漳臘營遊擊臧紹文回稱，鵲個等寨前因逆賊羅卜藏丹津悖叛之時逃竄四處，未經招撫，今相聚住牧，自應一體歸隸內地等語，臣等遂逐加教導，一竝賞賚，令回住牧，即令漳臘營遊擊臧紹文查明戶口數目，造冊詳報，俟詳報到日臣等核明咨送督臣黃廷桂，恭疏會題，其臣等用過賞需銀兩數目另造冊咨送督臣報銷，合竝聲明，所有臣等遵旨化導番蠻緣由，理合奏聞，為此繕摺專差家人甲俊劉玉齎進，伏乞皇上睿鑒施行，謹奏。

　　雍正拾年拾壹月初陸日

　　硃批：覽。

〔233〕西藏辦事大臣青保等奏請萬安摺（雍正十年十二月初七日）[1]-4191

奴才青保、僧格、苗壽、邁祿、周啟風〔註398〕伏跪恭請聖主萬安。

雍正十年十二月初七日

硃批：朕躬頗安，新年共禧，爾等好麼。

〔234〕西藏辦事大臣青保奏謝頒賞欽差大臣關防摺（雍正十年十二月初七日）[1]-4192

奴才青保等謹奏，為奏聞叩謝天恩事。

雍正十年十一月二十五日四川總督黃廷桂遣守備周達〔註399〕齎送皇上賞賜欽差大臣關防，奴才等率官兵出郊跪迎至公署，恭設香案，望闕叩謝天恩，即行啟用，將接受啟用日期除先行具奏外，為此謹奏聞。

雍正十年十二月初七日

都統臣青保。

都統臣僧格。

卿臣苗壽。

前鋒統領臣邁祿。

硃批：知道了。

〔235〕西藏辦事大臣僧格奏謝授任鑲紅蒙古旗都統摺（雍正十年十二月初七日）[1]-4193

奴才僧格謹奏，為叩謝天恩事。

雍正十年十一月三十日接准兵部咨稱，雍正十年九月二十三日奉旨，著授駐藏辦事大臣侍郎僧格為鑲紅蒙古旗都統，以侍郎納延泰〔註400〕署理印務，欽此欽遵等因前來。奴才即恭設香案望闕叩謝天恩訖，伏思僧格一介微賤，屢蒙聖主重恩用於侍郎任，奴才正晝夜惶悚不能報答皇上豢養重恩於萬一之時，今復蒙加無疆之恩授奴才為鑲紅蒙古旗都統，奴才屢蒙皇上天地高厚之恩甚重，無論作何効力亦難報答，惟竭誠効力外莫可言喻，為此叩謝天恩，謹奏以聞。

〔註398〕《甘肅通志》卷二十九頁十九作鎮守西寧臨鞏總兵官周起鳳。
〔註399〕《清代職官年表》滿缺侍郎年表作理藩院左侍郎納延泰。
〔註400〕《清代職官年表》滿缺侍郎年表作理藩院左侍郎納延泰。

雍正十年十二月初七日

硃批：知道了。

〔236〕總理青海番彝事務馬爾泰奏請酌量加增胡畢爾漢徒眾回藏所需馬牛折價摺（雍正十年十二月十六日）[2]-[23]-636

臣馬爾泰〔註401〕臣達鼐謹奏，為欽奉上諭事。

雍正十年十一月二十七等日接准理藩院並署西安撫臣史貽直等咨稱，自藏進京之喇嘛噶爾馬巴〔註402〕、沙馬爾巴〔註403〕二胡畢爾漢行至西安相繼圓寂，奉有諭旨胡畢爾漢等之事交與史貽直著實體面料理，並令臣等在於西寧庫貯銀內各賞銀三百兩交伊徒弟以為備辦諷經之用，其騎馱牲畜路費等項豐裕辦給，令回西藏，欽此，欽遵等因各咨行到臣等。隨檢查原案，前二胡畢爾漢抵寧之時呈稱，伊等自藏起程時每人給騎馬一匹共馬一百二匹，每人給馱牛二隻共牛二百四隻，俱係折給銀兩自行買備，每匹馬一匹折銀八兩每牛一隻折銀一兩五錢，在本處陸續實共買得馬六十匹牛一百隻，其不敷牲畜俱係自備前來等語。今蒙聖恩重加賞恤，其徒眾回藏騎馱牲畜口糧令臣等豐裕辦給，臣等將牲畜應照何例折價，可否少為加增之處咨商撫臣許容。續准咨覆，例來供應每馬一匹俱止准銷八兩，此外別無成案，若於定例折價之外量為加增，須斟酌議奏等因前來。伏查此項胡畢爾漢徒眾回藏若仍照八兩之例折給馬價，實有不敷，臣等再四籌畫，除口糧照例支給外，似應將其騎馬每匹折給銀十兩，馱牛每隻折給銀二兩，較來時之例量為加增，仍令自備，伊等係屬番僧，得此價值即可於口外購買敷用，自必感激皇恩，歡欣無既矣，因無成例可援，臣等未敢擅便遽行折給，謹將情節繕摺奏聞，仰祈皇上睿鑒批示遵行，謹奏。

雍正拾年拾貳月拾陸日

〔註401〕《清代職官年表》部院侍郎年表作工部左侍郎馬爾泰。

〔註402〕噶爾馬巴清代檔案文獻常寫作噶爾瑪巴，指噶瑪噶舉派黑帽系活佛，因此活佛法冠為元帝賜予的鑲黑邊法帽而得名，此處喇嘛噶爾馬巴指黑帽系第十二世活佛，《番僧源流考西藏宗教源流》頁八十七載，黑教楚普噶瑪巴呼畢勒罕，第十二輩降曲奪吉，年三十七歲圓寂。據《東噶藏學大辭典歷史人物類》頁二十三載，此活佛生卒年為康熙四十二年至雍正十年，壽三十一。

〔註403〕沙馬爾巴指噶瑪噶舉派紅帽系活佛，因此活佛法冠為元帝賜予的鑲紅邊法帽而得名，此處沙馬爾巴指紅帽系第八世活佛。

〔237〕總理青海番彝事務馬爾泰奏報料理圖爾古特來使自寧起程赴京緣由摺（雍正十年十二月十六日）[2]-[23]-637

臣馬爾泰臣達鼐謹奏，為奏聞事。

臣等前准駐藏大臣等咨會，圖爾古特來使自藏起程赴京等因，隨經咨移轉飭地方各官備辦應需騎馱口食等項，茲於十一月二十八日理藩院員外郎普福照管各來使抵寧，伊等係屬遠彝封疆，體統攸關，隨知會署西寧鎮臣范時捷整肅軍容，臣等豐備席筵，親為欵待，使知天朝加惠遠人至意。查伊等自寧赴京沿途應需騎馱牲畜食用口糧等項臣等查看原案，先經理藩院咨，伊等抵寧回京時仍照原去之例供給騾頭，續接辦理軍務大臣處寄字，行令應付驛站口糧。臣等伏思伊等所需騎馱牲畜眾多，若以驛馬應付勢必數驛連站協濟，竊恐沿途參查不齊，是以咨商撫臣許容，照依部咨酌定交地方官遵照原去之例僱備騾頭，俟伊等徃各處寺廟瞻拜事畢，於二十以後令其自寧起程赴京。臣等又復移行陝甘撫臣遞移前途省會重地提鎮駐劄處所，照例撥兵護送，並檄行沿路營堡塘汛各宜整飭以肅觀瞻，所有臣等料理圖爾古特來使起程之處，相應奏聞，仰祈皇上睿鑒，謹奏。

雍正拾年拾貳月拾陸日

〔238〕駐藏大臣青保奏聞準噶爾活動情形摺（雍正十年十二月十七日）[8]-史料四

奴才青保等謹密奏，為奏聞事。

雍正十年十二月十四日貝勒頗羅鼐向奴才我告稱，將拉達克德仲那木扎勒寄給我的探察收取情報的書信，懇請大臣看著轉奏給上大主子等語。奴才我等大致翻譯其唐古特書信看得，拉達克得仲那木扎勒之文，呈送貝勒。為使聽聞收取到的情報事，葉爾羌領頭商人格勒庫魯奈、圖爾班魯奈倆回人及四個帳篷的人以及與納辛巴巴同去的人，皆於今年十月十二日來至我拉達克，從他們探問準噶爾情報時告稱，納辛巴巴八月從拉達克出發，於十一月初七日到達準噶爾，令納辛巴巴穿喀什米爾服裝，讓跟役等穿拉達克服裝，將納辛巴巴化作巴扎汗的使者，把跟役裝成拉達克汗的使者，於眾人面前會見了噶爾丹策零等語。此次來的商人，是我為收取準噶爾情報而派的人，自去年十二月至今年七月十五日為止，一直駐在了準噶爾地方，十六日出發返回來了，據準噶爾人議論，準噶爾與內兵交戰，大破內兵，虜獲眾多人員馬匹騾子銀兩等，又攻打了

喀爾喀。鼠年〔註404〕五月準噶爾以默爾根台吉哈丹土克、多爾濟丹巴、查干三人為首，率七萬軍隊前去與內兵交戰，不知其勝敗。再，哈薩克擄去了駐劄在準噶爾邊境的一千戶人眾，準噶爾派五百人追趕，只回來七人，其他人沒有返回，或被哈薩克所殺，或已歸順不知也。再，俄羅斯使者六十人來至準噶爾，甚是強悍，使者言稱，將從我俄羅斯擄掠來的財物人員返還即完事，若不給即進攻等語。再，自喀爾喀叛逃的人前來投附，叫烏巴錫的人領兵前去迎接。再，大主子將三名準噶爾厄魯特人作為使者派至準噶爾，為送還拉藏汗子蘇爾雜從西藏領過去的人眾，噶爾丹策零納貢歸順，及若想交戰不要偷偷來戰，約定期日以戰等事遣來。對此準噶爾人暗中仇視傲慢言稱，若行的話就進攻，不行的話就議和，再順利的話我就征服阿里魯都克〔註405〕等語，不知是真是假。再，準噶爾擔心吐魯番部眾反叛，故將其大部移走，剩下的已歸順內兵。現在準噶爾地方召集喇嘛，正供佛並大加念誦《甘珠爾經》。再，噶爾丹策零甚是慈愛蘇爾雜，而不仁慈羅卜藏丹津，羅卜藏丹津與蘇爾雜的跟役一個等級。另外，準噶爾將葉爾羌方面的漢人攜至其本土，以建造城池而駐等語。為此將收取到的情報具文呈送，訓敕永遠，仁慈不絕，明鑒明鑒等語。為此，奴才我等將拉達克諾顏德仲那木扎勒呈給貝勒頗羅鼐的唐古特文原書信，一併謹密奏聞。

〔239〕欽差散秩大臣達鼐奏請遴選玉樹番族頭目就近管理木魯烏素地方開挖沙金事宜摺（雍正十一年二月初八日）[2]-[30]-366

散秩大臣革職留任臣達鼐謹奏，為請旨事。

竊臣於雍正十年奉旨安插玉樹、納克書等族番族，臣欽遵安插外，查得木魯烏素住居之玉樹一族原有番目，從前逆賊吹拉克諾木氣〔註406〕因利其差徭，另設彝人在彼住牧，收其牲畜轉為交納。嗣有拉藏罕自青海入藏時路經

〔註404〕藏曆第十二饒迴水鼠年壬子，雍正十年。

〔註405〕原文作阿里，魯都克，今改為阿里魯都克。《大清一統志》（嘉慶）卷五百四十七載名魯多克城。《欽定理藩院則例》（道光）卷六十二作茹拖宗，宗址在西藏日土縣日松鄉。

〔註406〕此人原為青海蒙古雍正元年羅卜藏丹津叛亂之前右翼盟長，顧實汗圖魯拜琥第七子瑚嚕木什之孫，《蒙古世系》表三十七失載，《松巴佛教史》頁五五三表十載其父名旺欽，已名曲扎諾木真台吉。與《如意寶樹史》頁七九〇後表五校，已名曲扎諾木齊台吉，諾木真為諾木齊之誤。

木魯烏素，聞沿河有產沙金之處，遂萌覬覦，即在此處留人勘丈產金地址，收取金租，及羅卜藏丹津叛逆之後駐藏大臣差官兵招撫番民時將吹拉克諾木氣所設收牲畜彝人正法，其所遺家屬經康濟鼐給與郭必奈，即令郭必奈住居此地以照管為名開挖沙金，收其租利，每歲以開挖之人數定金租之多少，約署每年所收金租三十兩以至四五十兩不等，自去年安插之後郭必奈已經回藏不復照管。而木魯烏素一帶番族既經安插，則尺地莫非王土，雖金租每年所收無多亦，似不便聽其私開，況人情貪利蜂擁蟻聚易起爭端，臣再四籌畫如若遽行禁止，彼處距內地窵遠，難以不時稽查，且附近窮番多藉開挖以資生計，一旦斷絕亦有未便，若由內地委員專管經收，則徃返應付費用繁多，反為不稱，臣愚莫若就近於玉樹番族頭目內遴選公平番目二三人，令其管理，凡番民有情願開挖者飭令該頭目取具番領丈地分挖，每地若干丈歲定貢納稅金若干，每年於上納番貢時該目一併收納，仍按勘分地土丈尺及開取沙金人數花名，該目造冊呈報，臣會同西寧鎮查核收貯西寧道庫以充公用，仍不時嚴禁，不許聚眾滋事，庶該番等無私開爭競之弊，而遐域亦得寧謐矣，是否可行，臣不敢擅專，相應繕摺恭請聖裁，仰祈皇上睿鑒施行，謹奏。

雍正十一年二月初八日

〔240〕四川總督黃廷桂奏陳打箭爐以外土司番民歷年報効歷著勤勞請量為獎賞摺（雍正十一年二月初十日）[2]-[23]-779

四川總督臣黃廷桂謹奏，為備陳口外土司番民歷年効順，仰祈恩鑒事。

恭惟我皇上怙冒萬方，無分中外，各處土司土民但有遵奉法紀頗知効順者舉皆立沛恩施，遐邇番彝咸切頂感。臣叨蒙殊恩在川數載，凜遵聖主仁育義正之洪謨，不法者奏請擒勦，而醇良勤慎之土部臣知之既確何敢不據實上聞。伏查打箭爐以外如明正土司堅糸達結、土婦喇章自藏地軍興以來歷年調僱烏拉，運送糧石，供應差使，承辦炒麵從無抗違，亦無遲滯，且泰寧協營一切廟工城工所需土夫派之明正者居多，凡有徵調一呼立應，實為首先出力之土員。其次則裡塘宣撫司安本〔註407〕、副土官康卻〔註408〕。巴塘宣撫司札什朋楚〔註409〕，副土官阿旺林青〔註410〕，乍丫大呼圖兎羅藏朗金、二呼圖

〔註407〕《中國土司制度》頁三二四作裡塘宣撫司宣撫使安本。
〔註408〕《中國土司制度》頁三二五作裡塘副宣撫司副宣撫使康卻江錯。
〔註409〕《中國土司制度》頁三三〇作巴塘宣撫司宣撫使札什朋楚本。
〔註410〕《中國土司制度》頁三三二作巴塘副宣撫司副宣撫使阿旺林青。

兔羅臧丹巴。察木多大呼圖兔弋奚躭巴工波、二呼圖兔格里江村、昌諸巴阿旺姜錯。類五齊大呼圖兔額旺臨欽、二呼圖兔若仲札什奔、昌諸巴輕珠。洛隆宗營官雍中烏金。說板多營官結咱拉登。氷壩營官系囊及各該處大頭人等，皆係康熙伍拾柒捌玖年大軍進藏之始歸誠內附，拾數年來實能謹守境土，奉法急公，自大兵進藏往回更替以及瞻兌、桑阿邦等處軍旅調集烏拉遞運糧餉，凡有差使小心承辦，並無遲悞。且查打箭爐以至氷壩沿途應用烏拉雖俱按日發價，但負重馳驅，往返不無倒斃，兼之連歲豐歉不一，各屬土民間有苦累艱窘之家。臣愚竊思疊爾格土司丹巴七立頗能約束部落，安靜住牧，即蒙聖恩特加賞勵，而遠如前藏後藏無不屢沾恩賜，則沿途一帶土司歷年報効觀聽之下似亦未免引領希冀，可否仰懇天恩俯念明正、裡塘、巴塘、乍丫、察木多、類五齊、洛龍宗、說板多、氷壩等處土司土婦喇嘛營官及大頭人等歷著勤勞，特恩量為獎賞。至各屬艱窘土民若揀委文武幹員逐一確查，實在窮難之家酌量撫恤，約計需銀伍千兩，即足敷用，臣謹恭懇聖慈，一併賞賚，倘蒙俞允，并請特頒詔旨通諭週知，不特現在當差之土司土民叨受殊恩，頂戴高厚愈加報効，即凡口外各枝土部間風益切輸誠，而臣等將來駕馭驅策呼應倍靈，均沐皇仁於無既矣。臣與撫臣憲德商酌意見相同，謹會同撫臣憲德恭奏，伏候皇上聖訓，欽遵施行。

雍正拾壹年貳月初拾日

〔241〕四川總督黃廷桂奏報打箭爐河西碉房鋪面失火及酌議賞賚補修情由摺（雍正十一年二月初十日）[2]-[23]-780

四川總督臣黃廷桂巡撫臣憲德謹奏，為奏聞事。

竊臣等於本年正月初拾日據駐爐雅州府同知張泰國詳稱，打箭爐河西貿易處所於雍正拾年拾貳月貳拾玖日丑時有蠻民阿渣喇家失火，卑職駐劄河東，隨即率同人役過河撲救，無如蠻民碉樓皆係石砌高墻，蔴搭火鈎難以施力，漢番茶店及褙貨鋪房俱係板片，風吹日晒乾燥異常，火氣勳炎即時燃著，街道窄斜，晚風又大，一時撲救不及延燒蠻民碉房及漢客鋪面共二百六十餘家，幸無燒壞人口，相應報明等情。該臣等看得打箭爐地方內外漢商蠻客聚集交易，故居址比聯，人煙輻輳，適值黑夜失火，一時撲救不及，延燒碉房鋪面二百六十餘戶，臣等公同酌議，打箭爐係邊口衝途，與內地不同，謹仰體聖慈動支公用銀伍百肆拾兩，飭令布政司劉應鼎轉飭查明被火漢番客民，宣布皇

仁賞賚，以資補修。除救火不力之該管文武官弁查取職名咨參送部外，所有打箭爐失火及臣等酌議賞賚情由理合恭摺奏聞，伏祈睿鑒，謹奏。

雍正拾壹年貳月初拾日

硃批：覽。

〔242〕西藏辦事大臣僧格奏謝加級摺（雍正十一年三月初三日）[1]-4215

奴才僧格謹奏，為奏聞叩謝天恩事。

雍正十一年二月二十三日接准理藩院咨稱，為修成《聖祖仁皇帝實錄》事議敘具奏，奉旨，杭奕祿、吳士玉、眾佛保、僧格、德齡、班第、劉保〔註411〕皆於現任內各加一級，給發俸祿，欽此欽遵咨行前來。奴才即恭設香案叩謝天恩訖，伏思奴才僧格一介微末，屢蒙聖主天地高厚重恩，僧格惟感激聖主重恩竭力勉為，為此叩謝天恩謹奏以聞。

雍正十一年三月初三日

硃批：知道了。

〔243〕西藏辦事大臣青保等奏謝硃批問好摺（雍正十一年三月初三日）[1]-4216

奴才青保等謹奏，為叩謝天恩事。

竊奴才等奏請聖主萬安，蒙聖主加鴻恩賞安，又加我等奴才以無疆之恩，見批賞爾等都好麼，奴才等不勝感悅，恭設香案望闕叩謝天恩訖，為此謹奏。

雍正十一年三月初三日

都統臣青保〔註412〕。

都統臣僧格。

卿臣苗壽。

前鋒統領臣邁祿。

硃批：知道了。

〔註411〕《清聖祖實錄》纂修官表作通議大夫通政使司通政使兼詹事府詹事署理翰林院掌院學士臣留保。

〔註412〕《欽定八旗通志》卷三百二十一作滿洲鑲黃旗都統清保，雍正十年九月任。

〔244〕西藏辦事大臣青保奏謝免罰俸摺（雍正十一年三月初三日）[1]-4217

奴才青保謹奏，為奏聞叩謝天恩事。

雍正十一年二月二十三日接准兵部咨稱，仰蒙聖主加重恩，以奴才為鑲黃滿洲旗都統，且又副將楊達禮返回時，不擅自替軍調回事參奏一案〔註413〕，由部議奴才青保罰俸六個月具奏，又蒙聖主加無疆之恩寬免，文到，奴才即恭設香案恭謝天恩訖。伏思奴才青保一介微賤，屢蒙聖主天地高厚重恩，奴才青保莫可言喻，惟晝夜感激皇恩，竭力勉為，為此叩謝天恩，謹奏以聞。

雍正十一年三月初三日

硃批：知道了。

〔245〕西藏辦事大臣青保等奏轉公朱爾瑪特車登謝恩摺（雍正十一年三月初三日）[1]-4218

奴才青保等謹奏，為奏聞叩謝天恩事。

切准公朱爾瑪特車登言，將我上奏大皇帝之本章請大臣等轉奏大皇帝等語，略譯所呈蒙文書稱。

統一天下文殊師利大皇帝赤金蓮座尊前，奴才朱爾瑪特車登拈香合掌虔誠跪奏，小奴才我等父子纖毫未効，但屢蒙鴻恩甚重，我等阿里三處以準噶爾為仇敵，且牧所亦近，今正有事之際不顧自身效力，以圖報大皇帝重恩，故具奏後赴阿里，不幸到阿里邊身病復發，因我陳情呈報大臣等，大臣等即行奏聞大皇帝准我返回，住於扎什倫布附近，令班禪額爾德尼看視，醫生等診治時，仰蒙文殊師利大皇帝明鑒，頒加殊恩諭我好生調養，不僅今歲即來年亦暫不可回阿里，俟病根除經請旨再去効力，欽此。小奴才實難仰承，無論作何効力亦不能報稱，惟叩謝天恩外奴才欽遵上諭勤加治病，俟痊癒時經請旨再赴阿里，竭誠効力，以報豢養重恩，明鑒明鑒，以奏書禮備辦福字哈達一個於月吉日一並謹奏等語。是以奴才等將公朱爾瑪特車登所呈蒙文書一併謹奏。

雍正十一年三月初三日

都統臣青保。

都統臣僧格。

卿臣苗壽。

〔註413〕原文如此，疑翻譯有誤。

前鋒統領臣邁祿。

硃批：知道了。

〔246〕西藏辦事大臣青保等奏轉貝勒頗羅鼐謝恩摺（雍正十一年三月初三日）[1]-4219

奴才青保等謹奏，為奏聞叩謝天恩事。

切貝勒頗羅鼐來奴才等齊集所告稱，將我上奏大皇帝之本章請大臣等轉奏大皇帝等情，略譯所呈蒙文書稱。

統一天下文殊師利大皇帝赤金蓮座尊前，小的頗羅鼐拈香合掌誠敬跪奏，奴才頗羅鼐仰承文殊師利大皇帝天地高厚之恩甚重，故奴才頗羅鼐曾奏聞，將舊澤當寺〔註414〕修葺一新，從甘丹、沙拉、哲蚌三大寺內簡選賢能喇嘛等三百名住此，為文殊師利大皇帝赤金蓮座堅固萬萬斯年日誦《丹珠爾》《甘珠爾經》等情。茲於雍正十年十二月初一日部筆帖式富文貴捧到文殊師利大皇帝特為振興黃教而賞賜澤當寺之珍奇供品，奴才頗羅鼐率噶隆、第巴、冬科爾等跪迎於十里外，恭設香案合掌叩謝天恩訖。奴才頗羅鼐惟為大皇帝萬萬歲每日誠敬祈禱三寶佛外，只是喜悅莫可言喻，明鑒明鑒，以奏書禮備辦福字哈達一個，一並於月吉日謹奏等語。

是以奴才等將頗羅鼐蒙文奏書一併謹奏。

雍正十一年三月初三日

都統臣青保。

都統臣僧格。

卿臣苗壽。

前鋒統領臣邁祿。

硃批：知道了。

〔247〕四川總督黃廷桂奏請酌減撤回泰寧松潘二處貼防官兵等情摺（雍正十一年三月二十八日）[2]-[30]-373

四川總督臣黃廷桂巡撫臣憲德謹奏，為請旨事。

雍正拾壹年叁月貳拾肆日准戶部咨開，經管理侍衛內大臣英誠公豐盛額遵旨議撤駐藏川兵壹千伍百名，及駐防叉木多雲南兵丁伍百名等因，准此，

〔註414〕澤當寺位於今西藏乃東縣澤當鎮，為帕竹噶舉派重要寺院之一。

除即咨行各該處欽遵知照外。該臣等查閱部咨，準噶爾賊眾於厄爾德尼召
〔註415〕地方大敗鼠竄，狼狽逃回，賊力已窮，難於遠奔藏地，將駐藏叉木
多川滇兵丁減撤歸汛，聖謨洞燭，至聖至明。臣等竊思惠遠廟防兵既經酌撤，
而泰寧松潘二處附近貼防之兵似應一併酌減議撤以省繁費。臣等悉心會商，
查泰寧協屬口外各營除經制額兵壹千三百名外共駐添防兵丁壹千捌百名，今
請於泰寧地方酌留兵五百名以資護衛，餘兵俱撤回汛，此留駐之兵請照例三
年一換，即交泰寧協副將就近統轄，毋庸大員專管。但永寧協副將馬化正現
署泰寧協印務，俟苗國琮回任之日再令馬化正各歸本任。至松潘口外香臘橋
等處駐劄兵丁貳千名，蓋為防範邊口，今賊眾大敗，其力已窮，且不能遠奔
藏地，何況香臘橋一帶，查松潘鎮標屬兵丁雖於西征等處派調，亦不過數百
名，而撥補新兵計有貳千餘名，兵勢充足，香臘橋等處又距松潘甚近，則現
在駐防兵丁應請全數撤回，倘蒙俞允，其欽差郎中臣鼎滿岱係奉旨辦理彝情
之員，今添防雖撤，應否仍駐松潘辦事恭候欽定。再查自打箭爐至藏沿途尚
有臺站兵丁壹千名，從前原恐軍務緊急文報繁多而設，今駐藏兵丁既經減撤
大半，藏地無事文報稀少，則此路臺站兵丁及糧務文員亦應酌減。但臣等查
閱部咨，內開運送軍需米穀錢糧自喀馬、博馬、拉整等處以至召地，每站設
夫幾名牛馬若干之處，令青保等會同頗羅鼐詳議等因，查打箭爐外俱名喀馬
〔註416〕，而博馬即係巴塘一帶，青保作何會議安設站夫牛馬並安於何處為
止，臣等未能知悉，是以咨詢都統臣青保等，預為咨覆以便將臺站兵丁及糧
務大員另摺妥議請旨遵行。所有臣等愚昧之見未識允協，理合恭摺奏聞，伏
候皇上聖訓欽遵施行，謹奏。

　　雍正拾壹年叁月貳拾捌日四川總督臣黃廷桂。

　　四川巡撫臣憲德。

〔248〕西藏辦事大臣青保奏報駐防騰格里池等事摺（雍正十一年四月初七日）[1]-4255

　　奴才青保謹奏，為奏聞事。

　　雍正十一年四月初二日據往查牧場之把總周凱濟返回告稱，騰格里池地方

〔註415〕此處以額爾德尼召廟代指地名，今蒙古國後杭愛省哈拉和林，為蒙古帝國古
　　　　都。
〔註416〕即喀木。

牧草已萌芽，故此青保欽遵上諭將關防交付都統僧格後率副將張克才〔註417〕、筆帖式富文貴、遊擊辛永衛〔註418〕、張遠吉〔註419〕、留遊擊任効力之蘇賓、守備胡士君、于士睦、署理守備事千總于遠功，千總七員把總十三員馬步軍一千五百名四月初七日啟程駐防騰格里池。抵達後率設於納克產、騰格里池、喀喇烏蘇等處哨所、達木地方之厄魯特兵士駐劄，並貝勒頗羅鼐子朱米納木扎勒哨所，經常巡察躡踪，為堅固地方勤奮効力，除有事整備兵丁外，即謹具奏聞，若無事降大雪之時所設哨所地方均堅固，撤兵來招地辦事，謹此奏聞。

　　雍正十一年四月初七日

　　硃批：知道了。

〔249〕西藏辦事大臣青保奏謝賞賜儀仗摺（雍正十一年四月初七日）[1]-4256

奴才青保謹奏，為奏聞叩謝天恩事。

雍正十一年三月二十七日接准兵部咨稱，由領侍衛內大臣處將尚未列入儀仗大臣等職名書於紅簽具奏，荷蒙聖主加鴻恩指賞奴才以儀仗，文到，奴才即設香案恭謝天恩訖。伏思奴才一介微末，仰承皇上重恩，纖毫未報，且復蒙屢加天恩，奴才青保惟竭誠効力耳，為此叩謝天恩，謹奏以聞。

　　雍正十一年四月初七日

　　硃批：知道了。

〔250〕西藏辦事大臣青保等奏謝硃批問好摺（雍正十一年四月初七日）[1]-4257

奴才青保等謹奏，為叩謝天恩事。

竊奴才等謹奏請聖主萬安，仰蒙聖主加鴻恩賞安，並加奴才等實難欽承之無疆之恩，批賞新年大禧，爾等好麼，欽此。奴才等伏見只是感戴，莫可言喻，恭設香案望闕叩謝天恩訖，為此謹奏。

　　雍正十一年四月初七日

　　都統臣青保。

　　都統兼侍郎臣僧格。

〔註417〕《四川通志》（乾隆）卷三十二頁十作總督標營副將張可才。
〔註418〕《四川通志》（乾隆）卷三十二頁四十九作永寧協舊設右營遊擊辛永襷。
〔註419〕《四川通志》（乾隆）卷三十二頁二十七作達州營遊擊張元積。

卿臣苗壽。

前鋒統領臣邁祿。

總兵官臣周啟鳳〔註420〕。

硃批：知道了。

〔251〕西藏辦事大臣僧格奏謝賞賜儀仗摺（雍正十一年四月初七日）[1]-4258

奴才僧格謹奏，為奏聞叩謝天恩事。

雍正十一年三月二十七日接准兵部咨稱，由領侍衛內大臣處將尚未列入儀仗大臣等職名書寫於紅籤具奏，荷蒙聖主加鴻恩指賞奴才以儀仗，文到，奴才即設香案恭謝天恩訖。伏思奴才一介微賤，屢蒙皇上重恩，毫無寸効，且復蒙鴻恩指賞儀仗，奴才惟晝夜虔誠感激聖主重恩竭忠効力耳，為此叩謝天恩，謹奏以聞。

雍正十一年四月初七日

硃批：知道了。

〔252〕駐藏大臣青保奏將在額爾德尼召大敗準兵之處寄信拉達克汗轉告葉爾羌等處回人摺（雍正十一年四月初七日）[8]-史料五

奴才青保等謹奏，為謹遵上諭事。

雍正十一年三月二十七日接准軍機大臣等字寄，內開，由我處奏稱，臣等閱看青保等之密摺內稱，自葉爾羌來至拉達克貿易人等，及拉達克德仲那木扎勒派去收取情報之人，於九年十二月至十年七月十五日之間駐在準噶爾而返回，此間尚未聽到我大軍於額爾德尼召〔註421〕地方對賊大勝的消息，是故賊人傲慢妄言也，自準噶爾地方派至巴扎汗的使者納辛巴巴等返回準噶爾後，巴扎汗及拉達克汗絲毫沒有向準噶爾派遣使者，且令納辛巴巴穿喀什米爾服裝，讓跟役穿拉達克服裝，化裝成巴扎汗和拉達克汗的使者，於眾人面前會見噶爾丹策零，看來是特意裝模作樣行欺騙，其陰謀是以此宣揚巴扎汗這樣的大部及拉達克人等皆向其友好而遣使，好讓哈薩克等回人聽到後分兵

〔註420〕《甘肅通志》卷二十九頁十九作鎮守西寧臨鞏總兵官周起鳳。
〔註421〕此處以額爾德尼召廟代指地名，今蒙古國後杭愛省哈拉和林，為蒙古帝國古都。

把守。再，哈薩克擄掠了準噶爾一千戶，準噶爾派五百人追擊，只回來七人，及俄羅斯使者來至準噶爾逞強等語，與以前聽說的無異。已行文將不久前於額爾德尼昭地方大勝的消息知會頗羅鼐，作為頗羅鼐的意思令其告知德仲那木扎勒，以便轉告葉爾羌、喀什噶爾〔註422〕等地回人。於拉達克地方，葉爾羌等地回人往來行商不絕，因此行文青保，令其與貝勒頗羅鼐秘密商議後，從藏地回人或頗羅鼐屬下人內選擇甚可信賴之人，特遣至葉爾羌、喀什噶爾等地，向回人們透徹宣揚，天朝〔註423〕之兵已大敗準噶爾人，哈薩克人來擄掠了準噶爾一千戶，俄羅斯也有挑起戰爭的情形。如果你們反抗準噶爾的話，不僅有利於你們自身，天朝也會大加施恩於你們的等語。告知此次派去之人，俟事成之後務必施以重恩等語。出發時充分賞賜送行。除葉爾羌、喀什噶爾等地回人外，若再有像哈薩克、巴扎汗等理應告知的回人，頗羅鼐亦可詳加考慮後特遣使送禮，向他們宣傳準噶爾人被打敗、被擄掠之處。再宣告派各自軍隊前去進攻，或天朝軍隊進攻時你們派兵來夾擊，以此若能攻滅準噶爾，爾等永遠得到平安太平，爾等亦可與天朝遣使通商等語。再，還應明確告知，噶爾丹策零將納辛巴巴化作巴扎汗的使者，將跟役裝成拉達克汗使者的陰謀，特是懷疑爾等，分割爾等之實力等語，為此，作為頗羅鼐的意思寄給德仲那木扎勒時，將書信編造奏覽，俟上閱覽後再行文頗羅鼐，譯成當地語言，交給派往德仲那木扎勒之人。此外派人到何處，令其大致即照此編造送往等語。如此於雍正十一年二月初三日上奏時奉旨，依議，欽此欽遵。與作為頗羅鼐的意思而寫的寄給拉達克汗的書信一並送往，俟到達之後令交與頗羅鼐，譯成當地語言送給拉達克汗。再，於理應宣傳之處皆進行宣傳等語，如此到來。奴才我等謹遵，除將給頗羅鼐的行文譯成蒙古文交與外，將事情啟發勸導詳盡說明，與其詳細商量了派什麼人，派往何處，到達後如何行動纔能有利於事等。貝勒頗羅鼐之言，我乃極邊甚愚昧之人，雖將收取到的各種情報，為回報大主子之恩而盡力，曾如此通過大臣上奏過，頗羅鼐我理應謹遵大主子所降之旨，派人至各地纏對，唯以前拉藏汗之時曾將二十人作為使者派往巴扎汗，將所派之人扣押，沒有通至巴扎汗，且使他們駐在炎熱地方，唯有阿旺雲丹一人逃出來，其他人皆因不服水土而死。從那以後停止遣使，已二十餘年了。再，葉爾羌、喀什噶爾駐有準噶爾人，若派我之人，被準噶

〔註422〕今新疆喀什市。
〔註423〕原文作「大朝」，今改為「天朝」。

爾人發覺後反而不利於事，拉達克汗德仲那木扎勒乃是屢屢承接大主子隆恩之人，與葉爾先、喀什噶爾之回人接壤邊界而住，且他們善於謀生，將大主子的教導諭旨作為我的意思，製成唐古特文，派出我信賴之達爾罕宰桑及駐劄阿里管理兵丁的長官額爾克綽克圖等，一併攜帶禮物派往德仲那木扎勒，再將德仲那木扎勒屬下行商善良回人等派至葉爾羌、喀什噶爾，再從那裡到阿克蘇〔註424〕、庫車〔註425〕、布哈拉〔註426〕、撒馬爾罕〔註427〕、闢展〔註428〕、哈薩克、布魯特〔註429〕等地回人及住在准噶爾邊境的回人為止送達此情報。將此情報亦轉達給巴扎汗。再，被准噶爾賊人脅迫而去之人，向他們內部滲透情報，以製造混亂。或將內大軍敗走賊人進兵之機及他們如何粉飾演繹之處，令見機行事。如此向我屬下詳盡訓導，於四月初六日立即令他們出發等語。奴才我等慎思後，遵從頗羅鼐所言將其使者只派往德仲那木扎勒，派往其他地方反而無益之處，照其所言向達爾罕宰桑、長官額爾克綽克圖及跟隨他們而去的十五人，計算充分的盤纏，令辦理糧食錢糧的通事楊世祿〔註430〕拿出備用銀二百五十兩，賞給領頭前去之兩位使者每人五十兩，跟隨而去的十五人每人十兩銀子，貝勒頗羅鼐領著他們叩謝天恩。再，屢屢教導練習派去人等，於四月初六日派出，俟頗羅鼐派出之人返回時將德仲那木扎勒如何派人將此情報如何送至各部人等，及各部人等如何遵行之處，明確查明另奏聞。除此之外，將頗羅鼐所奏蒙古文書信一併謹奏覽。

〔253〕管領駐藏雲南兵丁革職提督張耀祖奏報酌撤酌留駐箚柴木道雲南兵丁及土兵通事嚮導等情摺（雍正十一年七月初三日）[2]-[24]-635

革職提督奴才張耀祖謹奏，為奏明事。

雍正拾壹年伍月初柒日奴才准雲貴廣西總督臣尹繼善咨開，准戶部咨，內閣抄出管侍衛內大臣等奉旨議奏，今藏地甚屬無事，準噶爾之賊人既在厄

〔註424〕今新疆溫宿縣。
〔註425〕今新疆庫車縣。
〔註426〕《大清一統志》（嘉慶）新疆統部作布哈爾，今烏茲別克斯坦布哈拉。
〔註427〕今烏茲別克斯坦撒馬爾罕。
〔註428〕今新疆鄯善縣闢展鎮。
〔註429〕清代對柯爾克孜族之稱謂。《大清一統志》（嘉慶）新疆統部作東西兩部布魯特，今塔吉克斯坦。
〔註430〕此處通事楊世祿誤，應為同知楊世祿。

爾德尼召地方被大兵剿滅萬餘，驚懼魂散，大敗迯走，現今駐藏四川兵丁貳千名內揀選伍百名留駐防守地方，其餘壹千伍百名俱令撤回。其柴木道居住雲南兵丁壹千名內亦撤回伍百名，其餘兵丁伍百名令張耀祖照舊管領，在柴木道地方駐防，此兵亦係叄年一換等因，奉旨依議欽遵行文到滇，督臣行文到奴才處，令即將所帶駐劄官兵照數派撥管領歸回原地，並照數酌留管領駐劄。奴才捧讀之次仰見聖謨廣運，賊眾大敗奔迯，普天同慶，凡藏地官兵莫不歡呼，唐古忒人民亦皆仰頌皇仁無遠弗屆，奴才隨留駐劄之各標鎮協營官兵內酌撤伍百名，派撥劍川協副將姚起龍率同提標守備杜武勳及把總外委等官帶領回營。其餘酌留官兵伍百名奴才率同永北鎮標遊擊張有義督標都司紀麟帶千把外委人員管領，仍在柴木道駐劄。再查奴才原帶領兵丁內曾帶有麗江土兵嚮導捌拾名，中甸番兵通事叄拾名，今官兵既已撤回壹半，此項土兵壹百壹拾名內亦應撤回伍拾伍名以節省錢糧，仍留駐伍拾伍名於軍前備用。所有撤回之兵奴才隨行軍前糧務知州王教照例支給口糧塩菜，並檄行將備照給各兵駞載騾馬，隨帶原領炮位器械於本年伍月貳拾肆日飭令副將姚起龍等帶領自柴木道地方起程仍回原地，凡經過處所飭令嚴加約束兵丁恪遵紀律，公平交易秋毫勿犯。除將酌撤酌留官兵員名數目清冊咨送雲貴廣西督臣查照咨部並將撤回官兵日期報明駐藏欽差大人外，奴才合將派撥官兵緣由詳報奏明。再照柴木道地方叨沐聖主洪福，今年雨水調匀，青稞收成甚好，番民樂業，合併奏聞為，既此專差外委把總趙起雲、家人張忠齎報進奏，伏乞皇上睿鑒施行，奴才謹奏。

雍正拾壹年柒月叄日

硃批：覽。

〔254〕青保等奏報籌建扎什塘兵營情形摺（雍正十一年七月十九日）[3]-703

（原檔前殘，從略）為此謹奏請旨等因。雍正十一年三月初三日奏入。奉旨，依議，欽此欽遵，為此咨行。

奴才等欽遵會議得，親選兵五百駐藏，趁水草旺季，從所撤一千五百名兵內派守備何石君〔註431〕、許元功〔註432〕、把總三人，率馬步兵二百名，隨都

〔註431〕 本部分第二四八號文檔作胡士君。
〔註432〕 本部分第二四八號文檔作于遠功。

統僧格〔註433〕、前鋒統領邁祿前往外，因時值有田禾季節，編一千三百名兵丁為三隊，照例官兵各給四個月錢糧。第一隊兵丁四百，派遊擊辛永巍〔註434〕，千總把總五員率領七月初三日起程，第二隊兵丁四百派遊擊張元濟〔註435〕、守備周大〔註436〕、千總把總五員率領七月初九日起程，第三隊兵丁五百，派副將張可才〔註437〕、遊擊李英正〔註438〕、千總把總五員率領。副將張可才統帥督察三隊官兵，七月十九日起程。又將訓練唐古特人眾，使臻精銳，隘口要衝如何設兵防守、放哨巡查之處，與頗羅鼐詳議。頗羅鼐言喀喇烏蘇兵丁有二千名，每年由諾彥和碩齊〔註439〕管束操練，在噶斯以南要口，阿哈雅克〔註440〕、繃阿里瑪爾〔註441〕二哨所，各駐兵三十名，以躧踪探信。再將達木、騰格里腦兒地方千名兵丁，由我子朱爾默特那木扎勒〔註442〕四月前往安營練兵，在要口穆色扎干〔註443〕、僧根鄂淖爾〔註444〕二哨所，各駐兵二十名，以躧踪探信，俟降大雪撤回招地。至阿里三處兵五千由我子公珠爾默特車布登〔註445〕管束操練，四月率兵二千安營駐守阿里噶爾杜克〔註446〕地方，在

〔註433〕《欽定八旗通志》卷三百二十四作蒙古鑲紅旗都統僧格。
〔註434〕《四川通志》（乾隆）卷三十二頁四十九作永寧協舊設右營遊擊辛永褘。
〔註435〕《四川通志》（乾隆）卷三十二頁二十七作達州營遊擊張元積。
〔註436〕《四川通志》（乾隆）卷三十二頁二十五作川北鎮標營中營守備周達。
〔註437〕《四川通志》（乾隆）卷三十二頁十作總督標營副將張可才。
〔註438〕《四川通志》（乾隆）卷三十二頁十作提督標營後營遊擊李應正。
〔註439〕《欽定西域同文志》卷二十四頁九載，諾顏和碩切拉布丹，坡拉鼐索特納木多布皆之弟，轉音為諾顏和碩齊阿喇布坦。
〔註440〕待考。
〔註441〕此卡倫《衛藏通志》卷四頁二十四作奔卡立馬爾，前藏至奔卡立馬爾，計程一千五百十里。
〔註442〕《欽定西域同文志》卷二十四頁六載，居爾默特納木佳勒，轉音為朱爾默特納木扎爾，坡拉鼐索特納木多布皆次子，初授扎薩克頭等台吉，襲封郡王，後以罪誅。
〔註443〕待考。
〔註444〕此卡倫《衛藏通志》卷四頁二十三作生根物角，前藏至生根物角，計程一千五百十里。
〔註445〕《欽定西域同文志》卷二十四頁八載，居爾默特策丹，坡拉鼐索特納木多布皆長子，轉音為朱爾默特車布登，初授扎薩克頭等台吉，後封輔國公，晉封護國公，為居爾默特納木佳勒所害。
〔註446〕原文作阿里、噶爾、杜克三處地名，誤，應為一處地方，今改為阿里噶爾杜克，即噶爾渡，《西藏志》頁五十二載，由三桑至崗得寨入阿里噶爾渡地方，頗羅鼐長子朱爾嗎特策登駐防之處。即今西藏普蘭縣仁貢鄉嘎爾東村《西藏自治區地圖冊》。

要口張噶爾沙〔註447〕哨所，駐兵三十名，以躡踪探信，每年降雪後，將哨所內移撤兵。而今我子公珠爾默特車布登雖在藏養病，但其缺已飭圖爾根哈希哈〔註448〕、青特古斯〔註449〕、卓里克圖巴圖魯〔註450〕、墨爾根諾彥〔註451〕等帶兵操練，駐守哨所。承蒙大皇帝隆恩，奴才盡心効力，唐古特兵士氣較前益昂。為操練精銳，駐兵隘口要塞，設哨防守等處，降旨訓誨，英明至極，卑職頗羅鼐擬增派納克樹兵五百，由公那木扎勒色布騰〔註452〕管帶操練，那木扎勒色布騰雖年輕，可派尼爾巴達瓦、仲依果達爾協助練兵，在要口扎拉商〔註453〕、奴穆庫隆〔註454〕，崗石壁〔註455〕三哨所躡踪探信。再各哨要道，遣賢能齋桑，增派兵丁，矢慎矢勤，藏、衛、達克布、古木布之兵丁四千，由戴本羅卜藏達爾扎〔註456〕、章魯扎木巴〔註457〕等管帶操練，仍由頗羅鼐驗試，撤兵之時就近調來操演，請大臣等檢閱等語。

奴才等議得，納克樹、阿哈雅克、拜杜〔註458〕三處，極為重要，仍派官兵待青草出，偕同頗羅鼐兵設哨，躡踪探信，降大雪時將哨所內移，由頗羅鼐兵堅守，再行撤回，訓練唐古特兵時奴才等開示皇上仁德，檢閱兵伍。

又運送軍需糧餉等務，不勞沿途所居唐古特等之力，由喀木、布木、藍敦〔註459〕直至招，分別設臺，接連運送，每驛設人幾何、需牛馬幾多，即與頗

〔註447〕待考。
〔註448〕《欽定西域同文志》卷二十四頁九載，車臣喀沙喀喇布丹端珠布，諾顏和碩切喇布丹之弟，轉音為色臣哈什哈阿喇布坦敦多布。
〔註449〕待考。
〔註450〕待考。
〔註451〕待考。
〔註452〕此人為康濟鼐之侄，《欽定西域同文志》卷二十四頁六載，噶什瓦納木佳勒策丹，轉音為噶錫巴納木扎爾色布騰，封輔國公，辦噶卜倫事。《欽定外藩蒙古回部王公表傳》卷十二頁二載，噶錫巴納木扎勒色布騰，噶錫鼐色布登喇什長子，雍正六年襲一等台吉，九年晉輔國公，詔世襲罔替。
〔註453〕待考。
〔註454〕待考。
〔註455〕待考。
〔註456〕《欽定西域同文志》卷二十四頁十一載，羅布藏達爾皆，轉音為羅布藏達爾扎，官衛代本，按代本品級略同蒙古管旗章京，額設衛二員，藏三員，例給敕書。
〔註457〕《欽定西域同文志》卷二十四頁十二載，將羅置木巴阿濟克，官藏代本。是否此人待考。
〔註458〕即拜都河，今青海省布曲，為金沙江上源之一，亦自青海入藏要道之一。
〔註459〕常寫作南登，西藏芒康縣幫達鄉附近。

羅鼐詳議。據告稱，由布木、藍敦至乍丫、察木多、瑪里庫車等地，人口稠密，牲畜亦多，洛隆宗、碩板多、拉里等地居民雖少，然數年來往官差，不曾有誤，現僅為運送糧餉，不過需烏拉百餘，再者駐藏兵三年方更換，此間並無他事，卑職頗羅鼐仰承皇恩至優極渥，焉敢知而枉費國餉，乞禁自布木、藍敦至招地增設驛站等語。

奴才等伏思，茲在藏駐兵五百，查所有餉銀尚足二三年之需，仰賴皇恩，每月賞兵丁餉銀四兩九錢，由藏購食，不需輸運，兵器帳房彈藥等物則由撤兵留足，至三年換防時兵僅五百，所需烏拉亦少，不致煩勞沿途居民。而況近二年換防兵出入，以拉里、碩板多、洛隆宗等地居民稀少，恐多苦累，奴才等對新隸納克樹等部，就近派烏拉，按定價付工銀，彼皆恭順相助，妥送過境，頗羅鼐所告之言，實出至誠，故照其所請，由布木、藍敦至招，暫免增設驛站。

奴才等會同頗羅鼐照軍機大臣等所議，前往查看色拉、招之間所有第巴先前建房之扎什塘〔註460〕地方寬曠平坦，毗近水源，遠離農田，距招五里，地勢極好，相應按官兵之數建城，方圓二百丈，南東西三門，城基寬一丈、高一丈三尺，垛牆三尺，共一丈六尺，均以石砌，城上寬五尺，三門，每門階梯一。總兵官住房計大門在內十五間，遊擊守備各一員每人計住房大門在內七間，千總把總十員每人住房三間，辦理糧餉同知住房計大門在內七間，米倉六間，其下守倉兵丁住房七間，兵五百每二人合住一間，三座城門上每門一間，三門守兵住房六間，北城上火藥炮彈等物庫三間在內，共應建房三百四十一間，扣除喇齊地方原有舊房二十一間，應增蓋房三百二十間。建城所需工料匠役如何付給工銀之處，經與頗羅鼐商議，據頗羅鼐言稱，大皇帝准建城池房屋供兵丁居住，特係護衛我土伯特眾生之至意，卑職頗羅鼐焉敢動支國餉，甘願自力修建，供官兵居住等語。奴才等言稱，聖上賞修建城堡之匠役以工銀，意在仁愛爾等唐古特人眾，業經奉旨，爾但遵照施行，我等亦未敢具奏。言畢，彼稱茲聽大臣等訓諭，業經奉旨令我遵照施行，焉敢違命，本處工項難以預定，感謝皇恩，多召匠工，加緊修建，我已與噶倫、東科爾料估，每日需採石砌牆匠二百人木匠一百人鐵匠二十人，每匠人按本地價付銀一錢，再每日需工二千三百，每工按本地價付銀五分，若加緊建造，兩月內或可竣工。至所需木石水坯，皆出自皇域，料木產自工布加木達山，倘伐木建房，則濕且不堅，又遲延時日，在工布地方罪人阿爾布巴入官房屋，無人

〔註460〕在拉薩市北郊，清代建扎什城以駐清軍。

居住，拆運至此用之足矣。言畢奴才等交付頗羅鼐，召總管工布地方第巴奈定本、郎卡爾定本等八人至，問阿爾布巴入官房屋今住人與否，拆之運來與爾等有無關係。彼等歡悅，同跪告稱，我等均係皇帝臣僕，大皇帝將阿爾布巴正法，勘定地方，撫佑我等，豢養數年，茲又另建城堡，安置官兵，彼此相安，乃眷愛我土伯特眾生之至意，此項房屋現皆空虛，年久徒致殘破，請准我等自行拆毀，運送至藏，建造營房等語。奴才等看得工布諸頭目極為恭順，工布距藏十日路程，每運一間房木以六工計，折銀各三兩，三百二十間房料木共付銀九百六十兩，八頭目每人賞綢綾各一匹，令其運送。查得唐古特地方修建房屋，難以估算，修建城堡，所需物件又不必採買，由工布輸運三百二十間房料木，需銀九百六十兩外，照頗羅鼐之估算，僅匠工共需銀八千八百二十兩計，奴才等親率監工官員查看，修建牢固，記錄每日所用匠工數目，盡速於五月二十八日起興工，工竣之時頗羅鼐估算匠工雇銀有餘則開除，不足則核算具奏增撥，城堡、官兵住房，謹繪圖一併恭呈御覽，為此謹奏。

雍正十一年七月十九日（一史館藏軍機處滿文錄副奏摺）

〔255〕西藏辦事大臣青保等奏請萬安摺（雍正十一年七月十九日）[1]-4317

奴才青保、僧格、馬喇、苗壽、邁祿、周啟鳳伏跪恭請聖主萬安。

雍正十一年七月十九日

硃批：朕躬安，爾等好麼。

〔256〕四川布政使劉應鼎奏請頒唐古特字曆日賞給巴塘裡塘等土司及糧務官員摺（雍正十一年八月十六日）[2]-[24]-755

四川布政使司布政使臣劉應鼎謹奏，為請頒番民曆律以廣聖化事。

竊照打箭爐口外巴塘裡塘疊爾格等土司共五十餘員，俱入版圖，輸納貢賦，與內地無異，是以前布政使高維新議詳撫臣請頒曆日以昭時憲，嗣臣復詳議咨部動帑製辦，諸土司等俱各歡忻鼓舞，叩謝皇仁，以為從來未有之曠典，實邊外番民所僅見，但必須識漢字之人教導指示方能認識，往往婚嫁喜慶等事持曆覓人講讀。臣愚仰懇天恩，賞頒唐古特字曆日數十本到川，轉頒巴塘裡塘等各土司，俾得遵從正朔，選用日期。至貝勒坡羅鼐以及達賴喇嘛似應一體頒賜，共凜時憲，實於從欲而治之義有裨。再查各土屬番民恭順者固多，而秉性愚頑，罔知法律，如下瞻對等處之為夾壩者亦尚有人，似應請照松潘口外番子

之例，頒給唐古特字律例數十部，每土司各給一部，朔望集期宣諭諸番，使知畏懼遵守，其打箭爐同知、泰寧巡檢暨巴裡塘等各糧務官即各給一部，俾該員等審理番情事件亦得有所適從，則既授曆以定其忠懷，講律以端其趨，口外數十萬生靈漸登化感，沐深仁厚澤於億萬年矣，是否可行伏祈皇上睿鑒訓飭施行，謹奏。

雍正拾壹年捌月拾陸日

硃批：向來未有唐古特曆，至律例可以不必省。

〔257〕四川建昌道馬維翰奏請酌量議敍打箭爐至西藏一路辦理糧務官員摺（雍正十一年八月十六日）[2]-[30]-392

四川建昌道副使臣馬維翰謹奏，為奏請優敍口外差員以廣天恩事。

竊查川省打箭爐至西藏一路辦理糧務官員俱係揀調內地州縣佐貳等官出口承辦，自打箭爐裡塘巴塘乍丫察木多西藏共六處，荷蒙皇恩浩蕩，賞給月費養廉。但道里遼遠，山深雪大，天氣寒冷，不產米穀，各員初至彼地不服水土易生疾病，往往視為畏途。因議定各處每年一換以恤差員，惟是既歷一年則水土已漸相宜，番情已漸熟悉，忽易新員又復生疏，且番民凡戶婚草廠等事土司不能剖斷，或斷不服眾者皆於糧務官處控理，是以每遇更換之年多據土司番民合詞請留，不願更換，即如西藏糧務陝西靖遠同知楊世祿曾議更換，經駐藏都統〔註461〕等并貝勒頗羅鼐咨明留藏，至今六載尚未更換。雖現今減撤官兵，糧務亦現在議減，然如西藏應留之處若竟令其仍留承辦，並不稍加優獎，亦無以鼓勵勞員。臣愚以為糧務各員有熟悉番情辦事妥協者，總理道員於更換時會同藩司詳明督撫，查明出入錢糧俱各清楚，取具交代各結，即詳請咨部酌量議敍。倘留辦之後或有錢糧不清，辦事怠惰，滋擾番民，立即詳揭糾處，庶勞員益加奮勉而公事得收諳練之益矣，是否臣言可採伏祈皇上睿鑒訓飭施行，臣謹奏。

雍正拾壹年捌月拾陸日

〔258〕鄂爾泰等遵旨議覆估建護守泰寧官兵營房工料銀兩摺（雍正十一年九月十八日〔註462〕）[3]-676

大學士伯臣鄂爾泰等謹奏，為遵旨議奏事。

〔註461〕指清保，《欽定八旗通志》卷三百二十一作滿洲鑲黃旗都統清保，雍正十年九月任。

〔註462〕原註，奉旨時間。

四川總督黃廷桂將估建泰寧官兵房屋工料銀兩，造冊具題，奉旨，辦理軍機大臣等議奏，欽此。查泰寧地方護守達賴喇嘛官兵，先經臣等議令蓋造土房，給與居住等因，奏准在案。今川督黃廷桂以泰寧地方沙多土松，請以瓦板苫蓋，將估建官兵房屋所需工料銀兩，造冊具題。據冊開，協防泰寧兵一千名內，除外委千把五員外，實在兵九百九十五名，每三名給房一間，共建營房三百三十二間，卡房四間，又加銜總兵暨遊守千把外委等十四員，共建官署四十四間，以上官署營房三百八十間，周圍築打土牆，上蓋瓦板，共估工料銀二千三百三十七兩六錢零。需用漢匠於附近州縣雇募，蠻夫於明正土司調撥，漢匠安家路費及蠻夫賞需等項，並應用大小頭人通事所需工食口糧，統於打箭爐備存軍需項下動支等語，應如黃廷桂所請，將泰寧官署營房照數如式蓋造，需用漢匠蠻夫及頭人通事等酌量派調，所需工料等項統於打箭爐備存軍需銀內動支，仍俟工竣核實題銷。又該督黃廷桂題請建造營盤周圍量築牆垣，前後開設柵欄之處，亦應如所請，飭令承修人員逐一確估興工建築，需用工料銀兩亦於軍需項下動給，統俟工竣據實造報工部查核，其送到估冊交與工部存查可也，為此謹奏請旨。

雍正十一年九月十八日奉旨，依議，欽此。（一史館藏軍機處議覆檔）

〔259〕四川總督黃廷桂奏報委員前往打箭爐外查賞土司官兵並賑卹說板多被災番民摺（雍正十一年九月二十八日）[2]-[25]-136

四川總督臣黃廷桂謹奏，為奏聞事。

該臣看得打箭爐外各土司土婦喇嘛營官仰沐皇恩，特賞絲緞，其各屬當差出力之頭目番民復頒帑項，分別賞給，更將番民內之生計艱難者諭令一體查賞。臣准部咨隨即欽遵，遴委雅州府知府張植、署督標副將張聖學齎領賞項前往頒發，并遂逐處確查窮番酌賞辦理去後。茲據該府將稟稱，職等途遇齎送欽賜巴爾庫領布漢〔註463〕等物件之典史孟嵋齡回，云有前途鐵凹〔註464〕、梓馱曲齒〔註465〕、說板多一帶番民所種糧食俱被蟲災，青草俱無，番民窮極等語。

〔註463〕　似指頒賜昔時巴勒布即今尼泊爾三汗敕書物件之事，雍正十年間巴勒布三汗遣使至藏通好清廷，清世宗敕書三道並頒賜諸物於巴勒布三汗。

〔註464〕　《欽定大清會典事例》（嘉慶）卷五百六十作鐵凹，四川入藏驛站之驛站，今西藏洛隆縣德通村附近。

〔註465〕　梓馱常寫作紫駝，《衛藏通志》卷三頁十七載，曲齒又名紫駝，為同一地，即今西藏洛隆縣孜托鎮，此地有紫駝寺，今名孜托寺，四川入藏驛站即設於寺中。

查於雍正玖年內因說板多青稞蟲災，卑府曾奉委分別三等賑恤，一等給銀叁兩伍錢，二等給銀叁兩，三等給銀貳兩等因在案，今現奉恩旨查賞窮番，則此被災處所應否照雍正玖年之賑恤賞，合先請示以便到彼查賑等情。復據稟稱，職等蒙差查賞生計艱難番民并齎領恩賞緞疋銀兩，先到打箭爐，次抵裡塘以至巴塘，職等每至一處傳集各該土司營官及大小頭目人等宣布皇恩，照數賞給緞疋，遵照定數發給賞銀，交各該土司承領，令將辦事出力之頭人土部分別等次，逐一分賞，務使普遍均沾。而各處土司率領大小番眾悉皆合掌向天叩請聖恩，踴躍歡呼聲聞四野，除取具各印領夷結另文申報外。至生計艱難之番民職等未出口時各處糧務奉有通行，業已預先曉諭，遠近番眾恭聞皇賞駢集以待，職等所到之處目擊携老扶幼欣欣道左。查明正司所屬番民伍千伍百餘戶，據土司冊報窮民壹千貳拾捌戶，裡塘所屬番民陸千捌百餘戶，據營官冊報窮民壹千捌百柒拾陸戶。巴塘所屬番民叁千肆百餘戶，據營官冊報窮民柒百陸拾肆戶。職等細加確查，實係窮難之戶，並無虛冒，再四等酌，蠻人性本貪得，此番恩典實伊祖輩以來未遇之奇逢，凡係窮民無不引領而至，希沾雨露，以顯殊榮，似此窮番甚眾，若逐加厚賞耗費甚大。查各處夷人規矩如有差使均當，若遇賞賚均分，必須照此辦去方順夷情，使處處窮番歡聲載道，均受皇恩，各無異言，隨晷為變通，將冊報窮民分為頭二三等，又因番民以茶為命，眼同各土司及糧務臺站各官將頭等者每戶賞銀壹兩、茶壹甎，二等者每戶賞銀陸錢、茶壹甎，三等者每戶賞銀肆錢茶壹甎。又裡塘所屬加協地方番民尚交吉等伍戶陡被水沖，田房畜物漂浸無存，實無生計者，職等查確，仰體皇仁每戶賞銀伍兩、茶壹甎，并撥地耕種俾獲生全得所。當見各眾口誦佛經，祝戴聖慈，咸云我等歸順天朝拾餘年來並不難為我們一點，採買糧石照時給價，僱覓烏拉按站給銀，今又蒙萬歲格外恩念，我等莫說賞給銀茶，就是分文東西萬歲隆恩與天賜一般，我們祖宗都是不能得的，我們今年本處庄家偏偏又好，這是萬歲皇賞到來天爺也施恩了，我們往後自然都得好日子過了，我們頂感的心腸也說不盡，惟有著實當差報効等語。職等復加曉諭獎慰而去，其各番領結俟取具另文呈報。惟是巴塘以至乍丫中間有江卡一帶夷民係頗羅鼐所管，雖戶口無多，皆因附近大路，歷係一體當差，今部文雖未開載，自應一體查賞，職等擬於前途將江卡一帶夷民查明實在艱難之戶即照例宣示皇恩，銀茶并賞以昭公溥等情。又據管理臺站都司楊鶴稟稱，有說板多土司所管地方榮沖達舒均鐵凹錫達吉丫中陸處並落隆宗〔註466〕

〔註466〕《欽定理藩院則例》（道光）卷六十二作洛隆宗，今西藏洛隆縣康沙鎮。

土司所屬地方曲齒紫沱〔註467〕、王朵〔註468〕叁處陡遭蟲災，禾麥受傷各等情到臣。臣查各屬番民其歷年當差勤勞之處已蒙聖心軫恤，而又俯念此中番民不無稍艱生計者，復令格外查賞，是此項窮番實屬重疊受恩，且今年口外巴塘一帶收成頗稔，茲因廣沛恩膏，遠近畢集，咸望身受，珍為世寶，而委員等順適夷情，分別查辦，俾令同叨雨露，以昭皇仁公溥，使處處窮番普沐恩施，歡聲載道矣。至江卡一帶夷民雖屬頗羅鼐所轄，但附近大路，歷係一體當差，其艱難番戶該委員等酌議仰體聖慈一併查賞。其說板多等處番民被災果實，自應照例賑恤，臣除行令該府等即便確勘被災番戶，照上年恤賞說板多之例宣布聖主如天好生之德，逐戶賑濟，務令得所，俟查賞事竣，統取各結另行咨題外，所有據稟查賞以及說板多等處被災行令照例賑恤各緣由，謹會同撫臣憲德合先恭摺奏聞，伏祈皇上睿鑒，謹奏。

雍正拾壹年玖月貳拾捌日

〔260〕欽差鼐滿岱奏覆辦理化導松潘口外番部事宜摺（雍正十一年十月十三日）[2]-[25]-191

臣鼐滿岱邱名揚謹奏，為遵旨議奏事。

竊照雍正拾年捌月初柒日案奉戶部劄開，大學士伯鄂爾泰等議奏，臣等請辦理松潘口外各番部事件一摺，議稱各番部愚頑，野性未馴，若每年會集番目宣諭化導，使之改行從善，似屬有益，應如所請，照辦理青海之例令鼐滿岱會同邱名揚每年於捌玖月間量帶兵役出口，至番部適中之地調集各頭目等，宣揚皇上德威，講明法律，使知遵守，分別賞罰以示勸懲，務令各番人等誠心悅服，共知法紀，漸次化導等因，奉旨依議，欽此欽遵劄行到臣等。臣等欽遵俞旨，查上年定於拾貳部落適中之下作革泥馬隆地方宣諭化導，將辦理過緣由繕摺恭奏在案，今歲時屆秋高，例應化導之期，臣等移會督臣黃廷桂動支公項銀兩，採辦賞需物件，一面檄行漳臘營遊擊臧紹文，傳諭番目人等，在於阿壩、郎惰、郭羅克、鵲個等部落適中之甲凹、阿孟河地方齊集去後。臣等僱覓駝載，量帶兵役於玖月初陸日自松署起程出口，本月拾壹日至阿孟河駐劄。仰賴皇上德威，遠近番目人等俱先畢集，而隨從番人較之上年倍眾，

〔註467〕原文作曲齒、紫沱，誤作兩地，今改正為曲齒紫沱，紫沱常寫作紫駝，《衛藏通志》卷三頁十七載，曲齒又名紫駝，為同一地，即今西藏洛隆縣孜托鎮，此地有紫駝寺，今名孜托寺，四川入藏驛站即設於寺中。

〔註468〕今西藏洛隆縣孜托鎮旺多村。

臣等敬將聖主內外同仁，原無區別，皆欲盡為良善，共樂太平之意明白曉諭，
且將法律分晰宣講，又復諄切誡勉。而番眾莫不感戴天恩，凜畏法紀，查拾
貳部落自上年化導之後，番人各守住牧，竝無為非等事，阿壩郎惝郭羅克甲
凹鵲個等寨年來亦屬安靜。但內中有告稱雍正陸柒捌等年彼此竊奪牲畜及爭
訟戶婚田土等事，臣等即於化導之日責令各該土目將有名慣賊占架、擦戎亞
等貳名竝竄竊為非小賊拿解到營，公同研訊明確，即將贓數追出嘗給失主，
又將各犯在於眾番目人等之前按照所犯罪名，依律定擬曉諭，以示警戒。據
鄰番土目人等環籲保求，而占架、擦戎亞亦願將伊子為質，求賞生路，臣等
仰體皇仁，念其事在未經化導之前，將各犯從寬分別輕重絪責發落，飭令各
該土目嚴加管束，務使改革前非，永為良善（硃批：此案據理不應寬，當即執
法，今既緣情寬釋，又何必將其子為質，小哉儒哉），將占架之子酸太，擦戎
亞之子松布發交漳臘營遊擊藏紹文收管訓導，俟貳犯悛改之日再行給領團聚，
若後有犯，從重治罪。其有戶婚田土一切爭訟事件俱經秉公理斷完結，隨於
玖月貳拾叁日傳集土目牌番人等，分別賞賚，給與筵宴一次，各番人望闕叩
謝天恩，即令回巢訖。臣等貳拾肆日自阿孟河起程往回，嚴束兵役沿途竝無
騷擾，於拾月初叁日回署，除動支賞需銀兩數目分晰造冊移送督臣黃廷桂核
報外，所有臣等遵旨化導過番蠻緣由理合繕摺奏聞。再臣等奉到硃批壹件相
應一竝恭繳，為此專差家人朱文齋進，伏乞皇上睿鑒施行，謹奏 Ｚ。

雍正拾壹年拾月拾叁日

硃批：覽。

〔261〕四川總督黃廷桂奏明檄催馬義赴松潘總兵新任摺（雍正十一年十一月初二日）[2]-[25]-250

四川總督臣黃廷桂謹奏，為奏明事。

該臣看得鎮臣邱名揚馬義，前臣接准部咨，欽奉諭旨兩相調換，臣因松潘
地方緊要，恐彼此起程各赴新任，以致松潘並無大員料理，關係匪輕，是以臣
照會鎮臣邱名揚俟馬義抵任時，將番情邊防事宜逐件交代清楚，再赴新任等因
題明在案，嗣復欽奉上諭，寧夏總兵官員缺著重慶總兵官邱名揚調補，欽此。
臣查鎮臣邱名揚既蒙皇恩調補寧夏，遵即檄令赴任，但松潘此時正值諸番貿易
之際，就近又無可以暫委護理鎮印之員，而鎮臣邱名揚在松等候交代緣由已經
題明，未敢復行題奏，臣為邊防重地起見，隨即一面知照邱名揚仍照前行候代，

一面檄催馬義速赴松潘，乃該鎮係自重慶由水路溯流而來，以致稍稽時日，俟其抵省，臣即催令前往，理合繕摺奏明，伏祈皇上睿鑒，謹奏。

雍正拾壹年拾壹月初貳日

硃批：是。

〔262〕駐藏辦事大臣青保奏聞頗羅鼐所得準噶爾消息摺（雍正十一年十一月十五日）[8]-史料六

奴才青保等謹奏，為密奏聞事。

雍正十一年十一月十一日貝勒頗羅鼐將拉達克德仲那木扎勒為收取到的情報事寄來的書信呈給奴才我，將其大致翻譯看得，貝勒明鑒之前呈文，貝勒此前所派的額爾克綽克圖、達爾罕宰桑二人到來後，小人我即向葉爾羌派人宣傳，於喀爾喀地方準噶爾軍隊被大主子軍隊大敗而逃回家鄉，實力減弱，因此葉爾羌、哈薩克、和碩特、土爾扈特人等見機理應報仇纔對，日後對雙方大有裨益等語。如此秘密傳告時葉爾羌諾顏喀本宰桑聽到後，以收取內部情報之人為由，將其抓捕送至準噶爾。噶爾丹策零詢問，爾乃攜來拉達克貨物，為收取葉爾羌情報而來之人，據實招來，否對處死你等語。對此言道，我倆是西哈爾、葉爾羌等地與回人一道經商來的，被人抓來送到此處，絲毫不是為收取情報而來之人。衛藏阿里地方的黃教皆已隆興，眾生安逸過活矣。訓練藏地馬兵比以前更加謹慎，整飭卡倫哨卡而在，此外我沒有他言，要殺便殺等語。噶爾丹策零將我交給一名宰桑看守，兩個月沒讓見人，後來反而發給盤纏遣送回來了。我倆在那邊時聽說，在俄羅斯方面添設卡倫，又大派使者過去，我倆說去年在喀爾喀地方準噶爾兵大敗時，有的說的一致。有的人則議論，自從策妄阿拉布坦去世以來，與眾多邊境上的人都發生了戰爭，結果如何，不可預測等語，為此很是擔心。有一日見到蘇爾雜說道，內兵已經接近，如果比這個還近的話，在準噶爾遊牧地住不下了等語，聽說今年八月兩路進兵了。再，準噶爾一位從喇嘛還俗者言道，此次派出的兩路軍隊，若能，則即刻與內兵戰鬥，若不能，則偷盜其牲畜等語。還聽說已用兵哈薩克，但不知其勝敗。葉爾羌等處眾人不喜歡準噶爾人，相互議論，日後大主子兵鋒前準噶爾必敗等語。此二人與葉爾羌一名叫哈瓦依伯克的商人同於九月中旬回來後，立即將此情報具文呈送等語。是故將拉達克德仲那木扎勒寄給頗羅鼐的唐古特文書信一併謹密奏聞。

〔263〕欽差吏部郎中鼐滿岱奏覆已將慣盜占架暨擦戎亞之子釋
　　　放並傳旨各番人等欽遵摺（雍正十二年二月二十八日）
　　　[2]-[25]-744

　　吏部郎中臣鼐滿岱謹奏，為欽奉上諭事。

　　雍正拾壹年拾貳月拾叁日准四川總督臣黃廷桂咨，准兵部咨開，雍正拾
壹年拾貳月拾捌日內閣抄出，奉上諭，松潘口外各番野性未馴，時聞竊奪，
是以降旨令每歲於適中之地宣諭化導，俾知法紀，庶漸革愚頑，惟誠信所以
服人，疑慮優柔固未有能馭眾者。茲鼐滿岱邱名揚奏稱自上年化導之後十二
部落番人並無為非等事，惟占架、擦戎亞貳名係有名慣賊，拿到研訊贓款明
確，因各將伊子為質，求賞生路，臣等因事在未經化導之前，將貳犯釋放，將
占架之子酸太，擦戎亞之子松布交營收管，俟貳犯悛改之日再給領團聚等語。
占架、擦戎亞如果係慣賊，料不能悛改，即以子為質亦不可姑寬，以貽番民
害，既已原情釋放，後若有犯再擒治無難，又何必留伊子在營以為牽制計，
鼐滿岱邱名揚如此料理，識見殊屬鄙陋，著奉旨到日即將酸太、松布釋放，
令貳犯各領回巢，若能悔過即是良民，毋得記伊舊惡，倘復為非，實乃醜類，
立應置諸嚴刑，將朕此旨並諭各番目人等知之，欽此，轉行到臣。臣欽遵俞
旨，即會同松潘總兵官臣馬義行令漳臘營遊擊臧紹文將酸太、松布釋放，敬
將上諭遍傳各番土目欽遵，並行調占架、擦戎亞赴松各領伊子回巢去後。嗣
於雍正拾壹年拾貳月貳拾柒日該貳犯齊至松潘，臣等宣揚皇上恩旨，又復推
誠化導，各貳犯俱各感戴天恩，望闕叩頭，即於本日帶領伊子回巢訖。竊念
臣質陋材庸，辦事粗率，賊犯占架、擦戎亞既經原情寬釋，理應示以誠信，俾
其改革前非，乃將伊子留營為質，實屬愚昧，仰蒙皇上恩逾格外，訓誨周詳，
茲遇有番部事件，臣益加悉心詳酌，務求平允，以期仰報天恩於萬一耳。所
有微臣欽遵俞旨釋放番人回巢緣由，理合繕摺奏聞，原奉硃批貳摺一並恭繳。
再署松潘總兵官臣邱名揚已赴寧夏總兵官新任，未及會稿，合並聲明，為此
專差家人甲俊齎進，伏乞皇上睿鑒，謹奏。

　　雍正拾貳年貳月貳拾捌日

　　硃批：覽。

〔264〕鼐滿岱欽差吏部郎中鼐滿岱奏陳潘州達建寺地方不宜建城
　　　設汛情由摺（雍正十二年二月二十八日）[2]-[25]-745

　　吏部郎中臣鼐滿岱謹奏，為密陳末議仰祈睿鑒事。

　　竊照松潘黃勝關外界連番地，路通蒙古，經督臣黃廷桂等於潘州達建寺奏請建築城垣，設立營汛，固屬防範邊疆之見。但臣年來辦理夷務，往返塞地，其道路情形莫不悉心詳察，查黃勝關外自兩河口北至潘州紆迴叁百餘里，其間山徑交連，道路叢雜，如扎泥洞郎架嶺色舍上包坐皆可分歧直達四處，兩河口以南由噶龍崗戎西嶺一帶接壤雜谷番族，兩河口以西由噶利山噶洞等處悉通番部大道，而出皂又係各路通衢，潘州雖距松潘肆百餘里，但偏處西北一隅，乃包坐一溝之口隘，實非松潘之扼要也，若建築城垣，撥兵駐劄，實不足以資捍禦。且建立營汛開墾尤為首務，其潘州山高地窄，氣候寒冷，一歲之內霜雪靡常，設有播種之區，亦不能必其成熟，即隣近番人每年稞糧收穫無幾，奚可望其糶賣，兵丁日食勢必全藉挽運，歷久相因，徒滋糜費。再查潘州以北由龍溪頭熱當六哨虫庫等處達甘省至洮州河州，相去柒捌百里不等，沿途山高嶺峻，道路荒僻，難以設立塘汛，一切邊情仍由腹內漳臘南坪文縣階州傳遞，雖路徑可通，實不得與洮河聯絡聲勢也。伏查松潘漳臘南坪沿邊一帶界連甘省，關隘嚴密，而口外遠近番夷仰蒙皇上教育深仁，俱各傾心嚮化，遵守法紀，則漳臘一營足資料理，亦無庸其分轄，是潘州達建寺之設與邊疆實無裨益，抑且糜費錢糧，臣愚以為莫若停其興築，仍因舊制之省便也。臣一介庸愚，至微極陋，荷蒙天恩差辦松邊夷務，所有目擊情形不敢緘默，理合繪圖據實陳奏，是否可採，伏乞皇上睿鑒施行，謹奏。

　　雍正拾貳年貳月貳拾捌日

　　硃批：此奏是，另有旨諭部頒發。

〔265〕四川松潘總兵馬義奏覆釋放慣盜之子酸太松布及將上諭遍傳各寨番民欽遵情形摺（雍正十二年二月二十九日）[2]-[25]-753

　　四川松潘總兵官臣馬義謹奏，為欽奉上諭事。

　　雍正拾壹年拾貳月初捌日蒙兵部劄付，內開前事，職方清吏司案呈，雍正拾壹年拾壹月拾捌日內閣奉上諭，松潘口外各番野性未馴，時聞竊奪，是以降旨令每歲於適中之地宣諭化導，俾共知法紀，庶漸革愚頑，惟誠信所以服人，疑慮優柔固未有能馭眾者。茲鼎滿岱邱名揚奏稱自上年化導之後拾貳部落番人並無為非等事，惟占架、擦戎亞貳名係有名慣賊，拿到研訊贓款明確，因各將伊子為質，求賞生路，臣等因事在未經化導之前，將貳犯釋放，將占架之子酸太，擦戎亞之子松布交營收管，俟貳犯悛改之日再給領團聚等語。占架、擦

戎亞如果係慣賊，料不能悛改，即以子為質亦不可姑寬，以貽番民害，既已原情釋放，後若有犯再擒治無難，又何必留伊子在營以為牽制計，鼎滿岱邱名揚如此料理識見殊屬鄙陋，著奉旨到日即將酸太、松布釋放，令貳犯各領回巢，若能悔過即是良民，毋得記伊舊惡，倘復為非，實乃醜類，立應置諸嚴刑，將朕此旨並諭各番目人等知之，欽此，相應劄行該鎮可也等因。又於本月拾貳日承準督臣黃廷桂照會同前事各等因到臣，欽此。臣於接奉部文之日遵即壹面檄行漳臘營將酸太、松布釋放，并行調貳犯來松聽宣恩旨，各領伊子回巢，壹面遵照上諭，譯寫番文給付叄寨包坐拾貳部落，鐵布、阿壩、郭羅克、阿樹等處土千百戶丹壩扎什等，令其面同各該管土目遍諭大小各寨番民，壹體欽遵曉諭去後。遂於本月貳拾捌日據遊擊臧紹文將占架、擦戎亞行調到營，帶領伊子酸太、松布壹併呈送來松，臣隨會同部郎臣鼎滿岱傳集各番，宣諭皇上恩旨，將酸太交給占架，松布交給擦戎亞，該番等感戴皇恩，望闕叩頭，即於本日起程出口回巢訖。續據各寨土千百戶丹壩扎什等投遞承領上諭各番文，臣隨譯出，僉稱朝廷上諭來時我們都到壹處，各寨番子人人都是知道的，從此不敢為非，願作良民等情。據此欽惟我皇上德並乾坤，光昭日月，聖明獨斷，恩廣被乎遐方，睿旨周詳，威遠振于殊俗，誠如天地，無所不容，而益以成其大，日月之無所不照，而益以見其明也。臣以庸愚職司重任，欽承聖訓，仰見帝德之無私，宣布皇言，更覺至誠之動物，臣惟恪遵指授，奉為法守，惟誠惟信，化導番民，務俾咸知懷畏，盡革愚頑（硃批：此四字雖是，但非一朝一夕之所能，當時時事事勉力化導，務必副此四字之奏，方不負嚴疆重任之寄托也，勉力之），群遊仁恩浩蕩之天矣。所有欽遵上諭，釋放酸太、松布回巢日期除呈覆兵部外，臣謹恭摺奏聞，伏乞睿裁施行，謹奏。

雍正拾貳年貳月貳拾玖日四川松潘總兵官臣馬義。

硃批：覽。

〔266〕鼐格等奏達賴喇嘛坐禪事畢接領賞物謝恩情形摺（雍正十二年三月二十四日）[3]-677

奴才鼐格，祁山謹奏，為轉奏事。

據理藩院咨文內開，為謹遵上諭事，雍正十一年十月二十七日奉上諭，著問達賴喇嘛好，賞哈達、曼達、面塔兒、法輪、素珠、食物等齎往，爾部將此項賞物由驛遣至四川總督黃廷桂巡撫憲德處，由彼等轉送鼐格等交付達賴

喇嘛，欽此欽遵。遂將恩賞大哈達一方、宮中製造琺瑯曼達一個、琺瑯面塔兒十四、法輪、索珠各一，乳餅、乾果等食物四匣，一併由驛齎往，俟其抵達，爾等轉交達賴喇嘛，並宣示諭旨，並將其情乘便具奏等因，於雍正十二年正月十二日將賞物等一併遞送前來。達賴喇嘛為聖上寶座堅固萬萬世，自十月十三日始坐禪，尚未事畢，故奴才等召公索諾木達爾扎等至，如數交付皇上御賜物件，在達賴喇嘛住樓上恭設香案供存。二月初八日達賴喇嘛坐禪事畢，奴才等恭陳賞物於案，親捧繫哈達之曼達頒賞，達賴喇嘛就地下跪，雙手恭受，合掌告稱，小僧為文殊師利大皇帝金蓮座堅固萬萬世而坐禪，大皇帝對小僧仁愛備至，特頒諭旨，問小僧好，賞曼達、面塔兒、法輪、素珠、果品等物，小僧不勝歡悅，感激無地，將另疏謝恩等語。三月二十一日達賴喇嘛敬備謝恩唐古特奏書，跪呈奴才等，乞請代為轉奏，是故奴才等粗譯達賴喇嘛唐古特奏書，另行繕摺，一並恭呈御覽，為此謹奏。

雍正十二年三月二十四日（一史館藏軍機處滿文錄副奏摺）

附粗譯達賴喇嘛奏書[4]-24 〔註469〕

粗譯達賴喇嘛奏書

文殊師利皇帝敕封西天大善自在佛所領天下釋教普通瓦赤喇怛喇達賴喇嘛望闕跪地燃香撒花叩頭謹奏，仰賴天下教眾之文殊師利皇帝格外眷愛小僧，謹遵諭旨，於去年十月十三日始至甲寅〔註470〕年二月初六日止，為大皇帝寶座萬萬年牢固坐禪，仰仗皇恩絲毫無礙，禪畢適逢吉日，見都統等轉賞之整套密供曼達、五色福運哈達、寶輪、佛塔、巴靈，欣賞不已。傘、器等物皆為三界聖供物件。甘甜食物四匣，一併祗領。自正月十二日抵達，內心欣悅不盡，仰承施此隆恩，為大皇帝寶座萬萬年牢固及心想事成，仰巴靈之財，潔淨諷經，發自肺腑，盡心竭力，無言以奏，乞請聖心明鑒，綸音如天河而降，請鑒之。以奏書禮，敬獻福運哈達一方、印度俐瑪怛喇額克佛一尊、喀齊庫爾庫木三十兩。

〔267〕管領駐藏雲南兵丁革職提督張耀祖奏報駐四川察木多地方滇省官兵撤回日期摺（雍正十二年四月初八日）[2]-[26]-105

革職提督奴才張耀祖謹奏，為奏明撤回官兵日期事。

奴才於雍正拾壹年拾壹月貳拾壹日接准駐藏欽差清保等來咨，駐劄察木

〔註469〕經辨識，作為此奏摺之附件。
〔註470〕藏曆第十二饒迥木虎年甲寅，雍正十二年。

多雲南官兵臺站月費錢糧繁多，今藏地無事，於四川設立臺站汛兵內減肆百名駐劄察木多，著總督黃廷桂派官管領撤回雲南官兵錢糧有益，甚屬妥便等因，欽奉俞旨行文到奴才處，俟川省官兵至日撤回本營。奴才欽此欽遵，即咨移雲南督撫提臣一體欽遵去後，蒙雲貴廣西總督臣尹繼善、雲南巡撫臣張允隨檄行司道查議，此次撤回官兵照例議給折色塩菜銀兩，裹帶口糧，兼念各兵駐劄日久，口外冰雪嚴寒，駝馬倒斃，軍裝行李難以攜回，因仰體聖主洪仁，每兵照昔年撤回賞給駝載銀捌兩之例，今次減半每名給銀肆兩。又麗江土兵肆拾名照昔年之例減半給銀貳兩，中甸番兵拾伍名程途稍近，每名給銀壹兩伍錢，凡漢土各兵莫不感頌皇恩，人人頂祝。所有滇省存倉米柒百餘石，軍前糧務寧州知州王敎遵奉督撫臣檄行盤交四川糧務忠州知州靳夢熊收管。其滇省存剩軍需銀壹拾壹萬餘兩，遵奉護鮮回滇，奴才派遣都司紀麟帶領官兵協同知州王敎小心護鮮回滇。茲有四川總督臣黃廷桂檢選駐劄江達橋梁萬營都司楊鶴於雍正拾貳年肆月初柒日帶兵前來察多木駐劄，奴才遵即率同遊擊張有義並千把外委等官帶領滇省漢土兵丁伍百伍拾伍名並帶原領炮位器械於本年肆月初拾日自察木多起程回滇，兼撤臺站，仍嚴假約束兵丁，凡經過地方公平交易，秋毫無犯。再查雲南官兵前奉文進藏，隨帶火藥鉛彈等項，除歷年操演用過及今次撤師隨帶外，尚餘存火藥貳千伍百觔，鉛彈柒萬捌千出，炮子壹千伍百出，火繩壹千肆百盤，此項若運回內地，計算所費腳價儘足製備，奴才竊思察木多現有駐劄川員，火藥等項為軍中要物，操演防範寧可有餘，川滇一體，均屬皇上官兵，奴才隨將餘存火藥等項飭令將弁逐一盤交四川都司楊鶴收管備用，仍咨明欽差大人並四川督撫臣知照，奴才俟帶兵進口抵省，另為具奏外。伏念奴才欽蒙聖主格外洪仁，開自新之路，使効力贖罪，今未効寸長，實深悚愧，竊思犬馬報主之心矢諸生生世世，滇省乃苗蠻裸處之地，奴才抵滇之後倘遇苗疆有行走之處，奴才雖年逾柒拾，不敢偷安，容商請督臣另圖効力，以期贖愆補過。所有撤回官兵日期理合繕摺專差外委把總趙起雲、家人張忠齎捧奏聞，伏祈皇上睿鑒施行，奴才謹奏。

雍正拾貳年肆月初捌日

硃批：覽。

〔268〕蘭州巡撫許容奏覆查明喇嘛章嘉庫圖克圖父母住處及料理情事摺（雍正十二年四月二十二日）[2]-[26]-163

蘭州巡撫臣許容謹奏，為欽奉上諭事。

　　竊照章嘉庫圖克圖父母欽奉上諭，酌量給與生業，約以千金為度，仍令地方官照看，臣前接倒大學士伯鄂爾泰等寄信，當即密諭西寧道楊應琚查明妥辦，嗣據稟覆，章嘉庫圖克圖父母達爾汗等住居寧屬威遠堡東首之東溝地方，並現在料理緣由業經繕摺具奏。今據楊應琚稟稱，專差妥人當同達爾汗在東溝附近沙塘川腦阿落善灘憑中買就莊房一處，內外共房四十三間，旱地十三段，下籽種市斗二十石，用價銀七百兩，又買大小羊一百二十三隻，騾馬十匹，犏牛六隻，毛牛十隻，並農具家伙各項用銀三百兩，以上共用銀一千兩，已在道庫銀內逐項給發清楚，即將莊房文契及牛羊各物交給達爾汗收領訖。據達爾汗口稱，我夫婦是何等人，蒙皇上天恩垂念生計艱難，賞給產業牲畜，養瞻孳生，又著地方官照看，現今我夫婦還有兩箇兒子，一箇是俗家人，一箇是喇嘛，三箇女兒，一個媳婦，從今得過好日子了，我就是今生來世世世報不盡的，我一家人惟有日夜焚香叩祝皇上慈悲聖恩，隨北向叩頭謝恩而去。除仍著地方官照看外，所有遵奉辦理及達爾汗感激皇恩緣由理合密稟，並備造置買莊房牛羊各物清冊齎呈等情到臣，除飭令布政司在於藩庫存貯茶規銀內動發一千兩歸還道庫外，理合繕摺具奏，伏惟聖鑒，臣謹奏。

　　雍正十二年四月二十二日

　　硃批：好。

〔269〕雲南鶴麗總兵何勉奏陳急思懇請陛見之忱擬於十月內巡查劍川中甸摺（雍正十二年五月二十四日）[2]-[26]-343

　　雲南鶴麗鎮總兵官臣何勉謹奏，為瀝陳下悃，仰祈睿鑒事。

　　竊臣猥以庸愚，荷蒙聖恩，由千總超陞，洊歷參將副將，復叨簡任，畀臣雲南鶴麗鎮總兵官，深沐知遇，涓埃未報，業將感激微忱於到任之日恭疏奏謝外。今臣到任已經伍月，所有經理一切營務，俱係遵照督臣尹繼善，提臣蔡成貴酌定成規，力行有益，無可滋議紛更，臣惟有訓練官兵，謹嚴虛冒，不敢瞻狥廢法，不敢矯飾沽名，仰賴皇仁，四境乂安，麥秋大有。但臣自雍正陸年拾月內遵例到部輪流引見，得覲天顏，迄今陸載，以臣犬馬之心，無日不瞻戀闕廷，急思懇請陛見，然權衡先後，而仰體聖心尤所當先我皇上以寧謐地方，整飭營伍為念，臣所轄尚有劍川協維西營及沿邊中甸一帶地方，俱應巡歷，看驗官兵，查點器械。臣現在咨呈督臣尹繼善提臣蔡成貴商酌，可否於本年冬成拾月內起程前往巡查，如照覆可行，即當另疏具題請旨外，今

臣此時不敢（硃批：是）遽請陛見，但犬馬戀主之忱，不能自已，謹三跪九叩，攄誠繕摺，專差臣標外委千總王連奎家人余國紀齎捧，恭請聖安，以伸蟻悃，伏乞睿鑒，臣謹奏。

雍正拾貳年伍月貳拾肆日

硃批：覽。

〔270〕諭駐藏大臣馬喇等轉賞御賜物品慶賀五世班禪病癒（雍正十二年五月二十八日）[5]-27

雍正十二年五月二十八日奉上諭，據駐藏辦事青保等奏稱，班禪額爾德尼於本年舊病復發，甚是疼痛，現已痊癒等語，班禪額爾德尼年事已高，而今仰仗天佛佑護之恩，病癒復原，朕聞之甚喜，茲問班禪額爾德尼好，以喜慶禮賞哈達、供佛八寶及玻璃、琺瑯碗瓶等物齎往，所賞物件驛遞至藏，由馬喇等派人送往，著將朕旨諭班禪額爾德尼知之，欽此。

（六月十八日將此撰文，由筆帖式舒赫德鈐印，由中書富俊加封，交付奏事伍彌泰，馳遞副都統馬喇等，玻璃罩琺瑯八供一分、大哈達一方、琺瑯嗎呢一件、琺瑯奔巴壺一件、琺瑯茶碗一件、高足磁碗一對、玻璃花瓶一對，將此賞物與寶一併遣往）

〔271〕鼐格奏請達賴喇嘛可否返藏安置摺（雍正十二年六月十八日）[3]-678

鑲藍蒙古旗都統奴才鼐格謹具密奏，為恭陳惠遠廟情形，伏乞聖鑒事。

奴才伏思聖上為宏揚佛法廣興黃教，在噶達地方敕建寺廟，令達賴喇嘛居住，教化邊塞附近番民皈依佛教，戒惡從善，普渡眾生，誠為聖主尚佛撫番之至意，雖非奴才庸愚所識，然奴才照料達賴喇嘛時所知情事，不敢不陳奏。查達賴喇嘛自至喀木地方，由內廷每月支給達賴喇嘛米茶及達賴喇嘛隨行二百名大喇嘛之食物，折銀每年三千餘兩，聖主又屢加恩賞，此外達賴喇嘛所屬關卓爾、巴爾喀木、桑噶吹宗、擦瓦左崗等地一年交納值三千兩銀之牛羊米油等物，貝勒頗羅鼐每年由藏送銀一二千兩或數百兩，或金銀器皿珊瑚琥珀素珠香氈毯各種果品僧衣等物，泰寧周圍僧俗生計雖不豐裕，尚能盡其所能獻物，統計每年進項，可供替聖主送茶至藏熬茶並在附近寺廟熬茶，以及近四百名喇嘛四百餘名黎民之食用。再達賴喇嘛及眾堪布喇嘛等，俱期拜謁文殊菩薩大聖皇帝聖顏，然將達賴喇嘛召至內地朝覲，達賴喇嘛尚係生身，不適內地酷暑，倘

令永居泰寧，達賴喇嘛之隨行堪布大喇嘛等在藏均各有寺廟，教管徒眾，土伯特人眾貢獻物品，寺廟亦有牧場莊屯，彼等雖承皇恩居住泰寧，但其牧場莊屯不能遷來，行動不如在藏便利，且無前來拜師獻物之人，猶如客居。至冬闊爾、第巴等人在藏均有妻子家業，彼等雖無欲返之舉，難斷思念故土之情，況且泰寧一帶每年又有地震。班禪額爾德尼亦已年邁多病，既然如此，或令達賴喇嘛居住泰寧，抑或遣之回藏，伏乞聖主睿鑒，若令達賴喇嘛居住泰寧，足賞食用物品，恩自上出，倘令達賴喇嘛回藏，如何令其榮還，抵藏後如何護衛之處，謹請飭該部議覆施行，為此誠惶誠恐謹具密奏。

雍正十二年六月十八日（一史館藏軍機處滿文錄副奏摺）

〔272〕西藏辦事大臣福壽等奏報達賴喇嘛謝恩等事摺（雍正十二年七月二十八日）[1]-4507

奴才福壽〔註471〕、琦善、喇布坦〔註472〕謹奏，為奏聞事。

切照去年達賴喇嘛為請聖安而所遣使臣堪布羅布藏袞楚克等齎捧聖主諭達賴喇嘛諭旨、賞賜物品於今年七月初四日抵達泰寧，奴才等率在泰寧官員、公索諾木達爾扎、眾喇嘛等出郊跪迎諭旨，請入涼棚，供獻桌上行三跪九叩頭禮訖。使臣堪布羅布藏袞楚克齎捧聖主諭旨、賞賜物品入寺，達賴喇嘛下床東向立，請聖主萬安，祗領諭旨，觀瞻所賞各種物品。合掌告奴才等稱，滿珠師利大皇帝切念黃教益〔註473〕於眾生靈，甚為體恤我，令使臣堪布、囊蘇等小人朝覲金顏，下頒訓旨，我等仰荷鴻恩，復賞賜跳羌姆所用之多克欣佛帽衣服等精緻物品、綢背云寶蓋等物，仰蒙此鴻恩俱係小生靈未曾料想，於土伯特原雖有跳羌姆所用之物未曾見似此珍奇寶物，我惟於大聖主寶座萬萬斯年而誦經外不勝歡忭，莫可言喻，為此謹具奏聞。

雍正十二年七月二十八日

硃批：知道了。

〔273〕邁祿奏謝授為鑲黃滿洲旗都統摺（雍正十二年八月十三日）[1]-4510

奴才邁祿伏跪謹奏，為奏聞叩謝天恩事。

〔註471〕《欽定八旗通志》卷三百二十四作蒙古鑲紅旗副都統福壽。
〔註472〕待考。
〔註473〕原文作優，今改為益。

雍正十二年八月初二日接准兵部咨稱，奉旨，以邁祿為鑲黃滿洲旗都統，欽此欽遵咨行等因前來。奴才見文即設香案望闕恭謝天恩訖，伏思奴才祖、父世承皇上重恩，纖毫未報，而奴才仰蒙聖主簡用，由侍衛至前鋒統領、蒙古旗都統，奴才邁祿正為未能報答皇上豢養重恩而晝夜惶悚之時茲復蒙無疆之恩授奴才為鑲黃滿洲旗都統，奴才仰承聖主豢養高厚之恩，無論作何効力亦難報稱，惟虔誠感激皇恩，竭力勉為外，只是喜悅莫可言喻，為此謹奏以聞。

雍正十二年八月十三日

硃批：知道了，應勤力而行纔是，諸凡管教、正國法者，惟依理而行，不可用暴，憐憫頒國恩惟斟酌而為之，不可賣法取名，誠能如此為之，屬下所管者誰不服從，何政不能成，爾之年紀正是學習之時，惟存自己全不知之不滿足之心，則必日就月將，倘存自己全知之滿足之心，則即堵塞漸衰，是以古賢者以謙遜為至本，以激勵自己第一要言，勤之。

〔274〕散秩大臣阿爾蓀等奏報啟程到藏日期摺（雍正十二年八月二十二日）[1]-4516

奴才阿爾蓀〔註474〕等謹奏，為奏聞事。

雍正十二年六月十一日奴才等自打箭爐啟程，仰賴聖主天福沿途平安，八月十八日抵藏，為此謹具奏聞。

雍正十二年八月二十二日

散秩大臣伯臣阿爾蓀。

副都統臣那蘇泰〔註475〕。

硃批：好。

〔275〕都統邁祿奏謝硃批教誨摺（雍正十二年八月二十三日）[1]-4517

奴才邁祿伏跪謹奏，為叩謝天恩事。

竊奴才謝恩摺子奉聖主硃批諭旨，知道了，應勤力而行纔是，諸凡管教、正國法者惟依理而行，不可用暴，憐憫頒國恩惟斟酌而為之，不可賣法取名，誠能如此為之屬下所管有誰不服從，何政不能成，爾之年紀正是學習之時，惟存自己全不知之不滿足之心，則必日就月將，倘存自己全知之滿足之心，則即

〔註474〕此人正確名為阿爾珣，雍正十二年為駐藏辦事大臣，到任不久即病卒。

〔註475〕《欽定八旗通志》卷三百二十四作蒙古鑲白旗副都統納蘇泰。

堵塞漸衰，是以古賢者以謙遜為至本，以激勵自己之第一要言，勤之，欽此欽遵。奴才謹跪讀訖，伏思奴才邁祿一介微賤，仰承聖主豢養無窮重恩，不計其數，且復蒙頒旨教誨不僅感激不盡，而且實難報稱，惟欽遵皇上訓旨刻骨銘心，勤尤勤之，奴才邁祿叩謝天恩，為此謹奏。

雍正十二年八月二十三日

硃批：知道了。

〔276〕鄂爾泰等議奏允禮與達賴喇嘛相見之禮摺（雍正十二年八月二十五日〔註476〕）[3]-680

大學士伯臣鄂爾泰等謹奏，為遵旨議奏事。

雍正十二年八月二十日和碩果親王奉旨，爾此次前去與達賴喇嘛如何相見及如何筵宴、熬茶之處，可同辦理軍機大臣定議具奏，欽此。臣等會議得，達賴喇嘛回藏，特蒙聖恩令果親王前往泰寧，恭代聖躬與達賴喇嘛相見，轉降諭旨，王到彼之日應令達賴喇嘛在廟之大門內迎候，其敕諭恭捧前行，王帶領章嘉呼圖克圖等自左邊行，達賴喇嘛自右邊行，其賞賜達賴喇嘛物件，先令人送入屋內設放，俟達賴喇嘛恭請聖安後，王轉降諭旨，將賞賜物件交付畢，彼此以相見之禮，各給哈達，即行就坐，王所坐之床應與達賴喇嘛坐床相等，仍分左右對坐，章嘉呼圖克圖應與王坐床之次設放矮床而坐，其隨去之大臣官員按品級稍向後排坐，遞茶時王與達賴喇嘛所飲之茶一齊遞送，王辭出時達賴喇嘛出房門送至院中。另擇吉日設席，以王與達賴喇嘛相見之禮，自跟隨達賴喇嘛之堪布喇嘛等以及第巴頭目等，俱賜以筵宴，筵宴之時除喇嘛外，應令公索諾木達爾扎及第巴頭目等俱叩頭就坐，宴畢謝恩。筵宴之日達賴喇嘛在房門迎接，與王相見，行坐儀注俱照初見之禮行。至於熬茶應另擇吉日，齊集大小眾喇嘛，散給茶葉、佈施。查喇嘛等有四百餘人，應令預備值銀千兩之物件，酌量分給。王將回京之前，再行筵宴一次，其筵宴、熬茶需用物件，應令地方官預將人數查明，豐裕備辦。事畢王回京之日達賴喇嘛仍於廟之大門內恭請聖安，送王起身，俟命下之日行令四川總督黃廷桂巡撫鄂昌〔註477〕、副都統福壽等遵照辦理可也。

雍正十二年八月二十五日奉旨，依議。（一史館藏軍機處滿文錄副奏摺）

〔註476〕原註，硃批時間。
〔註477〕《清代職官年表》巡撫年表作四川巡撫鄂昌。

〔277〕駐藏大臣馬喇等奏聞五世班禪病癒領賞謝恩情形摺（雍正十二年九月二十四日）[5]-28

雍正十二年五月二十八日奉上諭，據駐藏辦事之青保等奏稱，班禪額爾德尼於本年舊病復發，甚是疼痛，現已痊癒等語，班禪額爾德尼年事已高，而今仰佛佑護之恩，病癒復原，朕聞之甚喜，茲問班禪額爾德尼好，以喜慶禮賞哈達、供佛八寶及玻璃、琺瑯碗瓶等物齎往，所賞物件至藏，由馬喇等派人送往，將朕旨傳宣班禪額爾德尼知之，欽此。

奴才等遵旨派員外郎納孫額爾赫圖〔註478〕，筆帖式蘇爾慶阿前往宣諭頒賞去後，九月二十一日員外郎納孫額爾赫圖等返回告稱，卑職等於九月初二日由藏起行，十一日行抵扎什倫布，是日班禪額爾德尼派其親信卓尼爾喇嘛出迎十里之外，抵達後班禪額爾德尼合掌恭請聖主萬安，納孫額爾赫圖等向班禪額爾德尼宣諭並頒賞物畢。班禪額爾德尼告稱，小僧前因病就醫，誦經祈禱，仰賴文殊菩薩大皇帝大福，病癒康復，經駐藏大臣、貝勒等具奏，蒙大皇帝憫憐，以喜慶禮派員外郎筆帖式頒降聖旨，賞福運哈達、八供、玻璃琺瑯碗壺、念珠等物，不勝欣悅，誠為大福，無以還報，小僧身為喇嘛，惟為大皇帝蓮座永久牢固，逸樂眾生，成就大皇帝所欲諸事，誦經祈禱三寶佛，並敬備獻大皇帝之奏書、哈達、佛尊、珊瑚素珠之匣一隻，加以包封，請員外郎筆貼式齎往，交駐藏大臣等轉奏等因。是故卑職等遂於十六日自扎什倫布起行，携來班禪額爾德尼奏匣一隻等語。奴才等謹將班禪額爾德尼叩謝天恩奏書、哈達、佛尊、珊瑚素珠之匣一隻，連其包裝一併謹具奏聞。

附五世班禪病癒接奉駐藏大臣等轉賞物品謝恩奏書（雍正十二年九月二十四日）[5]-29

附件班禪額爾德尼奏書

人聖共戴文殊菩薩皇帝陛下，自扎什倫布謹奏，近期四方教眾，得恃無比，文殊菩薩大皇帝聖躬，猶如億日照耀金須彌山，明光閃射，穩御牢固金剛座，駕恩威金輪，調順天下，以垂萬世逸樂，不盡之恩普被教眾。小僧身居雪山仿效釋迦牟尼，無奈年邁血氣衰弱，去年十二月傷風病篤，承蒙駐藏大臣及貝勒專特派人問視，諷經祈禱，仰仗大皇帝洪恩，沉疴初癒，茲謹率徒眾為聖主之蓮座牢固，國運之久昌，勤勉諷經祈禱。聖主善育吾輩，難以

〔註478〕 第一部分第三十一號文檔作主事訥黑圖，第一部分第五十九號文檔作主事訥赫圖，本部分第二一二號文檔作辦事主事納蓀額爾赫圖。

言盡，雖遭百劫，亦難還報，適纏又蒙洞悉小僧病癒，飭令大臣等轉賞福瑞哈達、彰顯眾生逸樂之銀製鎏金八供連托盤、玻璃罩、玻璃壺一對，琺瑯壺、紅花連把磁碗各一隻，琺瑯瑪呢輪連松木座，均係精工製做而成之奇珍，茲由章京筆帖式等齎至，小僧不勝欣喜，嗣後益當仍前衍樂教眾，興廣神聖宗喀巴軌範，仰祈永沐我等徒眾於寬厚福海之中，不斷頒降訓諭，謹乞鑒之。隨書謹備福瑞哈達、仿額訥特克克〔註479〕式樣恭造扎西俐瑪文殊佛、珊瑚素珠，於吉月吉日一併進獻。

雍正十二年十一月初九日交付奏事頭等侍衛呼畢圖等轉奏，是日奉旨，知道了，欽此。

〔278〕辦理松潘夷番事務吏部郎中鼐滿岱奏報頒發並向阿壩等部宣講律例情形摺（雍正十二年十月初一日）[2]-[27]-57

臣鼐滿岱馬義謹奏，為奏聞事。

雍正拾貳年捌月貳拾叁日准辦理青海夷情工部侍郎臣馬爾泰等清字咨開，准辦理軍機大臣咨，據侍郎馬爾泰等咨稱，頒發番人律例壹案，今將番人頭目之等次及條款內應行改正之處改正前來。查侍郎馬爾泰等駐劄西寧年久，其番地情形深所熟悉，律例內條款與番人是否相符之處令公同酌議妥當，均照所議開載譒譯湯古忒字通行曉諭番人，至松潘所屬番人應給律例，交鼐滿岱散給可也，計移番律叁拾柒本等因移咨到臣等。臣等遵將頒發到律例於本年玖月貳拾日化導番人之喇嘛松多地方傳集拾貳部落併阿壩、阿樹、郎惰、鵲個、郭羅克等寨正副土目牌番人等逐條宣講，照數分給。據各土目稟稱，仰蒙聖主天恩，念我等愚頑，賞給法律，不使非為，我等敬謹抄錄，遍傳所屬番人，與經典一體持誦，務使老幼通曉，永遠相傳，即率領眾番望闕叩頭祗領。所有臣等散給過律例併番人感戴天恩緣由，理合恭摺奏聞，伏乞皇上睿鑒，謹奏。

雍正拾貳年拾月初壹日

〔279〕辦理松潘夷番事務吏部郎中鼐滿岱奏覆前往松口外宣諭化導及賞賚各部落頭人摺（雍正十二年十月初一日）[2]-[27]-58

臣鼐滿岱馬義謹奏，為遵旨議奏事。

〔註479〕即印度。

　　案奉戶部剳開，大學士伯鄂爾泰等奏稱，臣等議得松潘口外各番部素屬愚頑，自雍正元年以來次第招撫，而野性未馴，間有竊刦之事，若每年會集番目宣諭化導，使知改行從善，似屬有益。今據鼎滿岱等奏稱，請照辦理青海之例於秋高馬肥之候至番部適中之地調集各頭目，宣布聖主四海同仁之德等語。應如所請，照辦理青海之例令鼎滿岱會同邱名揚每年於捌玖月間量帶兵役出口，至番部適中之地調集各頭目等宣揚皇上德威，講明法律，使知遵守，分別賞罰以示勸懲。至番部中有盜竊為非事件，鼎滿岱等固應於會集時公同理斷，酌量完結，但不可過於嚴急，轉致番人疑懼，務令各番人等誠心悅服，共知法紀，漸次化導可也等因，奉旨依議，欽此，剳行在案。查本年時值秋高馬肥，例應出口化導，臣等酌量賞需銀兩數目，移咨督臣黃廷桂轉行藩庫給發，委員採辦緞布等物，一面選擇地方行調各土目人等齊集去後，臣等僱覓馱載，量帶兵役於玖月初貳日自松起程出口，初捌日至各番部適中之喇嘛松多地方駐剳，各頭目番眾俱已先期齊集。臣等敬揚皇上德威，宣講法律，竝按其習俗性情逐一推誠開導，眾番目人等莫不拱聽悅服，咸稱我等昔隸青海蒙古，各部落中原有不肖賊番，自蒙化導叁年以來均各遵奉法紀，管束部番不使為非，安分住牧，現今各寨牲畜晝夜牧放無虞，實從來未有之安靜，此皆聖主化導天恩之所致等語。臣等細查番眾情形，較之往昔頗遵理法，現在各路商販通行，而遠近地方悉皆寧謐。至於控告事件俱係細務，臣等秉公分別理斷完結，隨於本月貳拾日遍加賞賚，以廣皇恩。又擇其辦理事務勤慎，管束部番嚴謹之正副土目墨丹住、灣布桑頓等壹拾叁名加賞緞布銀牌等物，以示獎勵，貳拾壹日給與筵宴壹次，各番人等望闕叩謝天恩，各回住牧訖。臣等於貳拾貳日自喇嘛松多起程往回，嚴束兵役，加意密防，沿途竝無騷擾，於貳拾陸日回松，除將臣等用過賞需銀兩數目開明款項造冊由四川布政司轉請報部核銷外，所有臣等遵旨化導過番人緣由理合奏聞，為此繕摺專差家人良德張奇齎進，伏乞皇上睿鑒，謹奏。

　　雍正拾貳年拾月初壹日

　　硃批：欣悅覽之。

〔280〕辦理松潘夷番事務吏部郎中鼎滿岱奏繳硃批摺（雍正十二年十月初一日）[2]-[27]-59

　　吏部郎中臣鼎滿岱謹奏，為恭繳硃批事。

　　雍正拾貳年肆月貳拾壹日臣家人甲俊齎捧到雍正拾貳年貳月貳拾捌日具

奏原摺硃批貳件回松，臣隨出郊跪迎至署，恭設香案望闕叩頭欽遵訖，所有奉到硃批貳件理合恭繳，伏祈皇上睿鑒，謹奏。

雍正拾貳年拾月初壹日

〔281〕馬臘代奏頗羅鼐等叩謝降旨遣返達賴喇嘛摺（雍正十二年十月十七日）[3]-681

奴才馬臘等謹奏，為叩謝天恩，代為奏聞事。

雍正十二年十月十六日貝勒頗羅鼐等為叩謝天恩，將蒙古字奏書一份呈交奴才等請求轉奏。經粗譯，奏書云，卑職頗羅鼐燃香叩奏，十月初三日准軍機處所寄為遣返達賴喇嘛頒降之諭旨，卑職頗羅鼐當即遣人告知班禪額爾德尼，班禪額爾德尼極為欣喜，亦具奏書。卑職頗羅鼐及土伯特喇嘛、黎民百姓亦各不勝欣忭，叩謝天恩，頗羅鼐謹率土伯特之眾謝恩，上奏書及密摺各一份，班禪額爾德尼上奏書一份，裝匣一併具奏，並以奏書禮，獻福運哈達，吉日於昭多羅貝勒頗羅鼐叩奏等語。奴才謹將班禪額爾德尼加封奏匣一隻、貝勒頗羅鼐等叩謝天恩蒙古字奏書一份、頗羅鼐密摺一份，一併謹具奏聞。

雍正十二年十月十七日（一史館藏軍機處滿文錄副奏摺）

〔282〕頗羅鼐奏派其長子珠爾默特車布登駐守阿里摺（雍正十二年十月十七日）[3]-705

奴才頗羅鼐叩奏於普天眾生皈依大皇帝金蓮座陛下。

奴才頗羅鼐之長子公珠爾默特車布登身染沉疴，經班禪額爾德尼診視，夏居扎什倫布附近，冬春在藏調養，仰賴大皇帝眷佑，已見好轉。阿里三處大小官員等，仰大皇帝之恩，信賴我父子，聽從調遣，公珠爾默特車布登從阿里至此後，其缺由青特古斯、圖爾根哈布哈〔註480〕二人替補。據阿里人告知此二人，巴勒迪〔註481〕之人擊敗拉達克之尼瑪納木扎勒之妻族喀布拉之

〔註480〕《欽定西域同文志》卷二十四頁九載，車臣喀沙喀喇布丹端珠布，諾顏和碩切喇布丹之弟，轉音為色臣哈什哈阿喇布坦敦多布，是否此人待考。

〔註481〕《大清一統志》（嘉慶）寫作巴勒提，為伊斯蘭化之藏人部落，在拉達克西，即今巴基斯坦巴爾蒂斯坦地區。《大清一統志》（嘉慶）卷五三一載，巴勒提在博洛爾之南，痕都斯坦之北，其貢道由郭以達于京師。建置沿革，自古無聞，其地在痕都斯坦東陸，相與鄰接，國俗亦大略相似，蓋漢唐時罽賓國近東屬境也，其部羣山接近，中有長河，其地有土伯特，札穆巴，克什米爾諸

眾，克取二城，並窺視喀布拉，拉達克德忠那木扎爾〔註482〕因此率兵征殺巴勒布〔註483〕之人，大敗之。巴勒布、葉爾羌〔註484〕合攻喀布拉、拉達克，亦難逆料，公珠爾默特車布登須來阿里方妥等語。阿里之眾請從卑職之二子中派一人去往阿里，竊思卑職之次子居本地管束騰格里湖、達木等地厄魯特兵，守護哨卡。卑職之長子公珠爾默特車布登病雖稍愈，然因阿里之噶爾〔註485〕地勢高，水土不服，阿里之噶爾以東與後藏迤西交界之卓書特〔註486〕地方，水草豐美，請准於明年二月由藏起程，在卓書特地方駐守一二年，以響應阿里兵，則外藩觀之威武，承蒙大皇帝隆恩之人亦得以効力，奴才頗羅鼐如此奏請，妥當與否，悉尊大皇帝之旨施行，謹請頒降訓諭。據稱葉爾羌、巴勒布合兵進攻喀布拉、拉達克，亦難逆料，理應審慎提防，業經咨文拉達克汗、官員等去訖。又阿里邊卡地方，先前尚有遣往葉爾羌人等之馬匹踪跡，今年踪影全無，伏乞明鑒，謹獻伯勒克，奴才頗羅鼐叩奏。

雍正十二年十月十七日

雍正十二年十一月初八日奏入，奉旨，珠爾默特車布登病始愈，與阿里之水土不服，恐其病復發，著寄信馬臘等，命彼等與頗羅灩商議，另覓幹練妥當之人代珠爾默特車布登遣往，倘若派珠爾默特車布登前往而無礙於其病，即派珠爾默特車布登前往，欽此。（一史館藏軍機處滿文錄副奏摺）

〔283〕大學士鄂爾泰等奏報五世班禪病癒接奉賞物謝恩情形片（雍正十二年十一月初七日）[5]-30

大學士伯臣鄂爾泰等謹奏，為班禪額爾德尼病癒。

仰蒙聖上以喜慶禮恩賞哈達、八供等物，叩奏謝恩，此唐古特奏書，擬交

地，分兩部落，其酋長默斯帕爾及烏蘇完分統之，各有眾八千餘人，舊在葉爾羌貿易，乾隆二十五年西域既平，其酋長請內附，自此通市不絕。暨度，北極高三十一度五十分，距京師偏西四十五度二十八分《西域圖志》。
〔註482〕《欽定外藩蒙古回部王公表傳》卷九十一頁二十九作德忠納木扎勒，《拉達克王國史 950～1842》頁一七二作德迴南傑，雍正七年至乾隆四年在位。
〔註483〕本文檔巴勒布均為巴勒提之誤。
〔註484〕今新疆莎車縣。
〔註485〕此地為阿里噶爾本駐地，夏季在西藏噶爾縣昆莎鄉噶爾亞沙仲措附近，冬季則遷至噶爾昆沙，今西藏噶爾縣昆莎鄉附近。此二地在森格噶爾藏布河上下游《中國分省系列地圖集》（西藏）。
〔註486〕清時期西藏一部落，《大清一統志》（嘉慶）卷五百四十七載，卓書特部落，乃藏之西界，阿里之東界。在今西藏仲巴縣隆嘎爾鄉一帶。

—618—

內閣翻譯呈覽，所獻物品交付該處。

雍正十二年十一月初七日奏入。奉旨，著照所議，欽此。（將此交付理藩院）

〔284〕四川總督黃廷桂奏覆辦理松潘夷務郎中鼐滿岱似應回京摺（雍正十二年十一月二十一日）[2]-[27]-283

四川總督臣黃廷桂巡撫臣鄂昌謹奏，為遵旨奏明事。

竊查雍正拾壹年拾月初捌日接奉廷議，內開，臣等議得川督黃廷桂等奏稱，松潘防兵已撤，而青海蒙古感沐隆恩，即松屬土部各安靜無擾，且鎮臣邱名揚生長松潘，熟悉情形，將來遇有番夷事件，足資查辦，其郎中鼐滿岱應否令其回京，恭候聖訓等語。查松潘一帶接壤番夷，現今地方寧謐，似可無庸部員在彼料理，但查鎮臣邱名揚近奉諭旨調任寧夏總兵，其松潘總兵員缺將重慶總兵馬義調補，是馬義甫到松潘，一切夷情尚須鼐滿岱暫留辦理，應俟馬義熟悉地方情形之後，令黃廷桂等奏明，再令鼐滿岱會回京可也，謹奏。雍正拾壹年玖月拾貳日奉旨，依議，欽此，等因到臣等。臣等看得松潘鎮臣馬義抵任以來所轄番夷俱安靜無擾，且在松已逾一載，近又出口化番，而於邊外各部落地方情形該鎮既經親歷，尤易熟悉，但一切夷情事件俱係公同郎中臣鼐滿岱會商酌辦。臣等相隔窵遠，未識該鎮遇有夷務能否獨出己見，順適夷情，足以料理妥協，隨咨詢鼐滿岱去後，隨茲准鼐滿岱覆稱，鎮臣馬義居常採訪情形，遇事虛衷商酌，迄今一載有餘，殊為諳練，且本年會同出口辦理夷務，其所出己見頗順番情等因前來。臣等查松潘內外番族仰沐聖主德教，歷年遵守法紀，安分住牧，今又准鼐滿岱咨稱，鎮臣馬義業已熟悉邊地風土，又能順適番情，料理夷務，其郎中鼐滿岱似應回京，理合遵旨奏明，恭候皇上聖訓遵行，謹奏。

雍正拾貳年拾壹月貳拾壹日

硃批：覽，著鼐滿岱回京，汝等可寬裕幫他盤費令來。

〔285〕五世班禪為蒙恩允准達賴喇嘛回藏謝恩奏書（雍正十二年十二月初二日〔註487〕）[3]-682

人聖共戴文殊菩薩皇帝蓮座陛下，自扎什倫布謹奏。

蒙大皇帝慈愛我土伯特部教眾，由駐昭地大臣等轉宣遣返達賴喇嘛回藏之聖旨，鴻恩無比，小僧、貝勒頗羅鼐及所有黃黑人等之奏請即被明鑒，茲

〔註487〕原註，收文日期。

特請准悉心梵典者隨達賴喇嘛回藏，嚴飭勤習經典，廣興黃教，以仰副佛法及聖主之至意，伏祈睿鑒，謹以奏書禮敬備福運哈達、喇希俐瑪固魯固勒佛，於甲寅年〔註488〕十月吉日一並進呈。（一史館藏軍機處滿文錄副奏摺）

〔286〕江西南贛總兵苗國琮奏謝恩補南贛總兵並請候送達賴喇嘛起身後趨赴闕庭請訓摺（雍正十三年正月二十六日）[2]-[27]-488

江西南贛總兵官奴才苗國琮謹奏，為恭謝天恩事。

竊奴才庸愚微賤，由武進士謬膺聖恩，賞頭等侍衛，歷授副將，遭際逾分，更愧任事數載毫無報稱，清夜捫心方深惕懼，茲復欽奉恩旨補授江西南贛總兵官，聞命自天，惶悚無地，隨恭設香案望闕叩頭謝恩訖。伏思奴才署事泰寧已經叁載，今值達賴喇嘛起身在即，諸務需員料理，奴才自應候送喇嘛之後再赴新任，除呈詳督臣黃廷桂具題外。抑奴才更有請者，奴才自雍正伍年蒙特恩補放浙江磐石營參將，叩辭天顏已經數載，犬馬戀主之情時切於中，今又仰邀逾格天恩補授總兵重任，以奴才之愚昧未諳，深慮負荷之難，仰懇皇上電察愚衷，准令奴才於候送達賴喇嘛起身之後趨赴闕庭跪聆聖訓，俾奴才於地方事務獲所遵循，以圖仰報皇恩於萬一，理合繕摺恭遣家人馮運泰齎奏，伏乞皇上睿鑒遵行，謹奏。

雍正拾叁年正月貳拾陸日

硃批：覽。

〔287〕大學士鄂爾泰等奏覆查對康熙雍正朝頒降班禪敕書用語摺（雍正十三年二月初五日）[5]-31

大學士伯臣鄂爾泰等謹奏。

查得自雍正二年以來凡頒降班禪之敕書，均照此撰寫，聖祖仁皇帝之敕書，未見如此撰寫者，僅有尊敬班禪、達賴喇嘛等語。

雍正十三年二月初五日奏入。奉旨，知道了，欽此。

〔288〕駐藏副都統馬臘奏代楊世祿謝恩賞道理職銜仍留駐藏辦事摺（雍正十三年二月十九日）[2]-[27]-588

奴才馬臘等謹奏，為懇請代奏，恭謝天恩事。

〔註488〕藏曆第十二饒迴木虎年甲寅，雍正十二年。

雍正拾叁年正月貳拾柒日據恩賞道理職銜仍畱駐藏辦事楊世祿詳稱，雍正拾叁年正月貳拾肆日承准大人等照會，為欽奉上諭事，雍正拾叁年正月貳拾叁日准辦理軍機處清咨，譯出內開雍正拾貳年拾貳月初貳日奉旨，貝勒頗羅鼐奏稱同知楊世祿在藏已陸柒年，熟悉夷情，辦理諸事公正和平，眾皆稱羨，伏乞仍畱貳叁年在藏辦事，大有裨益等語。楊世祿在藏年久，屢年出力報効，辦事俱有條理，大屬可嘉，著加恩賞給道理職銜，照依頗羅鼐奏請仍畱駐藏辦事，俟回川之日以道理之缺補用，伊現在應得俸祿養廉等項俱著照道理職分豐裕賞給，欽此，欽遵到職。世祿隨恭設香案望闕叩頭謝恩訖，竊職世祿鄙陋庸愚，至微至賤，於康熙伍拾柒年由成都縣教諭奉文出口辦理唐古忒軍稍事務，伍拾玖年為奏聞安藏事案內議敘軍功一等，仰荷聖祖仁皇帝特恩著以應陞之缺加一等，本班遇缺即用，欽遵，旋授浙江湖州府監兌通判，於雍正伍年鮮銅進京引見，荷蒙聖恩以人去得，著以知州同知補用，行文浙江總督李衛題補紹興府海防同知。於雍正伍年柒月內奉文入川採買米石，拾貳月內復奉部文委赴西藏辦理糧務，調補陝西靖遠衛同知，於雍正拾貳年內四川建南道馬維翰奏敘口外差員案內蒙恩允准優敘在案，今奉恩旨賞給道理職銜，仍畱駐藏辦事，俸祿養廉等項豐裕賞給。職世祿誠何人斯，疊荷高厚不次超擢，且蒙聖恩逾格，周恤遺，恩沛自天，惶悚無地，雖殫力氷競，亦難報稱，惟有竭蹶駑駘，愈加黽勉，以圖仰報於萬一耳。所有職世祿感戴下忱，理合詳請代奏，恭謝天恩等情到臣，臣等不敢壅於上聞，理合繕摺具奏，伏乞皇上睿鑒施行。

雍正拾叁年貳月拾玖日

副都統臣馬臘。

副都統臣那蕱泰〔註 489〕。

總兵官臣周起鳳。

〔289〕四川總督黃廷桂奏報楊世祿虧缺軍需未行參處緣由並請就近查核其經管錢糧摺（雍正十三年四月初九日）[2]-[28]-36

四川總督臣黃廷桂謹奏，為奏聞事。

竊查同知楊世祿管理西藏軍需，因其在藏日久，經手錢糧甚多，恐有不清之處，隨於上年咨部更換，飭委降調同知梁棋辰前往交代接辦去後，茲據布政

〔註 489〕《欽定八旗通志》卷三百二十四作蒙古鑲白旗副都統納蘇泰。

司寶啟瑛詳稱，查署布政司川東道陸賜書先據梁栱辰申報，楊世祿虧空軍需銀捌千肆百陸兩有零，正在飭查間，復據梁栱辰節次申報，楊世祿虧缺銀兩除已陸續交補外，尚少預支給各官口糧銀壹千貳百柒拾陸兩捌錢有零等情，轉報到臣。臣查軍需錢糧絲毫亦當慎重，楊世祿既有虧缺，自應參處，但查該員經波羅鼐保奏，熟悉番情，辦事公平，輿情稱頌，懇請再留西藏，恭奉諭旨允准，賞給道員職銜，經臣飭知該員欽遵，并行調梁栱辰回省在案，今若即行題參，似非波羅鼐從前保奏之意，亦非臣所以仰體皇上懷柔波羅鼐之盛心。且楊世祿虧缺銀兩除彌補外，現在所少者均係預先折給各官口糧之項，扣還亦易，是以臣未敢冒昧題參，除批司勒限歸補清楚報查外，所有楊世祿虧缺軍需及臣未行參處緣由，不敢隱蔽，理合繕摺奏聞。抑臣更有請者，西藏離省甚遠，楊世祿經管錢糧出入並無就近稽查之員，因有任意動用之處，今虧空銀兩雖經陸續彌縫，而嗣後承辦糧務安知不又仍蹈前轍，可否請旨飭交駐藏欽差大臣將楊世祿收支各項就近查核，似於錢糧有益，適撫臣楊秘於肆月初貳日到任，臣即將此事與之商酌，意見相同，謹會同撫臣楊秘合詞具奏，伏祈皇上聖訓遵行，謹奏。

　　雍正拾叁年肆月初玖日

　　硃批：是。

〔290〕江西南贛總兵苗國琮奏報辦送達賴喇嘛回藏日期並赴京恭請聖訓摺（雍正十三年四月二十六日）[2]-[28]-108

　　江西南贛總兵官奴才苗國琮謹奏，為奏聞事。

　　竊奴才於雍正拾叁年正月拾四日接准督臣照會，仰蒙天恩，補放江西南贛鎮總兵官，奴才隨將暫留在泰辦理達賴喇嘛起程事宜并請赴京恭聆聖訓再赴南贛各情由繕摺具奏，於雍正拾叁年肆月拾玖日恭奉硃批，覽，欽此。奴才竊思達賴喇嘛奉旨回藏，乃我皇上眷祐殊恩，凡所經由之處一切番部人等無不引領觀瞻，關係甚重，不可不嚴肅料理，是以奴才將由霍爾先回之喇嘛黑人馱子等類派撥泰寧協屬千總壹員把總壹員、功加官壹員帶兵陸拾名，協同專管錢糧之文員沿途挑選健壯烏拉送出境外，飭交經過土司官目帶領蠻兵接替護送至察木多查交。至於跟隨護送達賴喇嘛之漢土官兵，奴才將明正司所屬之土兵叁百名，俱在三日以前調集泰寧，會商帶領官兵之副將張聖學，配搭綠旗官兵，分指行走處所，復恐中渡河水泛漲，達賴喇嘛隨從眾多，一時難以過渡，先經飭諭德靖管都司修整船隻，并調集蠻人皮船肆拾餘隻，預備應用，俾臨期不致

擁擠。其前途一帶土司臺站俱經預行通知，一體謹慎備辦。今達賴喇嘛已於肆月貳拾壹日起程回藏，奴才送至八義地方，目擊安穩前行，奴才即於貳拾貳日欽遵硃批，趨赴闕廷，敬聆聖訓，所有辦送達賴喇嘛起程日期及奴才赴京恭請訓旨緣由合併繕摺，恭遣家人二哥捧齎奏聞，謹奏。

雍正拾叁年肆月貳拾陸日

硃批：覽。

〔291〕允禮奏與達賴喇嘛相見情形摺（雍正十三年閏四月初一日）[3]-683

果親王允禮奉差泰寧回京摺奏。

臣於去年十二月二十三日行至泰寧，達賴喇嘛居住惠遠廟，親至山門迎接諭旨，恭請聖安，隨宣讀諭旨，頒給賞賜，達賴喇嘛奏稱，自幼荷蒙聖祖皇帝洪慈，差遣將軍統兵送至藏內安座達賴喇嘛之床。復蒙皇上施恩，浩蕩無際，後聞有令瞻仰天顏之諭旨，即欲星馳前來，因尚未出痘，不能親叩金闕，今恭聞訓旨，復受隆恩，惟有竭力衍教，敬祝聖躬萬年遐福等語，為此謹奏。報聞。

〔292〕四川巡撫楊馝奏請以明正土司遺妻喇章承襲明正土司之職摺（雍正十三年六月初八日）[2]-[28]-437

四川巡撫臣楊馝謹奏，為恭請聖訓事。

竊照打箭爐口外地方四面環夷，為西藏孔道，凡出兵運糧護送喇嘛等事現係署明正宣慰司土婦喇章承辦，查喇章之姑桑結本屬明正土司之女，嫁與木坪土司雍中七立，後因明正司乏嗣，桑結回爐襲職，即與伊子堅粲達結聘娶金川之女喇章為妻，冀為日後接襲。雍正三年桑結身故，先經題准以董卜宣慰司堅粲達結承襲明正司之職，祇因堅粲達結原係木坪宣慰司雍正中七立之子，不過徃來兼管，並非常住在爐，其打箭爐事務向係伊妻喇章在彼辦理，一切差事急公效順，毫無違悮。雍正十一年堅粲達結病故，遺妻喇章駐劄明正司，遺妻王氏么么雖生二子，年歲俱屬幼稚，難以承襲，先經請將明正土司印務暫令伊妻喇章署理，其董卜土司印務亦請暫令伊妾王氏么么護理，統俟伊子長成之日另請承襲在案。惟是土民賦性愚拙，每以署印不同承襲，或有緊要事務恐致呼應不靈，今喇章辦理地方甚屬勤謹，夷眾悅服，自達賴喇嘛移住泰寧以來蠻民咸知尊崇，今達賴喇嘛回藏所屬地方除疊爾格已奉旨授為宣慰司，直隸爐同知管轄外，其餘十三鍋庄并安撫司土千百戶均屬緊要，且地遠人眾，需人統馭撫綏，

若以喇章承襲以資撫馭，似於邊陲有益，可否照伊姑桑結之例妻繼夫職，容臣等另疏題請承襲，以專職守以慰夷情，出自皇上天恩。臣與督臣黃廷桂商酌意見相同，理合繕摺具奏，伏候聖訓遵行，為此謹奏。

雍正十三年六月初八日

硃批：此事甚有關係，汝等可再加詳議具題奏請，倘汝等屬員或因賄賂，或狗情而惑亂汝等，不可不妨。

〔293〕四川學政隋人鵬奏報督撫因果親王到川勒令各屬捐助養廉以掩其虧空公項摺（雍正十三年六月十六日）[2]-[28]-488

四川學政翰林院侍讀臣隋人鵬謹奏，為據實密奏事。

竊臣一介庸愚，何蒙聖恩簡用四川學政，受事以來惟凜遵聖訓實心供職，凡有見聞敢不恪職入告。臣今歲科試週回至省城，聞總督黃廷桂原任巡撫鄂昌因果親王到川，令各官捐輸俸工銀兩備用，後又耗費司庫銀數萬兩，除開銷正項外虧空甚多，難以彌補，今黃廷桂勒令各屬具詳捐助養廉，新任撫臣楊祕說總督亦當捐出，黃廷桂不允，竟派各府捐銀肆百兩，各州縣捐銀貳百兩，以上兩次勒捐約計銀叁肆萬兩。夫果親王經過地方凡隨從人員恪遵王諭并無絲毫擾累，其沿途所用奉旨動支錢糧，何至累及地方有司，以致虧空多金，皆由承辦官員不能大法小廉，濫取公帑恣意花費，及至虧空敗露，反籍支應公事之名以掩其虧耗庫帑之實，深可痛恨。至于各官之賠墊捐助屢奉諭旨嚴行禁止，今乃任意私派，而總督養廉又分毫未捐，更屬不公不法。且督撫科派州縣，州縣用度不敷必有侵那假借之處，傷政體而滋弊端，甚有害于國計民生。臣見聞既確，何敢稍存瞻顧之私，不自陳于聖明之前，理合據實密奏，伏乞皇上睿鑒施行，謹奏。

雍正拾叁年陸月拾陸日四川學政翰林院侍讀臣隋人鵬。

〔294〕頭等侍衛福壽等奏報七世達賴喇嘛由泰寧平安回藏謝恩情形摺（雍正十三年七月二十二日）[4]-26

奴才福壽、祁山、喇布坦謹奏，為轉奏事。

雍正十三年七月二十日達賴喇嘛合掌告知奴才等稱，吾仰賴聖上隆恩，由泰寧至藏一路平安，為率各寺眾喇嘛叩謝皇上隆恩，特繕奏書具奏，請大臣等代為轉奏等因，將奏書交付奴才等，是故奴才等粗譯達賴喇嘛奏書，另行繕摺，恭呈御覽，為此謹奏。

附達賴喇嘛為報平安返藏謝恩奏書（雍正十三年七月二十二日〔註490〕）[3]-685〔註491〕

天命文殊師利皇帝敕封西天大善自在佛所領天下釋教普通瓦赤喇怛喇達賴喇嘛誠敬望闕合掌燃香散花謹奏奉天承運文殊師利大皇帝陛下。

仰承文殊師利大皇帝天恩，一路平安，於雍正十三年七月十二日抵招，即率各寺廟眾僧叩謝天恩禮畢，此皆仰賴文殊師利大皇帝憫愛西土眾生，自幼教化小僧，恩沛始終，千里遣王頒諭聖旨，由宮中派章嘉胡圖克圖、大臣、官員沿途照料，光榮返藏，不僅小僧感激不盡，西土眾僧亦皆歡欣。仰賴大皇帝之恩，佛教益盛，小僧身為喇嘛，無以為報，但為大皇帝蓮座永固虔誠祈禱，謹遵皇上訓旨，勤習經典，謹以奏書禮敬備福祥哈達，一併謹奏。

雍正十三年〔註492〕七月二十二日奏入。奉旨，依議，欽此。（一史館藏軍機處滿文錄副奏摺）

〔295〕四川總督黃廷桂奏覆上冬果親王奉差川省公議協幫加增辦公銀並各官捐助情節摺（雍正十三年八月二十五日）[2]-[29]-36

四川總督臣黃廷桂謹奏，為明白回奏事。

雍正拾叁年捌月拾伍日接准大學士張廷玉寄字，內開雍正拾叁年柒月貳拾伍日奉上諭，上冬今春果親王奉差四川一切公用皆令開銷正項，王所經過之處嚴加禁約，絲毫不令擾累地方，此遠近所共知者，今朕訪聞得黃廷桂鄂昌令各官捐輸俸工銀兩備用，後又耗費數萬兩，除開銷正項外虧空甚多，難以彌補。黃廷桂勒令各屬具詳捐助養廉，各府捐銀肆百兩各州縣捐銀貳百兩，而黃廷桂已身並不捐出，以上兩次勒捐約計銀叁肆萬兩，此朕訪聞甚確者，爾可寄信詢問黃廷桂，伊為地方總督，不能剔弊除奸，而轉有勒派屬員之事，不知伊是何心行，著伊明白回奏，至如何料派如何侵蝕之處，著黃廷桂一一據實具奏，少有隱飾朕另查出必加倍治罪，欽此，遵旨寄信前來，等因到臣，欽此。臣跪讀嚴諭，悚惶無地，竊念果親王以國家之親藩，又恭代聖躬前往泰寧與達賴喇嘛相見，誠盛事也，是以士庶喧傳，紛紛瞻仰，其遠近各土司

〔註490〕原註，硃批時間，七世達賴喇嘛奏於七月十二日抵招，而二十二日已奉硃批，兩個時間其中之一容或有誤。
〔註491〕經辨識，作為附件。
〔註492〕原文作十一年，原書改為十三年。

專差頭目或赴省城叩謁，或赴泰寧探聽，絡繹而來，難以悉計，如或過從樓署，恐褻觀瞻，則事關國體邊情，自當隆重。但川省僻處邊隅，與他省情形迥別，自境內之七盤關至打箭爐村店零星，多係茅房竹屋，且院落窄小，即帳房亦無支架之處，至泰寧一帶更屬荒涼，並無市鋪，共計駐宿中伙陸拾餘處，須令各地方官增修加葺，其應用物件無可那用者隨地置備，并造辦布城帳房以為口外住宿之需。且自七盤關至成都棧道已屬崎嶇，而自成都至泰寧山路更為陡險，計程貳千貳百餘里，所需修路人工因時值隆冬冰堅雪厚，屢修屢補，所費實倍往時。至驛頭一項為數頗多，亦有預雇餵養諸費。果親王在川壹百餘日內，由爐駐泰，往返伍拾餘日，一切供應俱已給價，而沿途凍壞之牲畜食物以及馱載等項未便概行開報。再兩次筵宴熬茶關係大典，各處番蠻喇嘛人等雜沓聚觀，俱應豐裕備辦，而泰寧蠻地苦寒，不但需用果品牲畜之類從無所出，即日用米麵雞鴨蔬菜等項以及粗重瑣碎物件悉由成都辦運，經歷險峻巉巖，腳費更重。其辦差人員除遴委道府大員總理外，又派佐雜叁拾餘員押運物件，往來經理，伊等養廉無幾，口外辦差亦須給與口糧月費。以上各項備辦均屬不可少之需，祗因地方遼闊，時日久長，積少成多，費用浩繁，既難全數入正開銷，又不便責令承辦各官賠補，所以用過銀兩除正項公項報銷，并果親王閱看滿漢官兵貳次賞號用銀貳千餘兩係臣捐補外，尚不敷銀貳萬伍陸千兩。上年原任撫臣鄂昌諭令絲革布致使劉應鼎議將各官捐輸俸銀，臣以捐俸久奉嚴革，不敢扣留，查川省州縣從前里下俱有幫貼銀兩，辦理地方公事，及原任保寧府知府陸錦奏准禁革，經前撫臣憲德署督臣查郎阿因辦公無出，復酌議於養廉之外各加增銀貳百兩至叁百兩不等，以為辦公之需，似應將此項備用，而鄂昌劉應鼎仍以捐俸為是，臣原擬事竣之後再為酌議，後鄂昌解任，及撫臣楊馝布政使竇啟瑛到任後，臣復共相商酌，俱云此係辦公銀兩，原應辦理公事等語。據各州縣兩次詳請，將本年辦公銀兩協幫公用，屢經批飭在省司道會同酌議後，經藩司竇啟瑛議准批行，除將上年劉應鼎已扣各官俸銀按數發還，并經過沿途各州縣及調辦差員并同知通判等官不議外，其餘州縣共計協幫加增辦公銀貳萬壹千餘兩，道府各官亦願捐養廉拾分之壹貳，共銀叁千餘兩，足資公費。伏思此項加增銀兩原係恩賞辦公之費，並非各州縣應得養廉，以此協辦公事，臣愚以為分所宜然，故倡率各官共相佐理，何敢稍萌不肖之心，借端科派以為侵蝕之計。臣復以用欵紛繁，恐有浮冒，檄行布按二司及建昌川北驛鹽各道嚴查核減，現在分晰造

報，今蒙嚴旨下詢，謹將臣愚昧之見，辦理此事情節據實回奏，伏祈皇上睿鑒，謹奏。

雍正拾叁年捌月貳拾伍日

硃批：覽。

〔296〕諭七世達賴喇嘛雍正帝逝世著誦經祈禱事（雍正十三年九月初八日）[3]-1643

奉天承運統御天下之至尊大皇帝敕諭西域聖地佛王人間釋教眾生怙主遍知達賴喇嘛。

達賴喇嘛與班禪額爾德尼自太宗皇帝始每年遣年班進京恭請聖安，進貢禮品，百年以來宏揚黃教，撫育眾生，至今已經五世，皇考德高望重，執掌國政日夜辛勞，以嚴法與鴻慈撫育天下眾生，功德無量，以緩峻相濟之法治理天下，普天眾生共享安樂，皇考在位時欽定之法世代傳襲流芳，今皇考昇遐於極樂世界，國之大事寄託於朕，朕將繼承皇考遺旨，朝乾夕惕，發揚傳統，堅定信念，強國富民，仰副皇考之至意。朕將承繼皇考遺業，堅定不移，維望爾等亦應仰副皇考之規，照舊辦好事務，朕為皇考致祭奠事特遣使齎往誦經祈禱之敕諭及供物，爾達賴喇嘛召集各大小寺廟之僧徒傳曉朕諭，仰蒙皇考鴻恩始享安樂，知恩當報，祈禱三寶佛為皇考昇遐，國泰民安，眾土利樂虔誠祈禱，宏揚講修，使佛法昌隆，以仰答皇考之鴻恩，朕亦將予以褒嘉。賜吉祥之禮六十兩重銀茶筒一個、金紋銀製鵝頸壺一個、銀供燈一個、大哈達五方、小哈達四十方、大緞二十四疋。為皇考致祭誦經祈禱賞給沙拉、哲蚌、甘丹三大寺銀各一千兩、大哈達一百方、小哈達一千方、茶一百塊，其餘各寺共賞銀二千兩、小哈達二千方，茶八百塊等，著年班達喇嘛曲批達吉、洛桑巴覺、二品凱克圖、三品克爾蘇俄、扎爾固齊巴哈塔和玉松等齎往。（西藏館藏原件藏文）

〔297〕內閣侍讀學士鼐曼岱奏陳辦理松潘軍民購米等事摺（雍正十三年十一月十四日）[1]-4923

內閣侍讀學士奴才鼐曼岱〔註493〕謹奏，為恭陳管見仰祈睿鑒事。

雍正九年欽命將奴才由西寧遣至四川松潘辦理番子等事，去年十二月奉

〔註493〕第一八四號文檔漢文摺自書其名為吏部郎中鼐滿岱，此處為內閣侍讀學士，為陞任者，《清代職官年表》內閣學士年表失載。

旨，松潘並無應辦之事故令奴才返回，欽此欽遵，於今年四月抵至京城。奴才於松潘時詳細觀得，松潘地方在邊界之端，四面環山，平地純石地方多，於山腰山坡墾田，地方涼爽，到四月方播青稞、胡豆，彼處軍民有田者亦有，無田者亦有，雖係收成之年所獲糧夠食半年，每年到夏秋季後惟賴產米州縣之眾出售米麵，別處較松潘炎熱，夏秋之際正值耘田收穫之時，販運米麵者甚少，故此兵民仍貧困。查得先戍駐松潘之黃勝關邊外香拉橋等處之軍士撤退前，運至松潘之米奴才來時仍有二萬餘石儲於同知府，奴才愚念將此種米交付該總督，逢夏秋季時揀派妥員以平價售與松潘軍民，儲存所售貨物，自產米附近之州縣採購，倘售價不足購米之原數則增官銀購米，仍儲同知府，倘有公用之處即撥用之，所用數額，照數仍以官購填補，由該總督處不時稽察，倘有不肖官員售米時索取昂價少給等弊指名參奏。此間地方官員辦理此項米若另有用處，委交該總督動撥正項錢糧計足購米，照先運至松潘儲於同知府，每年如此辦理松潘軍民購米可不至辛勞，且對邊界地方有緊急公務，甚為有益。

又查得松潘周圍均係番子居住，黃勝關邊外之番子等遊牧處與青海蒙古等遊牧處交界，處處相通，乃甚要之地，此等番子性情愚昧不知法度，特奉諭旨令奴才同松潘總兵官相會，每年秋季出邊關聚集眾番子開講法律，優者勉勵劣者依法匡正，故眾番子不勝感激鴻恩，各自安分恭順而行。此等番子均係松潘總兵官標下中左右三營，又由威茂、漳臘等七營參將遊擊都司守備等分管，以此務獲妥員善加操練邊界軍士，對所管轄之番子多加引導教化方有益於邊界，奴才愚念嗣後兼管松潘總兵官標下番子等之武官出缺交該總督提督由全省武官內揀選人聰睿忠心辦事之員具奏補放，經辦事三年果有益於地方，該總督提督保題嘉之，倘不能盡職即參劾以懲，故對邊界軍士番民有利等情，奴才甚愚昧以陳管見繕摺，惶悚謹奏，可否應行之處伏乞聖主睿鑒。

雍正十三年十一月十四日

原註：鼐曼岱此奏已議行。

〔298〕雲貴總督尹繼善奏報遵例代革職原任雲南提督張耀祖等繳硃批摺匣摺（雍正十三年十一月二十八日）[2]-[30]-77

臣尹繼善謹奏，為遵例代繳硃批摺匣事。

竊查緣事降革官員從前奉有硃批奏摺鎖匙摺匣例應代繳，茲據革職原任雲南提督臣張耀祖呈繳摺匣四個，鑰匙二把，匣內恭貯硃批奏摺一件，黃絹包袱四件。又休致原任雲開化鎮總兵官仇元正呈存硃批奏摺一件，臣理合代為恭

繳，謹奏。

　　雍正拾叁年拾壹月貳拾捌日

　　硃批：覽。

〔299〕駐藏副都統馬臘奏報接辦供應達賴喇嘛自查木多至藏口糧等項用銀數目摺（雍正十三年十二月十七日）[2]-[30]-213

　　奴才馬臘等謹奏，為遵旨議覆事。

　　竊查雍正拾貳年拾月初叁日接准兵部咨開，奉旨，達賴喇嘛回藏，其經過地方之番兵應令派委貳叁百名沿途更換護送，達賴喇嘛起身一切需用之物應交該處預備停妥，於明年叁肆月青草發生之時護送前去，其自泰寧至查木多沿途需用烏拉口糧等項應令四川督撫派地方大員壹人帶餉前往辦理，自查木多至藏俱係達賴喇嘛之尚〔註494〕內所屬地方，應行令在藏辦事副都統馬臘貝勒頗羅鼐等預為備辦，等因，欽此欽遵到臣。臣等遵奉檄委駐藏陝西督標前營遊擊和尚，並譯行貝勒頗羅鼐派委碟巴濟本莫爾根諾彥〔註495〕前往查木多預為備辦去後。茲據遊擊和尚詳稱，達賴喇嘛先行駄子壹千柒百零叁駄於雍正拾叁年閏肆月貳拾捌日抵查木多，伍月初壹日由大路進藏，卑職遵照自查木多交界恩達接辦至洛隆宗，計程肆站，係類伍齊所屬地方，俱已按站給過腳價銀陸百捌拾壹兩貳錢。自洛隆宗至藏俱係達賴喇嘛之尚內所屬地方，沿途貝勒頗羅鼐逐站差人承辦，卑職未發腳價。達賴喇嘛於本年伍月拾叁日抵查木多，拾陸日起程由類伍齊走草地進藏，卑職遵照自查木多交界凍頂接辦至藏，計程肆拾肆站，內凍頂至沙處河〔註496〕貳拾肆站係新編輸納貢馬納克樹等族之地，達賴喇嘛日需口糧等項以及騎駄烏拉柒百玖拾貳隻並更換護送各該族蠻兵叁百名口糧等項俱已按站供應給過各項價值銀叁千伍百柒拾肆兩玖錢肆分玖釐玖毫玖絲玖忽玖微陸塵八纖。自沙處河至藏貳拾站俱係達賴喇嘛尚內所屬地方，沿途貝勒頗羅鼐逐站差人承辦供應，俾職未發價值，此番達賴喇嘛經過地方番民均皆懽悅恭敬，所需柴薪情願減價，只領壹半。至沿途修理道路座臺工價堅辭不受，合併聲明。所有遵委接辦供應達賴喇嘛口糧等項及發先行駄子腳價貳項共用過銀肆千貳百伍拾陸兩壹錢肆分玖釐玖毫

〔註494〕通常作商上，商上清代文獻指管理達賴喇嘛庫藏及財政收支之機構，主管曰商卓特巴。

〔註495〕本部分第二五四號文檔有墨爾根諾彥，似乎為同一人。

〔註496〕即沙克河，今西藏下秋曲，怒江上游支流之一。

玖絲玖忽玖微陸塵捌纖，理合逐項分晰備造細冊呈送請銷等情前來。臣等除將細冊咨送川督撫並照會西藏糧務加銜道楊世祿彙入軍需銀內造報外，相應具摺奏聞，一併繕寫黃冊恭呈御覽，伏乞皇上睿鑒勅部核覆施行，謹奏。

雍正拾叁年拾貳月拾柒日

副都統臣馬臘。

副都統臣那蘇泰。

總兵官臣周起鳳。

〔300〕副都統馬喇等奏報藏屬洛隆宗等地收成摺（雍正十三年十二月十七日）[1]-5010

奴才馬喇等謹奏，為奏聞事。

雍正十三年十二月初八日貝勒頗羅鼐前來奴才處告稱，藏屬喀木之洛隆宗、碩般多等地方之第巴來告曰，本年種田收成八九分十分不等等語各自來報。惟前藏後藏之間之岡巴拉達巴幹〔註497〕等地方略有災害，因七月雨水霑足，仍收成四五分不等等語，由第巴等亦來報，並乞求將此轉奏大聖主等語，為此謹具奏聞。

雍正十三年十二月十七日

副都統臣馬喇。

副都統臣納蘇泰〔註498〕。

總兵官臣周其豐〔註499〕。

多羅貝勒臣頗羅鼐。

硃批：知道了，遭受災害地方是否需要施恩著爾等酌情辦理。

〔301〕副都統馬喇等奏請聖主節哀摺（雍正十三年十二月十七日）[1]-5012

奴才馬喇等謹奏，為眾奴才恭陳愚見請恩事。

四川總督黃廷桂轉抄詔書，遣把總張佳聶送至藏地方，奴才等率眾官兵跪迎入園，上供後三跪九叩宣詔眾人，眾奴才等聞悉不勝惶恐，慟哭不已。奴才

〔註497〕原文作岡巴拉、達巴幹，作兩地，誤，達巴幹為滿語，常譯作達巴罕，山嶺意。《衛藏通志》卷三頁六載，噶木布拉山，俗名甘不拉，前藏西行一百七十里至曲水，渡藏江，通後藏大道，即西崙昆山也。

〔註498〕《欽定八旗通志》卷三百二十四作蒙古鑲白旗副都統納蘇泰。

〔註499〕《甘肅通志》卷二十九頁十九作鎮守西寧臨鞏總兵官周起鳳。

等伏思大行皇帝〔註500〕晝夜為社稷勤勞執政，普天下之眾俱皆承受大聖主之恩，奴才等身在藏地未能如內大臣等一同叩謁梓宮，念及此不勝悲慟。又伏思大行皇帝將萬年大計交付予大聖主，眾奴才萬叩冒瀆以求，願聖主以大行皇帝交付之大業為念，謹養聖躬，安慰皇太后，以盡屬下仰賴之意，奴才等不勝惶恐，率在藏文武官員及眾兵丁謹叩乞奏。

雍正十三年十二月十七日

副都統臣馬喇。

副都統臣納蘇泰。

副都統臣富壽〔註501〕。

總兵官臣周其豐。

硃批：知道了。

〔302〕駐藏辦事大臣馬喇奏報準噶爾在葉爾羌城消息摺（雍正十三年十二月十七日）[8]-史料七

奴才馬喇等謹奏，為密奏聞事。

雍正十三年十二月初八日貝勒頗羅鼐向奴才我呈來阿里公珠爾莫特車布登寄給的一封書信，將其大致翻譯看得，公珠爾莫特車布登呈文貝勒，拉達克德仲那木扎勒給我寄來書信內稱，九月十一日一百人為了貿易從葉爾羌來至我拉達克地方告稱，準噶爾厄魯特人曾不走喀什米爾地方，葉爾羌商人阿爾皮拉庫沙前去印度巴扎汗的地方經商。再，從內廷將一名將軍〔註502〕作為使者派往準噶爾媾和。作為回饋，準噶爾將吹納木喀作使者派去，不知為何事，使者尚未返回。再，土爾扈特與準噶爾交惡，噶爾丹策零之弟舒努巴圖爾已去世。還有大策凌敦多布〔註503〕、圖薩馬玲喇嘛〔註504〕也去世了。守護葉爾羌城的準噶爾厄魯特比以前增多了，此外沒有其他情報等語，如此寄來。於此，我本想今年前去叩拜達賴喇嘛的，看此情報，因守護葉爾羌的準噶爾人比前增多了，考慮邊境地方甚為重要，故不得去。俟後無事時伺機再去叩拜達賴捌嘛。為此呈文等語，為此謹密奏聞。

〔註500〕指清世宗。

〔註501〕《欽定八旗通志》卷三百二十四作蒙古鑲紅旗副都統福壽。

〔註502〕為盛京戶部侍郎北路（阿爾泰路）軍營參贊大臣傅鼐。

〔註503〕《平定準噶爾方略》卷四頁十八作策零敦多卜。《蒙古世系》表四十三作策凌端多布，其父布木。

〔註504〕待考。

〔303〕馬臘等奏護送達賴喇嘛回藏自察木多之沙河用過銀兩摺（乾隆元年正月二十七日〔註505〕）[3]-686

奴才馬臘等謹奏，為遵旨議覆事。

竊查雍正十二年十月初三日接准兵部咨開，奉旨，達賴喇嘛回藏，其經過地方之番兵，應令派委二三百名，沿途更換護送，達賴喇嘛起身一切應用之物，應交該處預備停妥，於明年三四月青草發生之時護送前去，其同泰寧至查木多沿途需用之烏拉口糧等項，應令四川督撫派地方大員一人，帶餉前往辦理，自查木多至藏，俱屬達賴喇嘛之尚內〔註506〕所屬地方，應行令在藏辦事副都統馬臘、貝勒頗羅鼐等預為備辦，欽此欽遵到臣。臣等遵奉檄委駐藏陝西督標前營遊擊和尚，並譯行貝勒頗羅鼐派委碟巴濟東莫爾根諾彥〔註507〕前往〈查〉木多預為備辦去後。茲據遊擊和尚詳稱，達賴喇嘛先行駄子一千七百零三駄，於雍正十三年閏四月二十八日抵查木多，五月初一日由大路進藏，卑職遵照自查木多交界恩達辦至洛隆宗，計程四站，係類伍齊所屬地方，俱已按站給過腳價銀六百八十一兩二錢。自洛隆宗至藏，俱係達賴喇嘛之尚內所屬地方，沿途貝勒頗羅鼐逐站差人承辦，卑職未發腳價。達賴喇嘛於本年五月十三日抵查木多，十六日起程，由類伍齊走草地進藏。卑職遵照自查木多交界凍頂接辦至藏，計程四十四站，內凍頂至沙處河二十四站，係新編輸納貢與納克樹等族之地，達賴喇嘛日需口糧等項以及騎駄烏拉七百九十二隻，並更換護送各該族蠻兵三百名口糧等項，俱已按站供應給過，各項價值銀三千五百七十四兩九錢四分九釐九毫九忽九微六塵八纖。自沙處河至藏二十站，俱係達賴喇嘛尚內所屬地方，沿途貝勒多羅鼐〔註508〕逐站差人承辦供應，卑職未發價值。此番達賴喇嘛經過地方，番民均皆歡悅恭順，所需柴薪情願減價，只領一半，沿途修理道路、座台工價，堅辭不受，合併聲明。所有遵委接辦供應達賴喇嘛口糧等項及先行駄子腳價二項，共用過銀四千二百五十六兩一錢四分九釐九毫九絲九忽九微六塵八纖，理合逐項分晰備造細冊，呈送請銷等情前來。臣等除將細冊咨送川督撫並照會西藏糧務加銜道楊世祿匯入軍需銀內造報外，相應具摺奏聞，一併繕寫黃冊，恭呈御覽，伏祈皇上睿鑒，敕部核覆施行，謹奏。

〔註505〕原註，奉旨日期。
〔註506〕即商上之內的意思。
〔註507〕本部分第二九九號文檔作碟巴濟本莫爾根諾彥。
〔註508〕即頗羅鼐。

乾隆元年正月二十七日奉旨，交部，欽此。(《明清史料》庚編，第八〇八頁）

〔304〕奏報送章嘉呼圖克圖恩詔事摺[1]-5380〔註509〕

奉旨，事依議，應否（將朕）詔送章嘉呼圖克圖〔註510〕之處，[既然皇父〔註511〕特施深恩為喇嘛，以此]由理藩院議奏，欽此欽遵。臣等會議章嘉呼圖克圖者係京城有名大喇嘛，特諭陪送達賴喇嘛〔註512〕，遣往西藏送詔與達賴喇嘛、班禪額爾德尼，對章嘉呼圖克圖另應送詔等因。奉旨，甚是，既然如此，將解送章嘉呼圖克圖詔書另繕一份，交付差往藏之侍衛章京等一併解送可也，為此謹奏請旨。

〔305〕奏陳留藏軍士及撤退時間摺[1]-5395

竊查西藏駐軍特為維護全土伯特部太平，今貝勒頗羅鼐會同副都統馬喇等商議，現藏雖無事，惟達賴喇嘛方抵，外部落各處人等向達賴喇嘛獻禮叩首，熬茶人不斷前來，將內地軍再留一二年，布魯克巴之事俱定，且各處人等聞後亦可揚威，俟章嘉呼克圖事完結，返回時將換班五百兵丁暫留藏以觀情形，來年青草萌發時撤之等因，合議奏請，相應新往之五百兵丁暫留藏，應撤之時馬喇等會同貝勒頗羅鼐商議，請旨具奏，覆文抵後再撤可也。

墨批：依議。

〔306〕副都統福壽等奏謝天恩及報達賴喇嘛抵藏摺[1]-5396

副都統福壽等為達賴喇嘛由泰寧至藏，妥善抵達，率諸寺廟喇嘛叩謝天恩，故將達賴喇嘛奏書翻譯，一併奏聞，將此在案。

墨批：知道了。

〔307〕奏報探取準噶爾無備戰訊息摺[1]-5399

副都統馬喇等將貝勒頗羅鼐所報由拉達克處探取準噶爾訊息，準噶爾地方現今並無如前備辦兵馬之項，略鬆懈矣等因，報來情形予以奏聞，此在案。

墨批：知道了。

〔註509〕據內容知，此為乾隆元年之奏摺。
〔註510〕指三世章嘉呼圖克圖若貝多吉，其隨允禮至惠遠廟，後陪送七世達賴喇嘛返藏。
〔註511〕指清世宗。
〔註512〕原文作大喇嘛，今改為達賴喇嘛。

〔308〕奏副都統馬喇等報達賴喇嘛返藏摺[1]-5400

副都統馬喇等為因將達賴喇嘛遣返藏地，貝勒頗羅鼐叩謝天恩，全土伯特眾民俱皆歡忻，叩謝天恩，故將貝勒頗羅鼐奏書翻譯奏聞，將此在案。

墨批：知道了。

〔309〕敕諭達賴喇嘛封其父索諾木達爾扎為公事[9]-3681 〔註513〕

奉天承運皇帝敕諭西天大善自在佛所領天下釋教普通瓦赤喇怛喇達賴喇嘛〔註514〕知悉。

朕撫馭天下，期率土生靈各享太平安逸，振興道法，達賴喇嘛爾受朕福祿，甚為喜悅，平安抵達裡塘，為感激上恩，特遣爾父索諾木達爾扎、使者津巴扎木素前來謝恩請安，進獻禮物，並奏疏以表誠意，知道了。仰賴天恩，朕體安善，爾喇嘛扶持釋教，引領眾生，孜孜經訓，身安無恙，爾感戴朕恩之忻悅，朕甚嘉許，特加恩封爾父索諾木達爾扎為公，格外加賞，仰副朕尊崇黃教之意，濟利眾生，勤於經典，闡揚釋教（敬慎祈禱，奮勉有加，俾眾安居樂業）勿致懈怠，茲值爾使返回之便，特頒敕書問爾好，以頒敕書禮賞鍍金六十兩銀茶桶一個、鍍金銀執壺一個、銀鍾一個、各色緞三十疋、大哈達五個、小哈達四十個、五色新樣哈達十個，一併交爾使津巴扎木素等帶去，欽哉。交付奏事雙全、張文彬、編修祁勒倫奏入。

奉旨：依議，朕更改一處，若不明白，請旨可也，欽此。

〔註513〕《清代藏事輯要》頁一一六載，雍正七年六月丁丑封索諾木達爾扎為輔國公，此文檔應為敕封文之草稿，日期可資參考。《清世宗實錄》亦錄此旨，可資參考。

〔註514〕即七世達賴喇嘛。

引用及參考書目

一、正文及附錄引用書目及論文

1. 《雍正朝滿文硃批奏摺全譯》中國第一歷史檔案館譯編，黃山書社，一九九八年七月。

2. 《雍正朝漢文硃批奏摺彙編》中國第一歷史檔案館編，江蘇古籍出版社，一九八九年三月。

3. 《元以來西藏地方與中央政府關係檔案史料彙編》中國藏學研究中心、中國第一歷史檔案館等單位合編，中國藏學出版社，一九九四年十月。

4. 《清宮珍藏歷世達賴喇嘛檔案薈萃》索文清、郭美蘭主編，宗教文化出版社，二〇〇二年八月。

5. 《清宮珍藏歷世班禪額爾德尼檔案薈萃》索文清、郭美蘭主編，宗教文化出版社，二〇〇四年六月。

6. 《年羹堯滿漢奏摺譯編》季永海、李盤勝、謝志寧翻譯點校，天津古籍出版社，一九九五年八月。

7. 《五色四藩》烏雲畢力格著，上海古籍出版社，二〇一六年十二月。

8. 《康熙朝滿文硃批奏摺全譯》中國第一歷史檔案館編，中國社會科學出版社，一九九六年七月。

9. 《清朝的準噶爾情報收取與西藏王公頗羅鼐家族》齊光著，載《中國邊疆民族研究》第十輯，中央民族大學出版社，二〇一六年十二月。

10. 《衛藏通志》佚名著，文海出版社，中華民國五十四年十二月。

11. 《西藏日記》邊疆叢書甲集之四，允禮著，吳豐培整理，中華民國廿六年二月禹貢學會據江安傅氏藏稿本印。

二、序文引用書目

1.《西藏志》佚名著，成文出版社，中華民國五十七年三月。

2.《年羹堯滿漢奏摺譯編》李永海、李盤勝、謝志寧翻譯點校，天津古籍出版社，一九九五年八月。

3.《雍正朝滿文硃批奏摺全譯》中國第一歷史檔案館譯編，黃山書社，一九九八年七月。

4.《雍正朝漢文硃批奏摺彙編》中國第一歷史檔案館編，江蘇古籍出版社，一九八九年三月。

三、註釋引用書目論文及地圖

1.《康熙朝漢文硃批奏摺彙編》中國第一歷史檔案館編，江蘇古籍出版社，一九八九年三月。

2.《雍正朝滿文硃批奏摺全譯》中國第一歷史檔案館譯編，黃山書社，一九九八年七月。

3.《雍正朝漢文硃批奏摺彙編》中國第一歷史檔案館編，江蘇古籍出版社，一九八九年三月。

4.《文獻叢編》故宮博物院編，臺聯國風出版社，中華民國五十三年三月。

5.《掌故叢編》故宮博物院掌故部編，中華書局，一九九〇年三月。

6.《欽定大清會典事例》（嘉慶）托津等纂，文海出版社，中華民國八十年六月。

7.《皇朝文獻通考》清高宗敕撰，商務印書館，中華民國二十五年三月。

8.《欽定理藩院則例》（道光）張榮錚點校，天津古籍出版社，一九九八年十二月。

9.《欽定理藩部則例》張榮錚、金懋初、劉勇強、趙音點校，天津古籍出版社，一九九八年十二月。

10.《清史稿》趙爾巽等撰，中華書局，一九七七年十二月。

11.《清聖祖實錄》中華書局，一九八五年九月。

12.《清世宗實錄》中華書局，一九八五年十一月。

13.《清史列傳》王鍾翰點校，中華書局，一九八七年十一月。

14.《清代藏事輯要》張其勤原稿，吳豐培增輯，西藏人民出版社，一九八三年十月。

15. 《平定準噶爾方略》清高宗敕撰，全國圖書館文獻縮微複製中心，一九九〇年七月。

16. 《欽定西域同文志》清高宗敕撰，吉林出版集團有限責任公司，二〇〇五年五月。

17. 《水道提綱》齊召南著，傳經書屋版。

18. 《大清一統志》（嘉慶）穆彰阿等纂，上海古籍出版社，二〇〇八年一月。

19. 《蒙古世系》高文德、蔡志純編著，中國社會科學出版社，一九七九年十月。

20. 《欽定外藩蒙古回部王公表傳》清高宗敕撰，景印文淵閣四庫全書第四五四冊，臺灣商務印書館，二〇一三年九月。

21. 《欽定八旗通志》李洵、趙德貴等校點，吉林文史出版社，二〇〇二年十二月。

22. 《清代職官年表》錢實甫編，中華書局，一九八〇年七月。

23. 《皇清職貢圖》傅恒等編，遼瀋書社，一九九一年十月。

24. 《陝西通志》劉於義等監修，沈青崖等編纂，景印文淵閣四庫全書第五五一至五五六冊，臺灣商務印書館，二〇一三年九月。

25. 《四川通志》（乾隆）黃廷桂監修，張晉生等編纂，景印文淵閣四庫全書第五五九至五六一冊，臺灣商務印書館，二〇一三年九月。

26. 《甘肅通志》許容等監修，李迪等編纂，景印文淵閣四庫全書第五五七至五五八冊，臺灣商務印書館，二〇一三年九月。

27. 《雲南通志》鄂爾泰等監修，靖道謨等編纂，景印文淵閣四庫全書第五六九至五七〇冊，臺灣商務印書館，二〇一三年九月。

28. 《西藏志》佚名著，成文出版社，中華民國五十七年三月。

29. 《衛藏通志》佚名著，文海出版社，中華民國五十四年十二月。

30. 《衛藏圖識》馬少雲、盛梅溪纂，文海出版社，中華民國五十五年十月。

31. 《西康圖經》任乃強著，上海書店，據新亞細亞學會一九三三年版影印。

32. 《朔方備乘》何秋濤著，文海出版社，中華民國五十三年七月。

33. 《西藏通史松石寶串》恰白次旦平措、諾章吳堅、平措次仁著，陳慶英、格桑益西、何宗英、許德存譯，西藏古籍出版社，二〇〇八年九月第三版。

34. 《清代唐代青海拉薩間的道程》[日]佐藤長著，梁今知譯，青海省博物館籌備處，一九八三年。

35.《寧海紀行》（《玉樹調查記》之附文）周希武著，吳均校釋，青海人民出版社，一九八六年三月。

36.《年羹堯滿漢奏摺譯編》季永海，李盤勝，謝志寧翻譯點校，天津古籍出版社，一九九五年八月。

37.《拉達克王國史 950～1842》［意］畢達克著，沈衛榮譯，上海古籍出版社，二○一八年十一月。

38.《松巴佛教史》松巴堪布益西班覺著，蒲文成、才讓譯，甘肅民族出版社，二○一三年三月。

39.《如意寶樹史》松巴堪布益西班覺著，蒲文成、才讓譯，甘肅民族出版社，一九九四年七月。

40.《番僧源流考 西藏宗教源流》合刊，西藏人民出版社，一九八二年。

41.《頗羅鼐傳》多卡夏仲·策仁旺傑著，湯池安譯，西藏人民出版社，一九八八年十二月。

42.《七世達賴喇嘛傳》章嘉諾貝多傑著，蒲文成譯，西藏人民出版社，一九八九年六月。

43.《薩迦世系史續編》貢嘎羅追著，王玉平譯，西藏人民出版社，一九九二年七月。

44.《東噶藏學大辭典歷史人物類》（內部資料），東噶洛桑赤列著，蒲文成、唐景福、才讓等譯，中國藏學研究中心歷史所，二○○五年。

45.《中國土司制度》龔蔭著，雲南民族出版社，一九九二年六月。

46.《御製惠遠廟碑漢文碑文校注──兼說七世達賴喇嘛移居惠遠寺》張虎生著，《中國藏學》一九九四年第三期。

47.《有關康雍朝阿爾布巴一則史料之考證》郭勝利著，《清史研究》二○一○年第四期。

48.《大清一統輿圖》（《乾隆內府輿圖》）全國圖書館文獻縮微複製中心，二○○三年十月。

49.《中國歷史地圖集》（清代卷）譚其驤主編，中國地圖出版社，一九九六年六月。

50.《西藏自治區地圖冊》西藏自治區測繪局編製，中國地圖出版社，一九九六年九月。

51.《中國分省系列地圖集》（西藏）星球地圖出版社，二○○九年六月。

52.《中國分省系列地圖集》（青海省）星球地圖出版社，二〇〇九年六月。

53.《軍民兩用分省系列交通地圖冊》（青海省）星球地圖出版社，二〇一一年一月。

54.《青海省地圖》比例尺一比一百四十二萬，中國地圖出版社，二〇一四年一月。

55.《中國電子地圖 2005》北京靈圖軟件有限公司製，人民交通出版社。

附錄一　世宗憲皇帝御製惠遠廟碑文
〔註1〕

　　我國家受天眷命，撫御寰瀛，光被四表，莫不尊親，太宗文皇帝崇德七年班禪額爾德尼〔註2〕、達賴喇嘛〔註3〕知東土有聖人，遣使通款，路涉萬里，時經數載，始達盛京，逮世祖章皇帝時遂親至京師朝覲，備蒙恩眷，後以策妄阿喇蒲坦〔註4〕肆惡逞奸，殘蹂西藏，皇考聖祖仁皇帝特遣大師，計日平定，撫綏人眾，各復生業，賜今呼必爾汗〔註5〕冊印封號，安置禪榻，重興黃教，用以慰番眾皈依佛法之誠，並酬班禪、達賴喇嘛累世恭順之悃也。朕御極來加意以護持，俾安淨土，因思古今之有佛教特以勸善懲惡，濟人覺世為本，黃教之傳所以推廣佛經之旨也，演教之地愈多則佛法之流布愈廣，而番夷之嚮善者益眾，西藏既有班禪額爾德尼，而近邊之番夷離藏遙遠，皆有皈依佛法之心，因思川省打箭爐之外有地曰噶達，昔年達賴喇嘛曾駐錫於此，爰相度川原，創建廟宇，發帑金數十萬兩，遣官董司工役，仿西方白賴本〔註6〕佛廟之圖式，凡為殿堂樓房一千餘間，又為平房四百間，賜額曰惠遠，丹艧輝煌，器用充備，

〔註1〕錄自《衛藏通志》卷首頁五，據《御製惠遠廟碑漢文碑文校注——兼說七世達賴喇嘛移居惠遠寺》一文時間為雍正九年四月初五日，疑為落成時間。

〔註2〕指四世班禪，《欽定西域同文志》卷二十三頁五載，班臣羅布藏吹吉佳勒燦，恩薩瓦羅布藏敦珠布之呼必勒汗，出於藏，坐扎什倫博床。

〔註3〕指五世達賴喇嘛，《欽定西域同文志》卷二十三頁三載，阿旺羅布藏佳木磋，淵旦佳木磋之呼必勒汗，出於衛，坐布賴賁寺床，又建布達拉寺，賜金冊印，封西天大善自在佛領天下釋教，為第五世達賴喇嘛。

〔註4〕即策妄阿喇布坦。

〔註5〕即七世達賴喇嘛。

〔註6〕即哲蚌寺。

置兵以衛之，達賴喇嘛來登禪榻，率諸徒眾咸就新居，諸番耆幼踴躍欣喜，使臣奏言彼土早寒，自造寺以來氣候和暖，深秋未凍，則知茲寺之建人神胥慶，山川著靈，朕所以仰體皇考厚酬達賴喇嘛累世恭順之忱，且以廣布黃教，宣講經典，使番夷僧俗崇法慕義，億萬斯年，永躋仁壽之域，則以佐助王化，實有禪益，是用紀文豐碑，以昭示久遠焉。

附錄二 允禮《西藏日記》節選

雍正十二年十二月朔，發綿州，憩皂莢舖，再憩德陽羅江驛，唐故縣也。羅江有二源，一曰寧江、一曰冷水，並自安縣流經驛北匯焉。過白馬關，相對者為鹿頭關，杜甫有鹿頭關詩，山勢自劍門來，至此始盡。關下落鳳坡有龐士元墓，廟宇二重，中塑孔明、士元像，古柏兩株，甚森秀，經靈龕鎮，下坡，道路坦平，天氣融冶，修篁夾岸，過綿陽河渡口，即綿水也，自綿陽縣流入，晚宿德陽治，川省督撫來迎。

初二日，憩漢州之小漢鎮，過金雁橋，橋跨雁江水，俗稱金雁河。自什邡縣流入，東南至州城，合沉犀河抵州治廣漢驛，東南有房公湖，一名西湖，唐房琯為刺史所鑿，陸遊詩，繞城鑿湖一百頃，島嶼曲折三百里，其勝概可想也。過新都彌牟鎮，有清白江，即古湔水，自新繁縣流入，今名彌牟河。路左為武侯八陣圖，祠宇巍然，按明楊慎記新都之八陣圖，其地象城門四啟，中列土壘約高三尺，耕者或划平，經旬復突出，今如小塚，漫衍不可辨識。抵新都縣治漸晚，官弁軍民迓者眾，乃秉炬入成都。

初三日，在成都，古益州治此，西北有石筍二，杜甫詩陌上石筍雙高蹲是也，舊稱武擔山，文翁學堂故址即今府學。

初四日，閱馬於箭道，出府南門，謁昭烈廟，游杜少陵草堂，杜詩「背郭堂成蔭白茅」即此。

初五日，校閱營兵於教場。

初六日，在成都。

初七日，恭迎上諭及賜物，軺軒所歷，屢蒙恩賚遠頒，彌增感戀。是日發成都，憩新津之金花橋，至雙流舊縣，隋置，在二江之間，故名二江，一曰

隨江，《水經注》江水又東南徑武陽縣，有隨江入焉，今名金馬河。一曰汶江，今名簇錦河，合於笮橋河，並自溫江縣流入南關。有碣曰先賢瞿君故里。按《寰宇記》，瞿字鵲子，後漢犍為人，入峨嵋山得道。新津，漢犍為地也，過黃水河竹橋，再憩花橋鋪，過金馬河竹橋，竹橋法以竹百餘束橫列河中，覆以蓬蔴，護以欄楯，袤十餘丈，廣丈餘，以葦籮約之。又編竹為墩，實以石，分置四隅，復有大墩二，對峙上流，用巨索繫橋之脅，視水消長，以制緩急，人馬行則動盪有聲，隨波升降，亦異觀也，是夕宿新津。

初八日，微雨，憩邛州之斜江河，其水自大邑縣流入，遂宿州治。自成都迤西而來，瓜疇芋區，野花匼匝，水碨之碓之屬，旋轉波中，竹高八九丈，林中谷谷鳩鳴，童稚赤足嬉游，余憑軒寄眺，亦忘其為冬序矣，州有文君井及琴臺。

初九日，晴，出州南關，過浮橋，有邛水，一名南河，合文井江，《水經注》文井江李冰所導，至臨邛縣，與僕布水合，即此，憩巍峨店，一曰臥桂店，與蒲江交界。再憩名山縣黑竹關，宿栢站。自邛州浮橋登土坡，以抵栢站，岡隴平夷，稻畦環繞，芭蕉竹柏，翠碧交映，鸎鴿畫眉共語。

初十日，過洗馬池及白土坎，坡勢漸高，厥土赤墳，石圓而理麗，踰縣治十里入山峽，地益險峻，復類棧中景象。歷金雞關，一名雞棟關，過孝廉橋，旁有高孝廉墓。按《輿地碑目》，墓碑漢建安十四年立，有二，一曰高頤，字貫方，一曰高君實，字貫光，並舉孝廉，世遠年湮，不可定為何人葬也。經桐梓林，有土司跪迎道左，循雅河而西，緣山傍岸，抵雅州府治，宿。雅河，本名青衣江，自蘆山縣流入，《水經注》青衣水出青衣縣西蒙山，東與沫水合，沫水即平羌水，源出生羌界，亦自蘆山流入，水流甚急，波濤洶湧，澎湃而下。如河劈華潼，潮奔羅剎，蜀塞之巨川也。跨河有小鐵索橋，是日薄陰，巴蜀江水沃野，土地肥美，有竹木果實之饒，民俗勤儉，米直不過數分，自雅州以後，番界交錯，越嶠踰山，商旅艱阻，故米麥漸昂貴。

十一日，出府南門，上坡西南行，山勢崢嶸，林木叢箐，陰濛細雨，屈折蹚封，間赤泥如膏，馬蹄黏澁，行步以寸計。遙見兩山夾峙，中如巨門，松柏掌拄，泉流奔泄，地名對巖，履棧上下，沙石戛摩有聲，人多悸恐，馬亦喘汗。至風木丫，磴道轉高，山禽練雀竦立，人行樹底，面皺碧色，迤西亂山萬笏，天日冥蒙，磵中大石傾僕，星塊瓦鱗，紛錯畦罫，水覓石罅流，怒而噴激，鏘如雷霆，竟一日之力，僅行四十五里，泥淖顛躓，而至觀音鋪宿焉。

十二日，過飛龍關，雲霧四塞，咫尺不辨，人馬行三里餘，始開霽。山路漸燥，盤折而下者十五里，曰斜麻灣，一曰麻柳灣，復繞山而轉，歷高橋關，有高橋水，自雅州八步石發源，流合榮經二水，是日憩新設站，抵榮經縣宿。

十三日，出縣西門，越坡垮棧，忽上忽下，林木愈稠，飛泉陡注，時見番民持畚鍤治道，過鹿角壩，經箐口及安樂鋪，山愈險峻，雲霧沈黑，細雨飄瀟，猿歗狖啼，岩壑應響，馬蹄撤捩，行者相顧失氣，噤不敢發聲，是夕宿黃泥鋪。

十四日，過大相嶺，舊傳武侯南征經此而名，嶺高四十里，峰巒屏插，四時氛霧暗霾，瘴雲充塞，居民罕睹日光，積雪數尺，巖下垂淩長丈許，如石筍碴砑，玉峰回映，瓊光迸裂，寒氣逼射，鬚眉中多虛閣險厓。明初景川侯曹震嘗修治以通行旅，至今賴之，歷小關、大關二山長老坪徑摩穹蒼，壁色積鐵，縈盤線縷，陰飆怒號，至九折坂，及頂，有坊曰漢刺史王尊過此，王陽不過此。按《漢書》尊為益州刺史，行部至邛崍九折坂，問吏知王陽所畏道，叱馭前驅。注云，在蜀郡嚴道縣，今榮經為漢嚴道縣治，有邛崍山在西南，《華陽國志》邛崍山本名邛筰，故邛人筰人界也。巖阻回曲，九折乃至山上，或以大關、小關即古邛崍，蓋亂山綿絡，都有是稱矣。自踰嶺後雲開日現，復別具一境界，又轉折下二十四盤，風磴竊曲，長蘿卷舒，抵清溪縣宿。縣本古西夷筰都侯國，唐以後為黎州，本朝置黎大所，雍正八年建縣，城築山上，形勢陡峻，有大渡河即古洨水，宋藝祖以玉斧畫界處也。

十五日，出縣西門，步下石磴百餘級，淺雲冪霄，陡墜一線，蘚皮披裂，峽束堂隍，過河，緣山腹而南而西而北，紆曲往復，咫尺變換，王維詩所謂循山將萬轉，趣塗無百里也，余自出京都後，皆望西南行，至此始轉為北。過冷飯溝、四丫口、富莊、放牛坪、斑鳩巖、溪口而至泥頭，宿。黎地產椒最辛烈，又諺曰，黎多風，雅多雨。

十六日，憩林口，上飛越嶺，嶺高三十五里，自泥頭西北附山臨澗，蟻轉蛇行，下老軍口，復攀緣而上，俯看二郎澗，漰湠盤渦，颰颲林響，岩谷奔峭，霞霏閃映，過高橋林口，步趾益高，身出度鳥之上，群峰輻輳，若拱若伏，古木傾欹，奔泉衝射，皆猨猱聯臂之路。詠杜甫左牽紫遊韁，飛走使我高之句，殆為茲寫狀也。行至伏龍寺，馬定其喘，人調其息，惟見煙霧羃羃，微霰飄零，山如疊壁，樹若珊瓊，復直再躋旁嶺，氣少沉霽，牽馬下蹬，抵化林坪。坪前萬山攢削，峻棧嶺岈，中有地平衍，剛可建立城垣，鐵壁屹峙，隘口岌嶪，鳥道蟲叢，祇通一線，捨此則難飛越，故坪最為扼隘之處，本唐宋以來華羌之分

界，今為腹裏，番漢雜處，向置副將鎮戍，近移駐泰寧，改設都司於此，是夕宿化林。

　　十七日，憩冷磧，自化林坪下磴，曲折附南山之棧者十五里，過澗登北山，繞山西北行，遙望西山有碧色一彎者，為瀘江，復轉而北，江在山下，山路甚陿，不可並騎，蓋始鑿山為徑者，迸星落仞，阻於斗捩之勢，不能復寬尺寸。俯臨瀘江，砙崖激箭，約百餘丈，行者跼縮，莫敢卻視。迤邐至瀘定橋東岸，宿焉。瀘水入大渡河，洪波迅急，石塊大小無數，難施舟楫，往時土人率用革船從三渡口以濟，康熙四十年打箭爐歸我版圖，西番諸長絡繹貢獻，距化林八十里，地名安樂，山忽平夷，有司以聞，聖祖敕諭相視，遂建鐵索橋，東西長三十一丈一尺，廣九尺，施索九條，索之長視橋身餘八尺而贏，覆木板於上，翼以扶欄，鎮以梁柱，皆熔鐵為之。午前則滿鋪板，午後風起，減板一半，狀若窗櫺，以通風氣。其橋中央低而兩頭昂，如張匹練，行人淩風跨板而過，左右動搖，不覺騰身雲霧中，兩耳濤聲轟激，心神震悚，昔年欽賜佳名瀘定，御製碑記勒石，自是貢道廣通，聲教訖遐方矣，橋設巡司及把總守之。

　　十八日，過橋西北行，經明正土千戶界內，至咱里，歷小烹、大烹二壩，暫憩黃草坪。登大岡山，高萬仞，路徑陡迤，盤旋而上，俯瞰群山，拱伏如兒孫，瀘江一抹痕，遙貫山腳，過金釵碥約二十里，峭壁干霄，橫空鳥道，瀘江流其下，聲如萬馬奔騰，棧路在山半，寬者劣五六尺，山壁復突出大石，行者稍不戒，下墜江中。至此回視劍閣連雲，如平砥矣。峽中少平處曰頭道水，在南山最高之所，瀑布湧起，皎若練光，是夕宿頭道。

　　十九日，憩柳楊，登大小猢梯，猢梯以西山勢略開，江岸有地，番人壘石為碉樓，相與聚居，即打箭爐也。本漢旄牛徼外地，舊傳武侯鑄軍器於此，故名。康熙初歸附，後以西番侵擾，討平之，設官兵戍守。雍正七年移雅州府同知駐此，為通西藏西海之要區，茶貨所聚，市肆稠密，煙火萬家，外有瞻對、喇滾、把底及綽斯甲、單東革什咱，凡五安撫司，與爐接壤，是夕宿於爐，公瑣南達爾查〔註1〕及番僧酋目等以鼓樂旛幢來迎。

　　二十日，發打箭爐，憩啞池塘，帳宿於遮多，遮多本名折多，又曰藥山，山高而漫平，有瘴氣。

　　二十一日，過遮多山，憩巴拉思陀，帳宿於弓把石，地俱有瘴。

　　二十二日，憩銅鼓石，帳宿於上巴羿。

〔註1〕即索諾木達爾扎，七世達賴喇嘛之父。

二十三日，憩巴辣頂，遂抵泰寧，自打箭爐西南山谷中出，向西北行，至泰寧山皆平坦，童童無草木，皆沮洳黑墳，不宜耕種，三百里內田廬絕跡，間有碉樓小寶，番民皆蓬首垢面，無復人形。除塘兵之外鮮有華人往來。泰寧番名格答，雍正八年遷達賴喇嘛居此，賜今名，設副將及都司駐防其地，兼轄化林、德靖、阜和、寧安等營。城建於東山下，闢四關，南北贏而東西縮，山趾下有碉樓數處，土人所居。是日至惠遠廟，宣傳聖旨，頒給達賴喇嘛及其弟子酋長等賜物有差。惠遠廟在城外之西北，南向。建都岡樓三重，矩而平頂，上為晬睌，以樹幢旛。中無門，橫闢小牖，下無牖，前闢一門，西南隅翼以小戶，內皆露柱無間隔，惟置天井以來白光，樓之上有複道，通西樓，別建小室數楹，達賴喇嘛居之。

二十四日，達賴喇嘛設宴於都岡樓，是日拜發奏章。

二十五日，余贈達賴喇嘛金帛等物。

二十六日，早，微雪。

二十七日至三十日，早晨見達賴喇嘛，自午至申接見大喇嘛暨諸酋長、土司、番人等，皆賞以金帛有差。

雍正十三年乙卯元旦，在泰寧率文武官弁拜萬歲牌於都岡樓，是日天氣晴和，臣民歡忭，望闕抒誠，咸荷絣蠓，遠被車書文物之廣，洵前古所罕見也，午宴達賴喇嘛及僧徒千八百人，酋長百十八人。

初二日，申時大雨雪。

初三日，晚晴。

初四日，達賴喇嘛進丹書於都岡樓，是日給賞土司等金帛。

初五日至初十日，見達賴喇嘛如前。

十一日，道場竟，賚給眾僧八百人，達賴喇嘛恭修請聖安之儀。

十二日，立春，雨雪聞雷，泰寧一帶雪山處冬月即雷。

十三日，大雨雪。

十四日，微雪。

十五日，晴，晚復大雪。

十六日，大雪，晚晴。

十七日，達賴喇嘛起藏經道場。

十八日至二十日，見達賴喇嘛如前。

二十一日，晚雪，二十二日，如前。

二十三日，達賴喇嘛贐餽，受其銅像、畫像，餘卻之，隨分頒從使官屬。

二十四日，道場竟，復賚僧徒如前。

二十五日，見達賴喇嘛如前。

二十六日，恭迎上諭及賜物至。

二十七日，賞土司番人銀兩，勞其修治道路。

二十八日，大風。

二十九日，再宴達賴喇嘛及僧徒酋長如前。

三十日，午時大風雪，晚晴。

二月朔日，達賴喇嘛宴餞於都岡樓上，建三簷黃纛一，彩幢二，絨縹白旗二，皂縹赤緣白旗二，錦帳四，番僧數人俯睥睨，上吹海螺喇叭以迎，余同達賴喇嘛中道入，余東坐西向，達賴喇嘛西坐東向，座高七尺，加四褥，次章嘉胡土克圖，西向，座高四尺五寸，諾木罕東向，座高二尺，再次都統鼐格、副都統福壽西向，公瑣南達兒札〔註2〕東向，皆褥地坐。其下東列席六，從使官弁。西列席二，番僧酋目及西藏使臣、章嘉弟子等，褥地對向坐。坐定僧揭席冪餽三行，餅餽層纍，上列杏桃諸品。初獻時，二老僧向上三拜，北面倚柱坐，口喃喃誦番詞，誦竟，樓西南隅鼓吹大作，其鼓以鐵為腔鞔，一面形如半瓜，四番優躍而出，一人抹首赤錦，三人抹首素帛，並錦窄袖紅革履，腰束絳帶，膝綴銅鈴，右握斧，左縮帨，魚貫躬身入庭中，屈右膝以手抄地至額，已而竦軀，雙舉斧，超距曲踊，俛仰合節，有長虵率然之勢。斧柄置鈴，聲琅琅，與鼓相應，良久鞠跽告退。中華優前奏樂，樂三終，番優更躍而進，撚其斧作蹻立狀，揮其帨作蹲伏狀，十蕩十決，仍鞠跽退如前。中華優再奏樂，樂三終番優三上，側身立，兩臂運掉，支左詘右，若射若搏，欻搖斧振鈴，揮帨前逐，散列四隅，復聚而肩隨斂而鱗次，仍鞠跽退如前。是時觀者目為愕眙，心神震盪，問其制，云唐時公主嫁西番所攜之樂伎也。余嘗考《周禮》，韎師掌教舞韎樂，旄人掌教舞夷樂，鞮鞻氏掌四夷之樂，與其聲歌。《禮記》曰，昧東夷之樂，任南蠻之樂，今番優蓋即任昧之遺意耳。宋熙寧中嘗取樂於高麗以備國風，則此亦可資輶軒之采矣。逮樓上樂作，宴遂畢。

初二日，治行，並以金帛贈達賴喇嘛及賞僧徒酋長等。

初三日，發泰寧，達賴喇嘛送至惠遠廟門，番僧等跪送道左，泰寧本四面枯山，百物不產，歲多風，寒燠不時。其地為控扼諸藏要區，元以番僧八思

〔註2〕即索諾木達爾扎，七世達賴喇嘛之父。

巴為大寶法王，鎮撫各部，明初置烏斯藏、朵甘二指揮司，官故國公南哥思丹八亦監藏等。封番僧為大寶、大乘二法王及闡教、護教、闡化、贊善等王，各給印誥，俾教導其眾。後製金牌信符、以通茶貨。本朝德威大播，諸番獲托宇下，皇上煦育仁慈，勤加綏輯，番民覩使車言旋，引手加額，咸切訓行近光之思，益信聲名洋溢遠矣。余因避遮多山瘴，自泰寧東南行，進鴉落溝，自入谷口數里，山嶺突兀，林木葱鬱。憩下板廠，望雪山高聳，爛然如銀，其間復含碧色，光芒射目者，萬年冰也，遂帳宿於山下。忽一縷雲氣起自雪山，少頃已積雪彌漫，山林隱形矣。終夜大雪，深二尺餘，按杜甫詩更奪蓬婆雪外城，《元和志》大雪山一名蓬婆山，胡三省《通鑑注》蓬婆嶺其地在雪山外，金履祥《書注》，岷山數百峰，大雪山三峰闖其後，一谷名鐵豹嶺者，有西岳廟，廟下名羊膊石，江水正源也。其西南分一源，又為大渡江，蓋大雪山綿亙番界，《禹貢》第指蜀江所發，以為岷山導江，其實江源在大雪山，猶導河積石而河源卻在崑崙也。

初四日，發雪山，被氈擁毳，霏屑踽瓊，攀緣詰曲而上者二十里許，及頂有平地十餘里，路南積水一泓，地名海子，為深雪所覆，不見其涯涘，平處周圍，復起高山，非人所可登陟，爰陳牲帛西向祭其神，人騎旋轉雪中，深若陷淖，憩馬家店。迤東一派杉林，窅無涯際，梢頭雪片時墜，如柳絮成團，又三十里許，乃帳宿於中岾，其地有溫泉。

初五日，自中岾起程，雪勢雖微，山勢猶嶮，憩臥牛莊。山路漸平，附山傍澗而行，碉樓稍多，至熱水塘，氣甚鬱蒸，馳而過，宿打箭爐。按《宋史志》嚴道縣有碉門砦。《元史志》至元二年授雅州碉門安撫司高保四虎符。《名勝志》飛越山下有唐時三碉城，今雅州府西北天全州與打箭爐交界，為唐之和州鎮，宋元之碉門，蓋番民皆壘石為之，故曰碉門，曰碉樓，《篇海》云碉樓石室是也。

初六日，發打箭爐，憩柳楊，宿頭道水，途中山桃初綻，綠草茸茸，香風馥鬱，撲人口鼻。

初七日，過大岡山，憩黃草坪及小烹壩，過瀘定橋，宿東岸公署。橋跨大渡河，按《漢書》以青衣水為大渡水，《水經注》以旄牛徼外之鮮水為大渡水，唐宋以後始以古瀘水為大渡水，瀘水即《水經注》之涐水也。涐瀘字形相似而訛。然班固云，大渡水東南至南安入涐，酈道元云，涐水南至南安入大渡水，則大渡與涐瀘至下流始合耳。古青衣水今謂之平羌江，《方輿勝覽》大渡河於

黎州為南邊要害之地，河流澎湃如瀑，船筏不通，名曰嘈口，殆天設險以限蠻夷，今自建橋之後梯航貢獻，王路蕩平，迴軼前代規模矣。

初八日，憩冷磧，宿化林坪化林都司署內，長春花一株，高丈五尺，開花如椀大，坪下崖中產石燕，每長夏陰雨則飛出墜草間，人得之則石也，具燕形。

初九日，過飛越嶺，《名勝志》唐飛越縣在飛越山下，為沈黎西境要害之所，憩林口，宿泥頭鋪，是日大雪。

初十日，憩富莊，宿清溪縣治，縣南有清溪關，故以取名。《名勝志》古清溪關，唐韋皋所鑿，以通好南詔者，自此出邛部，經姚州而入雲南，謂之南路，在唐為重鎮，嘗僑置寧州於此，是日遇風。

十一日，過大相嶺，觀所作石刻，憩黃泥鋪及箐口，宿滎經縣治。縣以滎經二水得名，滎水在城北，一出相嶺，一出番界。經水在城南，一出瓦屋山，一出改丁河，一出汶川，五水會流，總名滎經水，北至雅安，西入青衣江縣界，麥苗四寸，遍處皆茶花。

十二日，天陰微雨，過飛龍關，憩觀音鋪及新添站，宿雅州府治。按《禹貢》蔡蒙旅平和夷底績。《正義》曰，蒙山在蜀郡青衣縣蔡山，不知所在。《輿地廣記》蔡山在雅州嚴道縣，嚴道今滎經縣也。並無此山名，葉夢得妄以雅安縣東周公山當之。《明統一志》遂謂蔡山在州東五里，又有地名旅平，在州東十里，夏禹治水功成，旅祭於此，皆荒謬不足證信。和夷《水經注》和上夷所居之地。《寰宇記》和川路在嚴道縣界，西至大渡河五日程。《唐書志》雅州有和川鎮兵。《蔡傳》云和夷地名，嚴道以西有和川是也，但又云有夷道，則非。《水經注》夷水東過夷道縣北，在荊州域，若嚴道以西，古別無夷道之稱也。雅州有延錦花，葉似秋海棠，花如紫荊，草本而矮科，孟冬開花，季春始萎。

十三日，過金雞關，憩名山縣，有蒙山，即《禹貢》之蔡蒙也。《水經注》縣有蒙山，青衣所發。《元和志》山在縣南十里，每歲貢茶，為蜀之最。《寰宇記》山頂受全陽氣，其茶芳香。《茶譜》山有五頂，中頂曰上清峰，所謂蒙頂茶也。再憩新店，宿柏站。是日恭迎上諭及賜物至。

十四日，微陰，憩大塘，抵邛州，宿鶴山書院。觀去年所作石刻，復書扁留之，鶴山在城西八里，相傳漢胡安於此乘鶴仙去，故名。《益部耆舊傳》胡安臨邛人，聚徒於白鶴山，司馬相如從之受經，四周林麓盤蔚，景候融和，絳桃綠柳，燦若錦繡。縣界有火井，《蜀都賦》火井沈熒於幽泉是也。《名勝志》民欲火者，先投以家火，頃許如雷聲，用竹筒盛其焰，藏之拽行，終日不滅。

井有二水，取井火煮即成鹽。

十五日，晴，憩斜江河，宿新津縣治，地產獺，民多畜之捕魚。

十六日，憩雙流舊縣，川省督撫等來迎，謁武侯祠，過萬里橋，進成都府南門，宿督署。《元和志》萬里橋架大江水，在縣南八里，蜀使費禕聘吳，諸葛亮俎〔註3〕之。禕歎曰，萬里之路，始於此橋，因以為名，杜甫詩，萬里橋西一草堂。岑參萬里橋詩，成都與維揚，相去萬里地。是日書扁送李冰祠。

十七日，在成都，赴滿洲城校閱旗兵。

十八日，再閱旗兵。

十九日，三閱旗兵。

二十日，遊昭覺寺，寺在北門外，宋圜悟勤禪師塔院，今住持百餘，僧多傖俚。

二十一日，校閱標兵事畢，發成都，帳宿於昭覺寺。

〔註 3〕原文作「祖」，今改為「俎」。